Zeichen der Hoffnung

RELIGION – SEKUNDARSTUFE I
GRUNDFASSUNG

Band 1:

Zeit der Freude

Jahrgangsstufen 5/6

Band 2:

Wege des Glaubens

Jahrgangsstufen 7/8

Band 3:

Zeichen der Hoffnung

Jahrgangsstufen 9/10

Zeichen der Hoffnung

Unterrichtswerk
für den katholischen
Religionsunterricht der
Jahrgangsstufen 9/10

Von
Werner Trutwin
Klaus Breuning
Roman Mensing
unter Beratung von
Irmgard Mauelshagen
Kurt Meyer-Berhorn
Elke Polewsky
Oswald Traudes

Patmos Verlag
Düsseldorf

Inhalt

Liebe Schülerinnen und Schüler,

neulich schrieb ein Schüler in einem Brief:[1]

> Ich habe keinen einzigen Menschen,
> mit dem ich über meine Probleme reden
> könnte.
> Ich würde gern über religiöse Fragen
> mit jemand reden, aber meine Eltern
> haben weder Zeit noch Lust dazu;
> sie sagen, davon verstehen sie nichts.
> Im Religionsunterricht erfahre ich nicht,
> was ich wirklich wissen will, damit ich
> danach leben kann.
> Was man da hört, bleibt alles ganz außen.
> Das sind immer wieder die gleichen Reden,
> die hört man und lässt sie einfach
> wieder ablaufen.
> Mit Gleichaltrigen könnte man reden, aber
> die wissen noch weniger als ich. . .
> Was tun?
> Kann ich mit Ihnen reden?
> Werden Sie mir antworten können?

Vielleicht geht es euch anders als dem Schreiber dieses Briefes. Vielleicht habt ihr Eltern und Freunde, die mit euch über religiöse Fragen sprechen. Wir hoffen auch, dass ihr im Religionsunterricht nicht immer die gleichen Reden gehört habt, die euch nichts bedeuten. Aber wie es auch ist – sicher habt auch ihr viele Fragen und wollt wissen, wie ihr leben könnt. Unser Buch möchte euch dabei helfen.
„ZEICHEN DER HOFFNUNG“ ist ein anspruchsvoller Titel für ein Schulbuch. Wir haben ihn gewählt, weil es in unserer Zeit viele Zeichen gibt, die eher Sorgen und Angst bereiten als Hoffnung. Unsere Welt ist bedroht von Krieg und Hunger, von Armut und Überfluss, von Ungerechtigkeit und Vorurteilen, von Einsamkeit und Vermassung, von Arbeitslosigkeit und Zerstörung der Umwelt, von Gewalt und Lieblosigkeit. Wo kann man da noch ZEICHEN DER HOFFNUNG entdecken?

Auch in eurem gegenwärtigen Lebensabschnitt gibt es sicher mehr Schwierigkeiten als in den früheren Jahren. Ihr lebt jetzt selbst in einer Zeit des Umbruchs. Manches wird euch fraglich, was bisher selbstverständlich war. Viele von euch fragen nun viel radikaler als früher, wie ihr euch verhalten sollt, auf welche Weise ihr die Welt verstehen könnt und welchen Platz ihr darin habt. Ihr überlegt vielleicht, worin der Sinn des Lebens liegt, wer ihr wirklich seid. Die meisten machen sich Sorgen um die Zukunft und fragen sich, was aus ihrem Leben einmal wird.

Dieses Buch möchte euch ZEICHEN DER HOFFNUNG zeigen (→ Collage S. 1). Wir meinen, dass ihr durch den christlichen Glauben eure Fragen klären und Antworten finden könnt, die euch wirklich helfen. Vom Glauben können Anregungen ausgehen, die eurem Leben Hoffnung und Sinn geben und die euch Mut machen, eure Zukunft selbst in die Hand zu nehmen.
Aber bitte, bekommt keinen Schrecken. Man braucht kein perfekter Christ zu sein, um dieses Buch zu benutzen. Wer ist das schon? Auch diejenigen, die mit dem Glauben nicht zurechtkommen, sind herzlich eingeladen, sich mit den hier gestellten Fragen zu befassen. Ob ihr nun fest glaubt, ob ihr eure Zweifel habt oder ob ihr schon alles aufgeben wollt – ihr alle solltet euch gemeinsam um die entscheidenden Lebensfragen kümmern.
Das Buch enthält Erzählungen, Lehrtexte, Schülermeinungen, Statistiken, Bibelworte u. a. Manche Texte wurden von uns „erfunden“. Das werdet ihr rasch merken. Aber auch sie enthalten nichts, was nicht unseren Erfahrungen und heutigen Forschungen entspricht. Ihr findet in dem Buch auch viele Aufgaben. Lasst euch davon nicht abschrecken. Wer sich an die Aufgaben heranmacht, wird Sachkenntnis gewinnen und Anregungen für sein Leben finden. Außerdem möchten euch die Aufgaben Gelegenheit für Widerspruch und Kritik geben. Niemand will, dass ihr zu allem Ja und Amen sagt. Aber ebenso wollen die Aufgaben euch auf Wege des Glaubens führen. Und wenn euch andere Fragen kommen, wenn ihr andere Ideen habt, so ist das umso besser. Euer Religionslehrer wird sicher gern darauf eingehen.
Die vielen Bilder und Karikaturen sollen das Buch nicht nur anschaulich und schön machen. Sie versuchen anders, als Worte es vermögen, euch auf Wichtiges aufmerksam zu machen. Nehmt euch Ruhe und Zeit, wenn ihr sie betrachtet.
Man braucht übrigens in dem Buch nicht vorn anzufangen und dann Kapitel um Kapitel bis zur letzten Seite durchzugehen. Das wäre schrecklich langweilig. Ihr solltet mit eurem Religionslehrer die Reihenfolge besprechen und miteinander festlegen. Die einzelnen Kapitel sind nicht so angelegt, dass eines auf dem anderen aufbaut. Von jedem eröffnen sich Zugänge zu allen anderen. Wenn ihr einzelne Stichworte sucht oder Querverbindungen herstellen wollt, schaut einmal in das Register am Ende des Buches.
Ein Buch kann nicht alle Fragen behandeln, die wichtig sind. Manches, was ihr vielleicht hier vermisst, steht in den beiden anderen Bänden dieses Unterrichtswerkes, in „Zeit der Freude“ (5./6. Klasse) und „Wege des Glaubens“ (7./8. Klasse). Vielleicht besitzt ihr diese Bücher oder findet sie in eurer Schülerbücherei.
Wir drei haben das Buch nicht allein gemacht. Viele Lehrer haben mit Rat und Tat geholfen. Auch unsere Schüler waren an der Entstehung dieses Buches beteiligt. Ihnen allen möchten wir herzlich danken.
Zum Schluss bitten wir euch, uns von euren Erfahrungen mit diesem Buch zu berichten. Schreibt an den Patmos Verlag (Postfach 104064, 40031 Düsseldorf), was euch nicht gefällt und was ihr gut findet. Das wird uns helfen, Verbesserungen an diesem Buch vorzunehmen. Und nun wünschen wir euch viel Freude im Religionsunterricht.

Ostern 1982 *Werner Trutwin, Klaus Breuning, Roman Mensing*

Drei Leitbilder

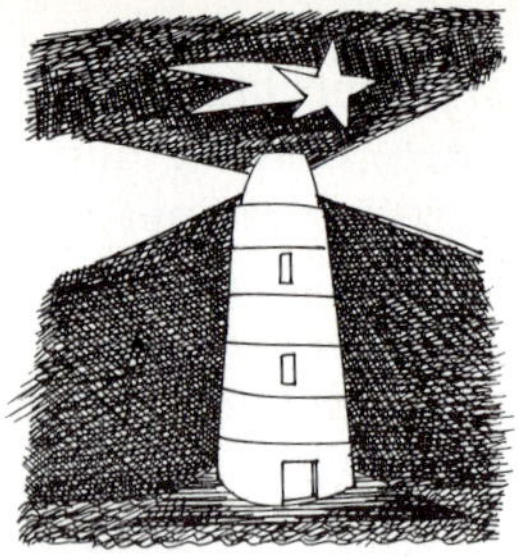

„Vielleicht erging es dir auch schon so: Als ich kürzlich abends spät mit meinem Motorrad durch ein Waldstück fuhr, war ich heilfroh über die zurückstrahlenden Leitplanken. Ohne diese Erfindung wäre ich vielleicht im Straßengraben gelandet. Und im vorigen Winter bei dichtem Nebel war es so ähnlich . . .
Ich denke manchmal, dass unser Leben ja auch oft wie eine solche Fahrt im Dunkeln oder im Nebel ist. Wie leicht kann man im Straßengraben landen. Aber es gibt Gott sei Dank auch Menschen, die wie die Leitplanken an der Straße die Richtung anzeigen. Man muss nur genau hinschauen, dann beginnt ihr Leben für uns aufzuleuchten, strahlend-hell wie die Leitplanken.
Wir brauchen solche Leit-Bilder. Sie zeigen uns den Weg, auf dem sie als Christen vorangegangen sind, den Weg zu unserem Ziel: Jesus Christus.
Dies schreibe ich dir als Antwort auf deine Frage neulich, warum das Poster von Mutter Teresa in meinem Zimmer hängt. Ich habe erst selbst darüber nachdenken müssen . . .“

Aus einem Brief des 19-jährigen Thomas an seine 16-jährige Freundin Birgit

1. Franz von Assisi (1182–1226)

Franz stammt aus einem reichen und angesehenen Elternhaus. Als junger Mann besitzt er viel Geld und gibt es leichtfertig und gedankenlos aus. Intelligent, charmant und musisch begabt, wird er zum Mittelpunkt der eleganten jungen Leute seiner Heimatstadt Assisi (Mittelitalien). Er träumt davon, als Ritter in die Welt zu ziehen und sich einen großen Namen zu machen. Bei einer kriegerischen Auseinandersetzung zwischen Assisi und der Nachbarstadt Perugia gerät er in Gefangenschaft. Ein Jahr harter Kerker und eine schwere Krankheit sind für ihn eine Prüfung, die sein Leben verändert. Er gibt die Träume von Ehre und Ruhm auf und zieht sich in die Einsamkeit zurück. Die Begegnung mit einem Lepra-Kranken erschüttert ihn zutiefst. In der Kapelle St. Damian vor den Toren Assisis glaubt er, im Gebet die Worte Jesu zu hören:

Geh und richte meine Kirche wieder auf, die am Einstürzen ist!

Franz denkt an eine halb zerfallene kleine Kirche in der Nähe und fängt an, sie eigenhändig auszubessern. Sein Vater lässt ihn einsperren, weil er aus dessen Laden einige Tuchballen verkauft hat, um Geld für den Wiederaufbau des Kirchleins zu haben; die Mutter befreit ihn. Schließlich kommt es zur öffentlichen Verhandlung vor dem bischöflichen Gericht. Der Bischof befiehlt Franz, das Geld seines Vaters zurückzugeben. Franz kommt der drohenden Enterbung zuvor, zieht seine sämtlichen Kleider aus und legt sie mit dem Geld zu Füßen des Bischofs. An die versammelten Bürger seiner Stadt gewandt, erklärt er:

■ Bis heute habe ich Pietro Bernardone meinen Vater genannt. Aber da ich vorhabe, dem Herrn ganz zu dienen, gebe ich ihm sein Geld zurück, das ihm so viel Sorgen macht, und auch alle Kleider, die ich von ihm habe. Denn von nun an will ich nicht mehr sagen „Vater Pietro Bernardone", sondern „Vater unser im Himmel".[3]

Drei Jahre denkt Franz in der Einsamkeit über seinen weiteren Weg nach. Als er schließlich in der Messe das Evangelium von der Aussendung der Jünger (Mt 10,7–10) hört, wird ihm deutlich, worauf es ankommt. Das Evangelium leben, buchstäblich so, wie es dort steht. Alles andere ist unwichtig. Jetzt versteht er das Wort: „. . . richte meine Kirche wieder auf . . .". „Meine Kirche" – das ist die Kirche Christi; sie ist vom Verfall bedroht, weil die Christen nicht mehr nach der schlichten Botschaft der Bibel leben. Franz fängt ein völlig neues Leben an. Er will „den Fußspuren des Herrn folgen", mit dem Evangelium ganz Ernst machen und es als Armer unter Armen vorleben und verkünden. Gleichgesinnte stoßen zu ihm: ein Kaufmann, ein Jurist, ein Bauer, ein Priester. Barfüßig, nur mit einem groben Bauernkittel bekleidet, zieht er mit den Gefährten in die Städte und Dörfer und predigt als Laie die Botschaft Jesu.
Viele halten Franz und seine Freunde für verrückt, manche wittern in ihnen eine öffentliche Gefahr oder sehen in ihm einen Irrlehrer. Tatsächlich ist Franz für seine Zeitgenossen weder normal noch ungefährlich. Er geht zu Kardinälen und Bischöfen und hält ihnen ihren Stolz, ihr schlechtes Beispiel und das Ärgernis vor, das sie der Kirche zufügen. Ohne Kompromisse predigt und lebt er die radikalen Forderungen des Evangeliums:

■ Besäßen wir Eigentum, dann brauchten wir Waffen, um es zu schützen. Denn aus dem Eigentum erwachsen die Streitigkeiten und die Rechtsverdrehungen und dadurch wird die Liebe zu Gott und zum Nächsten am häufigsten verletzt. Deshalb wollen wir keinerlei Eigentum in dieser Welt besitzen.[4]

■ Wir dürfen niemals wünschen, über anderen zu stehen, sondern müssen aus Liebe zu Gott wie Diener jedem menschlichen Geschöpf unterworfen sein. Dass du den Herrn und mich, seinen und deinen Diener, liebst, will ich daran erkennen, dass du Folgendes tust: Es darf keinen Bruder auf der Welt geben, mag er auch gesündigt haben, so furchtbar er nur konnte, der deine Augen gesehen hätte und dann von dir fortgehen müsste ohne dein Erbarmen.[5]

Die Predigt der Brüder findet bei vielen offene Ohren. Die Gemeinschaft wächst. Streng wacht Franz über die Einhaltung der Regel, die er seinen Brüdern gab:

■ Dies ist die Lebensregel der Minderen (= geringen) Brüder:
Unseres Herrn Jesu Christi heiliges Evangelium zu beachten durch ein Leben in Gehorsam, ohne Eigentum und in Ehelosigkeit. Bruder Franz verspricht Gehorsam und Ehrfurcht dem Papst . . ., und die anderen Brüder sollen verpflichtet sein, dem Bruder Franz und dessen Nachfolgern Gehorsam zu leisten.

■ Streng verbiete ich den Brüdern insgesamt, in irgendeiner Form Münzen oder Geld anzunehmen, weder selbst noch durch einen Vermittler. Für die Bedürfnisse der Kranken und die Bekleidung der anderen Brüder sollen allein die beauftragten Verwalter gewissenhaft sorgen . . .[6]

Franz bemüht sich um kirchliche Anerkennung und Bestätigung seiner „Regel". In Papst Innozenz III. tritt er dem mächtigsten Mann der damaligen Welt gegenüber, dem ungekrönten Herrscher über das ganze Abendland. Die Legende hat diese historische Begegnung später ausgeschmückt; der Maler Gozzoli (1420–1497) hat sie dargestellt (→ S. 11): Im Traum sieht der Papst die Kirche wanken und einstürzen. Ein kleiner, unscheinbarer Mann stemmt sich gegen die fallenden Mauern, stützt sie und rettet die Kirche. Der mächtige und stolze Papst kann schließlich nichts anderes tun, als widerstrebend die Bitte des Bettlers zu erfüllen. Bruder Franz darf mit kirchlichem Segen sein Werk fortsetzen. Immer mehr Menschen strömen zu ihm. Der Einfluss der Armutsbewegung wächst. Wo Franz und seine Brüder hinkommen, hören Feindschaft und blutige Auseinandersetzungen auf, der Geist der Brüderlichkeit erfasst die Menschen. Bald sind es 5000, die ihm folgen.
1219 begleitet Franz ein Kreuzfahrerheer nach Ägypten. Aber er will nicht wie die Kreuzfahrer mit Waffen gegen die Moslems kämpfen, sondern dem Sultan El Kamil die Botschaft des Evangeliums bringen. Mehrere Tage lang hört der Sultan dem Bruder Franz zu. Dann schickt er ihn angesichts des Kreuzfahrerheeres mit freundlichen Worten zurück. Er schätze ihn „als einen Mann, der allen anderen ganz unähnlich" sei.

Das folgende Friedensgebet aus franziskanischen Kreisen in Nordfrankreich (um 1913) ist ein Spiegelbild seines Lebens:

HERR,

mach mich zu einem Werkzeug deines Friedens:

dass ich Liebe übe, wo man sich hasst,
dass ich verzeihe, wo man sich beleidigt,
dass ich verbinde, wo Streit ist,
dass ich die Wahrheit sage, wo der Irrtum herrscht,
dass ich den Glauben bringe, wo der Zweifel drückt,
dass ich die Hoffnung wecke, wo Verzweiflung quält,
dass ich dein Licht anzünde, wo die Finsternis regiert,
dass ich Freude mache, wo der Kummer wohnt.
Herr, lass mich trachten,
nicht, dass ich getröstet werde,
sondern dass ich andere tröste;
nicht, dass ich verstanden werde,
sondern dass ich andere verstehe;
nicht, dass ich geliebt werde,
sondern dass ich andere liebe.
Denn wer da hingibt, der empfängt,
wer sich selbst vergisst, der findet,
wer verzeiht, dem wird verziehen,
und wer stirbt, erwacht zum ewigen Leben.[7]

Weil Franz so frei war von allem Verlangen nach Besitz und Sicherheit, weil er mit seinen Brüdern am liebsten in der freien Natur lebte und schlief, darum hatte er eine ganz besondere Beziehung zur Schöpfung Gottes, zu den Tieren und Pflanzen, zu Sonne und Wind. Sein berühmter „Sonnengesang" zeigt, wie sehr er Gott in allem sah:

Du höchster, mächtiger, guter Herr,

dein ist der Lobpreis, Ruhm und Ehre und jeglicher Dank zumal.
Erhabener, dir nur gebührt es und kein Mensch ist würdig,
dich nur zu nennen.

Gelobt seist du, Herr, mit allen deinen Kreaturen,
der edlen Herrin vor allem, Schwester Sonne,
die uns den Tag macht und uns freundlich Licht durch ihn spendet.
Schön ist sie in den Höhen und prächtig in mächtigem Glanze:
Dein Gleichnis birgt sie, Erhabener.

Gelobt seist du, Herr, durch Bruder Mond und die Sterne.
Du schufst sie, dass sie funkeln am Himmel köstlich und schön.
Gelobt seist du, Herr, durch Bruder Wind und Luft
und Wolke und jegliches Wetter, mildes und anderes auch,
wodurch du belebst, was du erschufst.

Gelobt seist du, Herr, durch Bruder Feuer,
durch den du uns leuchtest in der Nacht.
Es glüht mild und sprüht gewaltig und kühn.
Gelobt seist du, Herr, durch unsere Schwester,
die Mutter Erde, die stark und gütig uns trägt
und bringt mancherlei Frucht mit farbigen Blumen und Gras.

Gelobt seist du, Herr, durch die, die vergeben um deiner
Liebe willen und Pein und Betrübnis geduldig tragen:
Selig, die's überwinden in deinem Frieden!
Sie werden gekrönt von dir, dem Höchsten.

Gelobt seist du, Herr, durch unseren Bruder, den leiblichen Tod,
dem kein lebendiger Mensch entrinnt.
Ach wehe, die sterben in ihren Sünden.
Und selig, die er findet in deinem heiligsten Willen,
denn die berührt nicht der zweite Tod.
Lobt und preist den Herrn und dankt und dient ihm
in großer Demut. Amen.[8]

Franz wollte ganz
und gar Jesus folgen.
Am Ende seines Lebens
trug er die Wundmale
seines Herrn
am eigenen Körper.
Als er 44-jährig
den Tod nahen fühlte,
ließ er sich auf den
bloßen Boden legen,
nackt,
wie er geboren war:
Symbol
seines radikal
armen Lebens.

Cimabue (13. Jh.), Franziskus. Wahrscheinlich das einzige erhaltene Bild, das den Heiligen so darstellt, wie er ausgesehen hat.

1. *a)* Lest Mt 10, 7–10; überlegt, wie Franz mit seinen Brüdern diese Worte gelebt hat. Stellt zusammen, was Franz von seinen Brüdern verlangte (→ S. 9).
b) Das Friedensgebet unterscheidet sich von vielen anderen Bittgebeten (→ S. 147). Wodurch?

2. Franz von Assisi war und ist für viele Menschen ein Vorbild, andere ärgerten sich über ihn. Könnt ihr beides erklären?

3. Manche Zeitgenossen glaubten in Franz von Assisi den wiedergekehrten Christus zu sehen. Sucht Gründe dafür; auch das Bild oben gibt Hinweise dafür.

4. Es gibt auch heute nicht wenige Menschen, die im Geist des Franz von Assisi zu leben versuchen. Erkundigt euch danach.

2. *Thomas Morus (1478–1535)*

Schon in jungen Jahren hatte sich Thomas Morus in London als Anwalt, Politiker, Gelehrter und Schriftsteller einen Namen gemacht. Mit 25 Jahren war er Mitglied des Unterhauses; unter König Heinrich VIII. wurde er 1523 Sprecher des Unterhauses, 1529 Lordkanzler. Als engster Vertrauter des Königs verteidigte er diesen gegen die Angriffe der Protestanten. Mit seiner Frau und seinen vier Kindern führte er ein vorbildliches und glückliches Familienleben. Er besaß viel Humor und war ein Mann von überragender Intelligenz und tiefer Religiosität.
Zum Konflikt mit dem König kam es, als sich Heinrich VIII. 1534 zum obersten Haupt der englischen Kirche erklären ließ. Heinrich hatte versucht, beim päpstlichen Gericht die Ungültigkeitserklärung seiner Ehe mit Katharina von Aragonien, mit der er 24 Jahre verheiratet war, durchzusetzen, um die Hofdame Anna Boleyn heiraten zu können. Als Rom sich weigerte, ließ sich Heinrich von dem ihm ergebenen Erzbischof von Canterbury mit Anna Boleyn trauen und löste die gesamte englische Kirche aus der Einheit mit der römisch-katholischen Kirche. Die meisten Mitglieder des Parlaments standen in dieser schwierigen Frage mehr auf der

Hans Holbein d. J. (1497/98–1543), Thomas Morus

Seite des englischen Königs als auf der des fernen Papstes in Rom; andere wagten nicht, dem mächtigen König zu widersprechen. So wurde die neue Regelung zum Gesetz erhoben. Alle Geistlichen und Beamten mussten unter Androhung der Todesstrafe einen Eid auf diese Formel ablegen:

■ Der König, unser oberster Herr, seine Erben und Nachfolger sollen als die alleinigen irdischen Häupter der englischen Kirche betrachtet werden und die höchste Autorität über sie besitzen ...[9]

Fast die gesamte höhere Geistlichkeit unterwarf sich dem Eid; Widerstand wurde vom König mit Gewalt gebrochen.
Thomas Morus sah sich außerstande, in dieser Sache dem König zu folgen. Er hatte zwar nie verschwiegen, dass es an der Kirche und auch am Papst vieles zu kritisieren gab. Aber eine Auflehnung gegen die römisch-katholische Kirche kam für ihn nicht infrage. Darum legte er 1532 alle politischen Ämter nieder und zog sich aus der Öffentlichkeit zurück. Als er 1534 durch falsche Anschuldigungen vor dem obersten Gericht des Landes gezwungen wurde, sein Schweigen zu brechen, verweigerte er öffentlich den geforderten Eid und bestritt dem Staat das Recht, in Gewissens- und Glaubensfragen Gehorsam zu verlangen. Darauf ließ der König Morus ins Gefängnis werfen. Seine Frau, seine Kinder und Freunde versuchten, ihn umzustimmen, um sein Leben zu retten. Morus war es unmöglich, gegen sein Gewissen zu handeln:

■ Sieben Jahre habe ich über die Frage studiert, welche Macht dem König von England zusteht. Ich kann aus wissenschaftlicher Überzeugung seinen Anspruch nicht anerkennen. Gott ist mein Zeuge, dass nichts als mein Gewissen mich antreibt, so zu reden.[10]

Seiner ältesten Tochter Margarete schrieb er aus der Zelle:

■ Ich bin des Königs treuer Untertan und bete täglich für ihn und sein Reich. Ich tue niemandem etwas Böses, ich sage nichts Böses, ich denke nichts Böses, sondern wünsche jedem das Gute. Und wenn das nicht genügt, einen Menschen am Leben zu erhalten, wahrlich, dann begehre ich nicht zu leben ...[11]

Gelassen bestieg Morus am 6. Juli 1535 das Schafott zur öffentlichen Hinrichtung. Zum Henker sagte er:

■ Nimm deinen Mut zusammen, Mann, und fürchte dich nicht, deine Pflicht zu tun; mein Hals ist sehr kurz, darum sieh dich um deiner Ehre willen vor, dass du nicht verkehrt schlägst.[12]

Seine letzten Worte waren zugleich das Programm seines Lebens:

Ich sterbe als des Königs treuer Diener, aber zuerst als Diener Gottes.[13]

1. Thomas Morus wurde 1935 von Pius XI. heilig gesprochen. Warum ist er ein Märtyrer (= Zeuge)?
2. Auch wenn heute die politischen Verhältnisse ganz anders sind als zur Zeit des Thomas Morus, meinen viele, sein Beispiel werde für uns immer wichtiger. Versucht, das zu erklären. Denkt dabei auch an Christen, die in eine ähnliche Lage kommen (→ S. 179, 181).

3. Mutter Teresa (1910–1997)

Mitten in den Elendsquartieren von Kalkutta, Caracas, Addis Abeba, Rom, Melbourne, New York, in über 500 Stationen in über 100 Ländern versammeln sich jeden Morgen um 4.30 Uhr Gruppen der „Missionaries of Charity" zur Feier der Eucharistie. Nach Meditation und gemeinsamem Gebet, Hausarbeit und Frühstück gehen die „Schwestern der Liebe" ihrem Dienst in den Slums nach. Sie holen Sterbende, Verhungernde von den Straßen. Aus Mülltonnen und von Türschwellen bringen sie ausgesetzte Kinder in ihre Häuser, pflegen und erziehen sie. Ihre besondere Sorge gilt den Lepra-Kranken. Heute zählt die Gemeinschaft über 4.600 Schwestern, zum größten Teil Inderinnen. Viele der „Missionaries" sind Krankenschwestern, Hebammen, Ärztinnen, Lehrerinnen. Neben den allgemeinen Ordensgelübden der Armut, Ehelosigkeit und des Gehorsams legen die Schwestern das Gelübde ab, vorbehaltlos und freiwillig für die Ärmsten der Armen da zu sein. Sie glauben, dass ihnen Jesus begegnet in den Hungernden, Obdachlosen, Kranken, Ausgestoßenen (Mt 25, 31 ff). Sie leben im Geiste einer Frau, die alle „Mutter Teresa" nennen und die diese Gemeinschaft gegründet hat. Zwanzig Jahre lang hatte Teresa, die aus einer Bauernfamilie in Albanien stammt, als Ordensfrau in einer Klosterschule in Kalkutta unterrichtet. Dann erkannte sie ihre eigentliche „Berufung": in die Elendsviertel von Kalkutta zu gehen und dort verlassene Kinder und einsam auf der Straße sterbende Menschen zu betreuen. Sie verließ ihr Kloster, erlernte die Krankenpflege und fing an, ganz für diese Menschen zu leben. 1949 kamen die ersten zehn jungen Frauen zu ihr – ehemalige Schülerinnen. 1952 eröffneten die Schwestern das erste Heim für Sterbende. Mutter Teresa erzählt:

■ Die erste sterbende Frau, die ich sah, habe ich selbst von der Straße aufgelesen. Sie war bereits von Ratten und Ameisen angenagt. Ich brachte sie ins Hospital, aber man konnte nichts für sie tun. Man nahm sie nur auf, weil ich mich weigerte fortzugehen, bis man sie aufgenommen hatte. Von dort ging ich zur Stadtverwaltung und bat, mir einen Platz zu geben, wohin ich solche Leute bringen konnte, denn am selben Tag hatte ich andere Sterbende auf der Straße gefunden. Der Gesundheitsbeamte der Stadtverwaltung nahm mich mit zu einem Tempel der Hindus (→ S. 205) und zeigte mir den Raum, wo die Menschen sich ausruhten, nachdem sie die Göttin Kali (→ S. 203) verehrt hatten. Es war ein leeres Gebäude; er fragte mich, ob ich es haben wollte. Ich war aus vielen Gründen sehr glücklich, diesen Platz bekommen zu haben, aber besonders, weil ich wusste, dass er ein Mittelpunkt der Anbetung und Hingabe der Hindus war. Innerhalb vierundzwanzig Stunden hatten wir unsere Patienten dort und wir begannen die Arbeit des Heims für die Kranken und Sterbenden, die Ausgestoßene sind. Seit damals haben wir über 36000 Menschen von den Straßen Kalkuttas aufgelesen, von denen ungefähr 50% gestorben sind.
Zuallererst möchten wir diesen Verlassenen das Gefühl geben, dass sie erwünscht sind; wir möchten sie wissen lassen, dass es Menschen gibt, die sie wirklich lieben, die sie wirklich haben wollen, wenigstens für die paar Stunden, die sie zu leben haben, damit sie menschliche und göttliche Liebe kennen lernen. Auch sie müssen erfahren, dass sie Kinder Gottes sind und dass sie nicht vergessen sind und dass sie geliebt werden und dass man für sie sorgt und dass es junge Menschen gibt, die ganz für sie da sind . . .[14]

Über ihre und ihrer Mitschwestern Arbeit sagt Mutter Teresa:

■ Seit wir unsere Arbeit begonnen haben, geschieht etwas Wunderbares: Immer mehr Arme kommen aus den Dörfern nach Kalkutta, aber es gibt einen Unterschied: Die Leute fangen an, sich Gedanken zu machen. Früher pflegten sie an einem auf der Straße Sterbenden

vorbeizugehen, aber wenn sie jetzt so etwas sehen, tun sie sofort etwas. Wenn sie keinen Krankenwagen bekommen können, bringen sie den Sterbenden mit einem Karren oder einem Taxi zu uns oder sie rufen uns an ... Und die Armen haben auch keine Angst mehr. Früher fürchteten sie, es mit der Polizei zu tun zu bekommen, aber jetzt wissen sie, dass es einen Ort gibt, wohin sie gehen können, und Schwestern, die ihnen beistehen ... Ich wusste nicht, dass unser Werk so schnell wachsen und sich so weit ausbreiten würde ... Menschlich gesehen war es unmöglich, völlig ausgeschlossen, weil keiner von uns Erfahrung besaß. Niemand von uns hatte die Dinge, die in der Welt zählen. Das ist das Wunder all dieser kleinen Schwestern überall in der Welt. Gott benutzt sie – sie sind kleine Werkzeuge in seiner Hand. Aber sie leben aus dieser Überzeugung ... In dem Augenblick jedoch, in dem wir sagen: „Das bin ich, das ist mein Werk", wird unser Tun selbstsüchtig. Nichts davon wird mehr notwendig sein. Die Kongregation und das Werk werden sterben.
Darum steht diese Überzeugung für uns am Anfang; darum brauchen wir die Eucharistie, brauchen wir Jesus – um unsere Glauben zu leben:

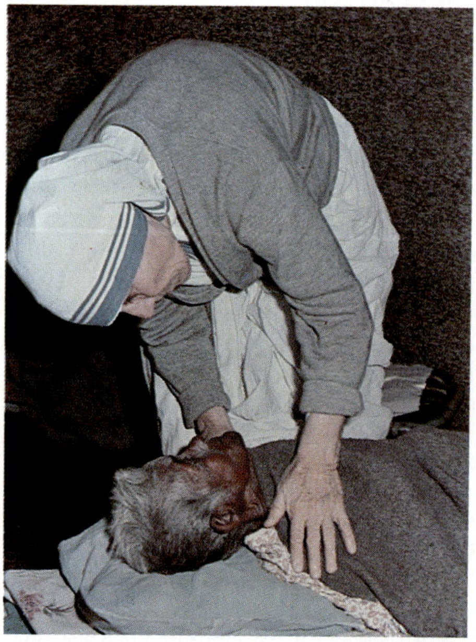

Als ein amerikanischer Journalist zusah, wie Mutter Teresa die stinkende und Ekel erregende Wunde eines alten Mannes versorgte, meinte er: „Ich würde das nicht für eine Million Dollar tun." Mutter Teresa darauf: „Ich auch nicht."

Wenn wir Jesus in der Gestalt des Brotes sehen können, erkennen wir ihn zugleich in den geschundenen Leibern der Armen. Wenn wir die Armen anfassen, berühren wir seinen Leib.[15] *Mutter Teresa*

1. Mutter Teresa beruft sich besonders auf Mt 25, 31–46. Lest diesen Bibeltext und sprecht darüber, was diese Worte Jesu uns sagen wollen.
2. Für Mutter Teresa und ihre Mitschwestern hat die tägliche Feier der Eucharistie eine ganz besondere Bedeutung, die vielen Christen ungewöhnlich erscheint. Versucht, das zu erklären.
3. Orientiert euch über die sozialen und religiösen Verhältnisse in Indien (→ S. 204 ff).
4. Manche sagen: „Die schreckliche Not von Millionen Menschen in Indien wird nicht dadurch behoben, dass sich die ‚Schwestern der Liebe' ausgerechnet um die Sterbenden kümmern. Sie sollten besser Entwicklungshilfe leisten." Nehmt Stellung zu diesem Vorwurf.
5. Lest noch einmal → S. 17 und überlegt, warum Mutter Teresas Werk für das Verhältnis zwischen Hindus und Christen von großer Bedeutung ist.
6. Ihr könntet eine Collage anfertigen über das Leben und Arbeiten von Mutter Teresa und ihrer Mitschwestern in den Elendsvierteln von Kalkutta; vielleicht veranstaltet ihr auch einen Basar oder eine Sammlung oder ...

Jesus hat seinen Freunden nicht nur aufgetragen, dass sie seine Botschaft mit Worten weitergeben, sondern vor allem durch ihr Leben. Christsein besteht nicht darin, dass man vieles weiß, sondern dass man nach dem Evangelium lebt. Die drei Beispiele zeigen etwas davon, jedes auf seine Weise. Vielleicht kennt ihr noch andere Beispiele dafür ... Manchmal sind auch junge Leute für ihre Umgebung „Leitplanken des Glaubens".

Exodus – Aufbruch zur Freiheit

1. Mehr als 3000 Jahre alt – und trotzdem aktuell[16]

Vor mehr als 3000 Jahren mussten Israeliten in Ägypten Sklavendienste tun. Auf Gottes Wort hin holte Mose sie aus dem Machtbereich des Pharao und führte sie in die Freiheit. Man nennt dieses Ereignis den **„Exodus“**. Das griechische Wort heißt „Auszug“ oder „Aufbruch“. Juden und Christen haben dieses Ereignis nie vergessen. Die Erinnerung daran hat auch in unserem Jahrhundert viele Menschen hoffnungsvoll und mutig gemacht. Der Exodus half ihnen bei ihrem Aufbruch zur Freiheit. Das zeigen die Beispiele der S. 20–22.

Go Down, Moses[16]

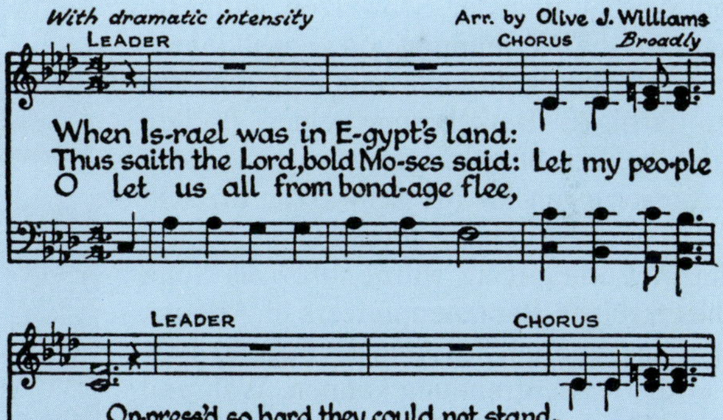

Mahalia Jackson (1911–1972)

Die Sklaven Nordamerikas haben sich in ihren **Spirituals** (geistliche Lieder) häufig auf den Exodus berufen. Sie verglichen ihre armselige Lage mit der Not der Stämme Israels in Ägypten. Aus ihren Gesängen klingt die Hoffnung, dass Leid und Tod schließlich zu neuem Leben führen. Was für Israel das neue Land Kanaan war, wird für sie die Befreiung in der Zukunft sein. Ob die Rettung in diesem Leben oder erst nach dem Tod geschenkt wird, das überlassen die Lieder in großer Ergebenheit Gott. Sie werden als Beschwörung verstanden, in der Gott um ein besseres Leben angerufen wird. Die Zukunft wird in anschaulichen Bildern voll Lebensfreude vergegenwärtigt. Protest, soziale Anklagen oder gar Revolution treten in diesen Sklavenliedern noch nicht zu Tage. Wehmut und Hoffnung, Leid und Freude bestimmen den Charakter der Negro-Spirituals.[17]

Martin Luther King hat in seinem Kampf für die Farbigen in den USA diese Ansätze weitergeführt. Auch er berief sich in seinem mutigen Einsatz gegen die Rassentrennung häufig auf den Exodus. Aber bei ihm führten diese Erinnerungen nicht zu passiver Ergebenheit, sondern zu politischer Aktivität. Mit Demonstrationen, Streiks und passivem Widerstand machte er auf die Unterdrückung und Ausbeutung der Schwarzen aufmerksam. Nur die Anwendung von Gewalt lehnte er ab. So hat er die unerträgliche Situation der farbigen Bevölkerung einer breiten Öffentlichkeit bewusst gemacht, gesetzliche Verbesserungen für die Schwarzen erreicht und große Hoffnungen geweckt.

Martin Luther King wurde 1929 als Sohn eines farbigen Baptistenpfarrers in Atlanta, Georgia, geboren. Schon in der Jugend lernte er die Rassentrennung kennen. Während seines Theologiestudiums kam er allmählich zu der Überzeugung, dass das Unrecht in dieser Welt nur durch gewaltlosen Widerstand bekämpft werden sollte. Nach seinem Studium ging er 1954 als Pfarrer nach Montgomery, obwohl er wusste, dass er dort als Farbiger ein schweres Leben haben würde.

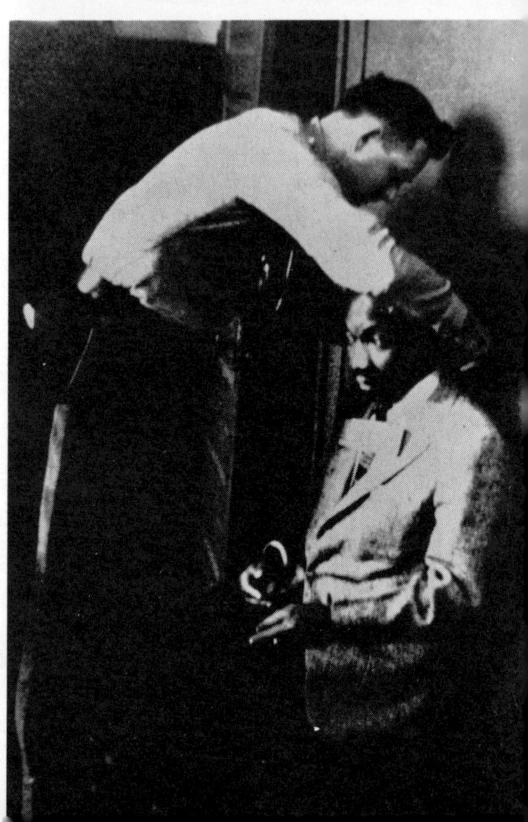

Welche Negro-Spirituals kennt ihr?
Könnt ihr in diesen Exodus-Motive erkennen?

Oben: Ein Afrikaner wird in ein Boot gezerrt, das ihn als Sklaven nach Amerika bringen soll.

Martin Luther King wird für ein Erkennungsdienstfoto der Polizei vorbereitet. Er wurde beschuldigt, einen Busboykott organisiert zu haben.

Schon ein Jahr später kam es hier zu dem berühmten Busstreik, der die ganze Welt aufhorchen ließ. Damals hatte sich eine farbige Näherin in einem Bus auf einen Platz gesetzt, der Weißen reserviert war. Der Schaffner forderte sie auf, den Platz zu räumen. Aber sie blieb sitzen und wurde deshalb verhaftet. Darauf riet M. L. King allen Schwarzen, die Busse der Stadt zu boykottieren. Der Streik wurde ein großer Erfolg. Den Schwarzen wurden die gleichen Rechte in den Bussen zugestanden wie den Weißen. Durch diesen Streik wurde M. L. King zum Wortführer im Kampf um die Bürgerrechte für die Farbigen in den USA. Seinem Prinzip der Gewaltlosigkeit blieb er auch dann treu, wenn er zu Gewaltanwendung provoziert wurde. 1964 erhielt er den Friedens-Nobelpreis. Mehr als dreißigmal wurde er verhaftet. Sein Leben war immer gefährdet. Am 4. April 1968 fiel er einem Attentat in Memphis zum Opfer. In der letzten Ansprache vor seinem Tod, die er vor der Gemeinde der Farbigen in Memphis hielt, berichtete er zunächst von den Morddrohungen, die von seinen „kranken weißen Brüdern" gegen ihn ausgesprochen worden waren. Dann fuhr er fort:

■ Nun, ich weiß nicht, was jetzt geschehen wird. Wir haben einige schwierige Tage vor uns, aber das kümmert mich jetzt nicht mehr. Ich bin auf dem Berggipfel gewesen. Wie jeder andere möchte ich ein langes Leben leben. Es ist schon etwas dran an einem langen Leben. Aber ich sorge mich nicht mehr darüber. Ich möchte nur Gottes Willen ausführen. Der Herr hat mir erlaubt, den Berg zu besteigen. Ich habe hinuntergesehen und ich sah das Gelobte Land. Vielleicht komme ich nicht mehr mit euch dorthin.
Aber ich möchte, dass ihr heute Nacht wisst, dass wir als Volk das Gelobte Land erreichen werden. Deswegen bin ich heute Abend glücklich. Ich mache mir über nichts Sorgen. Ich fürchte niemanden. Meine Augen haben die Glorie der Ankunft des Herrn gesehen.[18]

We shall overcome

1. Die weißen Rassisten taten für Martin Luther King dasselbe wie der Pharao.
Die Schwarzen selbst verglich er mit . . .
Das Gelobte Land war für ihn . . .
Seine eigene Aufgabe entsprach der des . . .
In der Nacht . . .
Mut und Hoffnung für den Kampf um die Freiheit schöpfte er wie die Israeliten aus . . .

2. Ein weiterer Text von Martin Luther King → S. 169.

Shalom, shalom

Jüdische Flüchtlinge aus Europa wandern nach Israel ein (1948).

Auch **im modernen Judentum** lebt die Erinnerung an den Exodus weiter. Im 19. Jahrhundert besannen sich die in aller Welt zerstreuten Juden erneut darauf, dass Palästina vor mehr als drei Jahrtausenden ihre Heimat geworden war. Die religiöse Sehnsucht nach dem Land der Väter, die immer wach geblieben war, nahm nun politische Gestalt an. Es entstand eine Bewegung (Zionismus, genannt nach dem Zion, dem heiligen Berg von Jerusalem), deren Ziel es war, allen Juden in Palästina eine Heimat zu schaffen. Das alte Land wurde nun Ziel eines neuen jüdischen Aufbruchs. So kamen seit dem Ende des 19. Jahrhunderts und vor allem seit den Judenverfolgungen des Hitler-Staates viele Juden wieder in das Land, das ihnen gemäß ihrem Glauben von Gott geschenkt war. Sie sahen in dieser Rückkehr einen neuen Exodus.

1. Wie feiern die Juden in ihrem Pesachfest bis heute den Auszug aus Ägypten? (→ Wege des Glaubens S. 172 f)

2. Informiert euch über den neuen Exodus der Juden, der 1948 zur Gründung des Staates Israel führte. Welche Probleme wirft er heute auf?

* schalom = Friede
chaverim = Freunde
lehitraot = Auf Wiedersehen

2. *Geschichte und Geschichten der Befreiung*

Das zweite Buch der Bibel trägt den Titel „Exodus“. Es erzählt von Ereignissen, die sich um 1200 v. Chr. in Ägypten abgespielt haben. Eine alte Überlieferung nennt Mose als Verfasser dieses Buches. Er steht im Mittelpunkt der Erzählungen. Auf ihn gehen wichtige Teile dieses Buches zurück. Aber auch andere Verfasser haben an dem Entstehen des Buches mitgewirkt. Für das Volk Israel sind die Taten Gottes beim Auszug aus Ägypten wichtig geblieben. Was beim Exodus geschehen war, zeigte den Juden immer neu den Willen Gottes auch für ihre Zeit. Wenn sie vom Exodus erzählten, meinten sie nicht nur die Pharaonenzeit, sondern ihre Gegenwart. Dafür drei Beispiele:

● Seit dem 10. Jahrhundert gab es Könige in Israel. Vor allem David und Salomo vollbrachten große Taten. Sie besiegten die Feinde Israels und schufen ein mächtiges Reich. Sie ließen auch prächtige Bauten errichten, die für alle Zeiten Zeugnis von ihrer Größe geben sollten. So hatten es schon die ägyptischen Pharaonen getan, die Pyramiden und Tempel, Paläste und Wehranlagen gebaut hatten. Dafür mussten die kleinen Leute hart arbeiten und viel bezahlen. Manche Israeliten glaubten, dass dies nicht der Wille Gottes sein könne. Wenn sie nun vom Exodus erzählten, protestierten sie gegen die Ausbeutung der Kinder Israels durch den Pharao. Aber sie meinten mit ihren Texten auch die Könige in Israel.

Lest dazu 1 Kön 12, 1–11. Der Text beschreibt die Situation Israels in der Königszeit. Vergleicht damit Ex 5, 6–19 und überlegt, warum der Text nicht nur aus der Zeit des Pharao erzählen will.

● Als die Israeliten das Land Kanaan in Besitz genommen hatten, blieben sie ihrem Gott, der sie hierhin geführt hatte, nicht immer treu. Sie liefen oft in die Tempel der heidnischen Götter. Dort konnte man interessante Leute treffen, ausgelassen feiern, an üppigen Mahlzeiten teilnehmen und sogar leichtsinnige Liebesabenteuer suchen. Gott, der sein Volk befreit hatte, wurde hier schnell vergessen. Ständig mussten die Propheten gegen den Götzendienst kämpfen (→ S. 164). Wenn die Frommen in Israel vom Exodus erzählten, hatten sie dieselbe Gefahr im Auge. Sie wollten nicht nur von der vergangenen Zeit in Ägypten reden, wenn sie Israel vor die Entscheidung stellten: Götter oder Gott?

Lest Ex 6, 2–8 oder 20, 1–7 (→ S. 177).

Pyramiden und Sphinx bei Gize

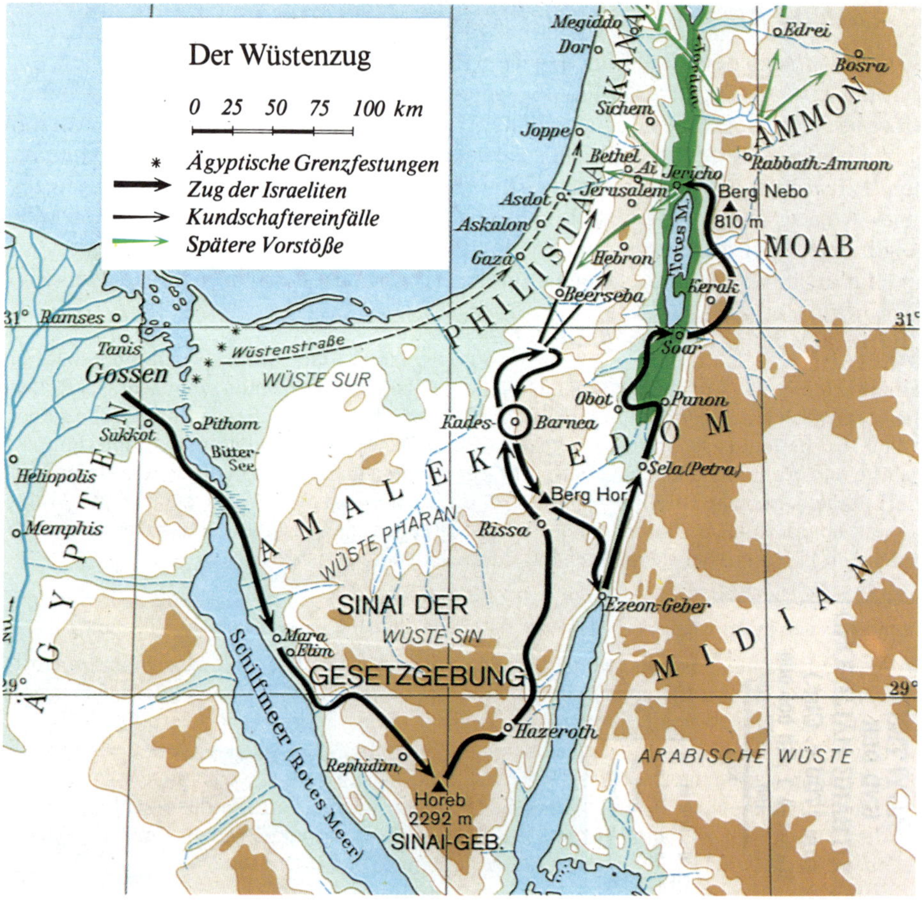

● Selbst als die Israeliten aus ihrem Land vertrieben waren und in der Babylonischen Gefangenschaft (586–538 v.Chr.) lebten, erzählten sie sich vom Exodus. Damals waren es vor allem Priester, die das Volk daran erinnerten, dass Gott zu seinen Verheißungen stehe, wenn das Volk die Weisungen (Gebote, Gesetze) Gottes befolge. Sie wiesen auf ein Fest hin, das die Erinnerung an den Exodus wach hielt und gerade in der Verbannung für die Israeliten Trost und Hoffnung sein konnte. Bei diesem Fest durften sich die Verbannten fühlen, als seien sie selbst die Kinder Israels beim Exodus.

Lest Ex 12, 1–20. Um welches Fest handelt es sich? Warum wird seine Einsetzung in die Exodus-Zeit verlegt? Was kann es den Juden in späterer Zeit bedeuten? (→ S. 63, Wege des Glaubens S. 172)

Zusammenfassende Aufgaben

1. Stellt die Ereignisse, von denen die Bibel beim Exodus erzählt, stichwortartig zusammen. Über ein Thema solltet ihr genauer nachdenken und in eurer Klasse sprechen. Welches wollt ihr wählen?
2. Manchmal ist ein und dasselbe Ereignis unterschiedlich beschrieben worden. In Ex 14,21 und Ex 14, 22 findet ihr ein Beispiel dafür. Könnt ihr die Unterschiede herausfinden und erklären?
3. Das Buch Exodus hat die Juden bis auf den heutigen Tag an ihren Gott erinnert, sie ermahnt, ihnen Hoffnung gegeben und zum Feiern veranlasst. Welche Bedeutung hat es für uns Christen?
4. Textet selbst ein Lied, in dem ihr Gott lobt und ihm dafür dankt, dass er euch einmal aus einer schweren Situation gerettet oder ein Stück Freiheit geschenkt hat.

Obwohl das Buch Exodus keine geschichtliche Darstellung im heutigen Sinn ist, kann man aus der Schrift erkennen, was damals geschah. Dabei ergibt sich folgendes Bild: Der Auszug der in Ägypten Unterdrückten erfolgte in einer Zeit, in der das ägyptische Reich nicht sonderlich stark war, wahrscheinlich einige Jahre nach der Regierungszeit des Pharao Ramses II. (1304–1237). Damals versuchte eine relativ kleine Gruppe von Leuten – manche Forscher denken an etwa 50–150 Personen –, die als Zwangsarbeiter an Großbauten im Nildelta tätig waren, aus dem gut bewachten Land zu entkommen. Die Fliehenden mussten dabei scharfe Kontrollen und möglicherweise auch eine Mauer passieren, die ein früherer Pharao an der Grenze zur Sinaihalbinsel errichtet hatte. Eigentlich konnten sie kaum erwarten, dass ihnen die Flucht gelänge. Die Führung des Unternehmens lag bei Mose, einem Mann, der sich auf der Sinaihalbinsel gut auskannte. Als Zeitpunkt für die Flucht wählte er den Ausbruch einer Epidemie (Pest? vgl. die Plagen, Ex 9, 9ff) im Nildelta. Der Ausbruchsversuch wurde von ägyptischen Soldaten entdeckt und zu verhindern gesucht. Trotzdem glückte den Mose-Leuten die Flucht. Nachdem sie eine gefährliche Wasserstelle (Schilfmeer?) passiert hatten, gaben die Ägypter die Verfolgung auf. Lange Zeit wanderte die Gruppe in der Wüste auf der Sinaihalbinsel umher, bis sie nach Palästina gelangte. Dort schloss sie sich mit anderen Jahwe-Verehrern zusammen. Diese Rettung aus der Sklaverei haben Mose und seine Leute ihrem Gott zugeschrieben. In ihm sahen sie von nun an ihren Befreier.

1. Was wisst ihr über die Geschichte des alten Ägypten (Pharaonen, Pyramiden, Gottesvorstellungen)? Könnt ihr Bezüge zum Buch Exodus herstellen?

2. *a)* In den Erzählungen vom Exodus kommen viele „Wunder" vor. Von welchen ist die Rede: Ex 15,22–25; 16,1–5; 11–18?

b) Zur Deutung der Wunder ist zu beachten:
Vermutlich gab es ein *Holz*, das die Bitterwirkung des Wassers aufhebt.
Wachtelschwärme überqueren auch heute noch auf ihrem Frühlingsflug von Afrika nach Europa das Gebiet am Roten Meer.
Das *Manna* ist ein eigentümliches Sekret der Blattläuse, die in dieser Gegend auf einem Baum, der Manna-Tamariske, leben.
Durch einen Umwandlungsprozess der Blattnahrung bringen sie eine sirupartige Ausscheidung für ihre Larven hervor. In weißlich-gelben Tröpfchen, die bei trockener Luft in Erbsengröße kristallisieren, fällt das „Manna" von den Bäumen zu Boden. Es konnte den Israeliten allerdings nicht ausschließlich als Nahrung dienen. Auch heute wird es von den Beduinen gesammelt und verzehrt.

c) Warum liegen solche Erklärungen den biblischen Autoren fern?

Ägyptische Malerei aus Luxor: Zwangsarbeiten

3. *Sklavenhaus und Freiheit*

Auf der Sinaihalbinsel in der Wüste. Zwei Israeliten, die schon in Ägypten für den Pharao gearbeitet haben, kommen miteinander ins Gespräch, während sie das Manna aufsammeln.

Abidan: Ich mag das Manna nicht mehr sehen. Dauernd dieses süße Zeug. Anfangs hat es ja gut geschmeckt. Aber auf die Dauer ist es widerlich. Am liebsten würde ich hier weglaufen, wenn ich könnte.

Gamliel: Schimpf nicht so! Ab und zu fangen wir ja auch ein paar Wachteln. Du bekommst schon dein Fleisch, das du so gern magst.

Abidan: Das bringt doch nichts. Die schmalbrüstigen Vögelchen kannst du doch nicht vergleichen mit den Fleischportionen, die es in Ägypten gab. Das war noch ein Essen! Wenn ich an die Fleischtöpfe Ägyptens zurückdenke, läuft mir das Wasser im Mund zusammen. Am liebsten wäre ich wieder da.

Gamliel: Aber in Ägypten warst du nicht frei. Dort warst du ein jämmerlicher Sklave. Du musstest arbeiten, bis du umfielst. Viele von uns haben das nicht überlebt. Ganz Ägypten war für uns ein einziges Sklavenhaus. Schon wenn sie uns „Hebräer" nannten, wurde mir übel. Das Wort klang immer so wie „Zwangsarbeiter".

Abidan: Na wenn schon. Zu melden hatten wir nichts. Das stimmt. Das Sagen hatten nur die Ägypter. Sich mit denen anzulegen war wirklich nicht ratsam. Aber wir wurden wenigstens satt. Und wenn es kein Fleisch gab, dann hatten wir doch Fisch und wenigstens Brot genug und dazu Melonen und Gurken, Zwiebeln und Knoblauch.

Gamliel: Ja sicher, das war nicht schlecht. Aber mir ist doch viel lieber, dass ich jetzt keine Angst mehr haben muss. Hier bin ich ein freier Mann, keiner kann mich unter Druck setzen und behandeln wie den letzten Dreck. Hier habe ich meine Menschenrechte. Dafür danke ich unserem Gott.

Abidan: Ich nicht. Selbst wenn sie mich dort totgeschlagen hätten, so wäre ich doch wenigstens bis zu meinem Tod immer satt geworden. Der Wohlstand dort war mir lieber als diese Freiheit hier. Was hat man denn schon hier in der Wüste vom Leben?

Gamliel: Für mich ist die Wüste nicht langweilig. Hier fühle ich mich Gott ganz besonders nahe.

Abidan: Wie meinst du das?

Gamliel: Hier lenkt mich nichts von ihm ab. Alles weist auf ihn hin: die weite Ebene, die hohen Berge, der Glanz der Sonne, der Wüstenwind, die Stille. Ich glaube, es ist nicht zufällig, dass Gott so oft in der Wüste zu Menschen gesprochen hat und dass er uns gerade hier seine Gebote gegeben hat.

Abidan: Darüber habe ich überhaupt noch nicht nachgedacht.

Gamliel: Denken hilft da nicht weiter. Versuche es einmal zu erleben. Und noch etwas. Ich glaube fest, dass wir nicht immer in der Wüste bleiben. Einmal werden wir in das Land kommen, das Gott uns verheißen hat.

Abidan: Hoffentlich gibt es da größere Fleischportionen.

Gamliel: Ich wünsche mir dort Arbeit und Freiheit und Hoffnung. Das gehört für mich zu den Verheißungen Gottes, die unser Leben glücklich machen.

Abidan: Ansichtssache!

Gamliel: Glaubenssache!

1. Sprecht über die Ansichten von Abidan und Gamliel. Gibt es heute vergleichbare Situationen und Probleme?

2. Wie die Israeliten in Ägypten lebten, könnt ihr nachlesen Ex 1, 8–16. Welche Arbeiten mussten sie tun? Worüber waren sie erbittert?

3. Wie das Volk Israel seinen Gott erlebte, könnt ihr Ex 3, 7–10 nachlesen.

„ER
WURDE
MEIN
RETTER“
(Ex 15, 2)

Der Zug der Israeliten durch das Rote Meer.
Holzschnitt aus der Koberger Bibel (Ende des 15. Jh.).
Die Juden tragen die für das europäische Mittelalter
typischen Judenhüte, die Ägypter erscheinen wie eine Truppe von Landsknechten.

Ramses II. (1304–1237), Pharao zu der Zeit, in der die Israeliten in Ägypten lebten. Auf dem Haupt trägt er eine ägyptische Krone, in der Rechten hält er den Krummstab.

oben: Setos II. (14. Jh. v. Chr.) kämpft gegen die Hethiter in Syrien. Das Tempelbild aus Theben zeigt ähnliche Streitwagen wie diejenigen, denen die Israeliten beim Exodus entrinnen konnten.

Schwester Petra mit einem indischen Kind

4. Modell des Glaubens

Petra Mönnigmann (geb. 1924 in Oelde i.W.) trat mit 21 Jahren in einen Orden ein. Als Ordensschwester wurde sie Lehrerin, unterrichtete Jungen und Mädchen in Biologie und Religion. Ihr Leben verlief so normal wie das Leben vieler Lehrer. Es war nicht einmal ungewöhnlich, dass sie 1966 von ihrer Oberin an eine Ordensschule in Indien geschickt wurde. Dort sollte sie die Kinder vornehmer Inder ausbilden. Sie freute sich sehr, das ferne Land kennen zu lernen und fuhr mit großen Erwartungen ab. Aber lange hielt sie es in ihrer indischen Klosterschule nicht aus. Das Elend des Landes, vor allem der Hunger der Kinder und die vielen Krankheiten der Leute, erschütterte sie tief. Sie glaubte, dass es noch wichtigere Dinge gebe, als vornehme Kinder auszubilden. Darum verließ sie ihren Orden. Ihre Mitschwestern waren entsetzt und billigten ihren Entschluss zunächst nicht. Sie aber wollte sich, ganz allein auf sich gestellt, nur noch den Hungrigen und Kranken widmen. So zog sie in ein kleines ärmliches Dorf nach Thellakom. Dort lebte sie wie alle anderen Dorfbewohner, obwohl ihr dies als Europäerin schwerer fiel als den Einheimischen. Das indische Essen, so knapp es auch war, konnte sie kaum vertragen. Ständig auf dem Boden zu schlafen, bereitete ihr Schmerzen. Das heißfeuchte Klima machte ihr zu schaffen und an die vielen Moskitos und Schlangen konnte sie sich nie gewöhnen. Aber sie wusste, dass sie diese Entbehrungen ertragen musste. Ohne viel davon zu reden, folgte sie dem Beispiel Jesu.
Die Inder waren erstaunt über so viel selbstlose Hilfe. Sie lernten von ihr, den Boden besser zu bearbeiten und nahrhafte Pflanzen zu setzen. Auch der Gesundheitszustand der Dorfbewohner besserte sich langsam, weil Schwester Petra in Europa erfolgreich um Medikamente bettelte und sich immer mehr medizinische Kenntnisse erwarb. Manchmal fragten sich die Bewohner erstaunt, warum die weiße Schwester das alles tat. Bald kamen junge indische Mädchen zu ihr, die ihr bei der Arbeit halfen. Sie lernten dabei auch den christlichen Glauben tiefer verstehen. So entstand langsam ein neuer Orden: „Die Dienerinnen der Armen". Die Schwestern verpflichteten sich zu beten, zu helfen und arm zu bleiben. Schwester Petra wurde die erste Oberin. Der Papst erkannte die Gemeinschaft an. 1976 kam Schwester Petra bei einem Verkehrsunfall ums Leben.
Ihr Werk lebt fort. Willigard, eine andere Schwester aus Deutschland, wurde ihre Nachfolgerin. Heute hat die Gemeinschaft schon viele 100 Mitglieder und Tausende Freunde.
Die Adresse der „Dienerinnen der Armen":
Servants of the poor, PATTUVAM P.O. 670143, Via Taliparamba, Cannanora Dt., Kerala, India;
Spenden an: Leprahilfe Kerala e.V., Postscheckkonto Dortmund 10258-467.

In dem Bericht über Schwester Petra kommt das Wort „Exodus" nicht vor. Trotzdem hat ihr Leben viel mit einem Exodus zu tun. Könnt ihr das herausfinden?

■ Viele junge Leute in der Bundesrepublik fühlen sich nicht mehr dabei wohl, nur Geld zu verdienen und auszugeben oder immer neue Anschaffungen zu machen. Sie suchen einen Ausweg aus der Wohlstandsgesellschaft und wollen anders leben als die meisten, indem sie auf vieles verzichten, was heute üblich ist (z. B. Auto, Fernseher, Motorrad, Stereo-Anlage). Stattdessen erproben sie neue Formen eines Gemeinschaftslebens, in dem es vor allem darauf ankommt, miteinander zu sprechen, füreinander Zeit zu haben, sich an der Natur zu freuen, zu meditieren, selbst etwas zu schaffen.

Wahrheit und Lüge

1. ... nur so dahergesagt?

Aufgeregt kam jemand zu dem großen Philosophen Sokrates gelaufen: „Höre, Sokrates, das muss ich dir erzählen, wie dein Freund ...". „Halt ein!", unterbrach ihn der Weise, „hast du das, was du mir sagen willst, durch die drei Siebe geschüttelt?" „Drei Siebe?", fragt der andere voll Verwunderung. „Ja, mein Freund, drei Siebe! Lass sehen, ob das, was du mir erzählen willst, durch die drei Siebe hindurchgeht. Das erste Sieb ist die Wahrheit. Hast du alles, was du mir erzählen willst, geprüft, ob es wahr ist?" „Nein, ich hörte es erzählen, und ..." „So, so. Aber sicher hast du es mit dem zweiten Sieb geprüft, es ist das Sieb der Güte. Ist das, was du mir erzählen willst, wenn schon nicht als wahr erwiesen, wenigstens gut?" Zögernd sagte der andere: „Nein, das nicht, im Gegenteil ..." „Dann", unterbrach ihn der Weise, „lass uns auch das dritte Sieb noch anwenden und lass uns fragen, ob es notwendig ist, mir das zu erzählen, was dich so erregt." „Notwendig nun gerade nicht ..." „Also", lächelte Sokrates, „wenn das, was du mir erzählen willst, weder wahr noch gut noch notwendig ist, so lass es begraben sein und belaste dich und mich nicht damit!"[19]

1. *a)* Sucht Beispiele für Weitererzähltes, das nicht durch die drei Siebe passt.
b) Welche Folgen hätte es für unser Reden, wenn wir immer die drei Siebe anwenden würden?
2. Vergleicht den Text mit folgenden Paragraphen des Strafgesetzbuches:
§ 186 Üble Nachrede
Wer über einen anderen eine Tatsache behauptet oder verbreitet, welche geeignet ist, ihn verächtlich zu machen oder in der öffentlichen Meinung herabzuwürdigen, wird, wenn nicht diese Tatsache erweislich wahr ist, mit Freiheitsstrafe bis zu einem Jahr oder mit Geldstrafe ... bestraft.
§ 187 Verleumdung
Wer wider besseres Wissen über einen anderen eine unwahre Tatsache behauptet oder verbreitet, welche geeignet ist, denselben verächtlich zu machen oder in der öffentlichen Meinung herabzuwürdigen ..., wird mit Freiheitsstrafe bis zu zwei Jahren oder mit Geldstrafe bestraft.
3. Was sagt euch die Zusammenstellung der Bilder auf den beiden Seiten?
4. Versucht, mit wenigen Sätzen zu erraten, was von den einzelnen Personen gesagt wird. Vielleicht habt ihr Lust, die einzelnen Szenen darzustellen.
Ihr könntet das Bild von den vier Frauen im Spiel negativ oder positiv auslegen.
5. Welche der dargestellten Situationen hast du schon einmal erlebt? Wie war das?

Unaufhaltsam

Das eigene Wort,
wer holt es zurück,
das lebendige
eben noch ungesprochene
Wort?

Wo das Wort vorbeifliegt
verdorren die Gräser,
werden die Blätter gelb,
fällt Schnee.
Ein Vogel käme dir wieder.
Nicht dein Wort,
das eben noch ungesagte,
in deinen Mund.
Du schickst andere Worte
hinterdrein,
Worte mit bunten, weichen Federn.

Das Wort ist schneller,
das schwarze Wort.
Es kommt immer an,
es hört nicht auf
anzukommen.

Besser ein Messer als ein Wort.
Ein Messer kann stumpf sein.
Ein Messer trifft oft
am Herzen vorbei.
Nicht das Wort.

Am Ende ist das Wort,
immer
am Ende
das Wort.
Hilde Domin[20]

Wer sich in seinen **Worten** nicht verfehlt, ist ein vollkommener Mann und kann auch seinen Körper völlig im Zaum halten. Wenn wir den Pferden das Zaumzeug ins Maul legen, damit sie uns gehorchen, lenken wir ihren ganzen Körper. Oder denkt an die Schiffe: Sie sind groß und werden von starken Winden getrieben und doch lenkt sie der Steuermann mit einem ganz kleinen Steuer, wohin er will. So ist auch die Zunge nur ein kleiner Teil des Körpers und rühmt sich doch großer Dinge. Und wie klein kann ein Feuer sein, das einen großen Wald in Brand steckt. Auch die Zunge ist ein Feuer. *Jak 3, 2–6a*

1. Stellt die Bilder zusammen, die in den beiden Texten für die Wirkungen des Wortes gebraucht werden, erklärt sie und vergleicht sie.

2. Das Gedicht beschreibt die Wirkungen des Wortes nur von einer Seite. Versucht, die „Kehrseite" darzustellen.

Worte verbinden Menschen und entzweien sie. Worte schaffen Vertrauen und zerstören es. Worte können streicheln und verletzen. Worte können glücklich machen und zur Verzweiflung bringen. Worte können Leben wecken und vernichten. Worte vermitteln Wahrheit und belügen den anderen.
Wer darüber nachdenkt, was das menschliche Wort vermag, wird vielleicht erschrocken feststellen, wie leichtfertig wir mit Worten umgehen. Aber unser Mensch- und Christsein ist nicht zuletzt daran zu messen, was wir mit unseren Worten tun.

2. *Kann man leben, ohne zu lügen?*

- Von Anfang an hätte sich Thomas nach dem schlechten Halbjahreszeugnis mehr anstrengen müssen. Er möchte im August die Lehrstelle bei der Firma M. bekommen. Beim Vorstellungsgespräch hat der Personalchef seinem Vater und ihm ganz klar die Bedingung dafür gesagt: „Ohne Hauptschulabschluss stelle ich keinen ein." Aber Thomas lässt sich trotzdem in der Schule völlig hängen; sämtliche Arbeiten sind mangelhaft. Als der Vater kurz vor Ostern mal fragt, wie er denn inzwischen in der Schule stehe, antwortet er: „Der Klassenlehrer hat mir neulich noch gesagt, den Abschluss bekäme ich bestimmt."
- Eltern und Geschwister brechen am Sonntag nach dem Frühstück zum Gottesdienst auf. Sabine weigert sich mitzugehen. „Ich war schon gestern in der Abendmesse", sagt sie, obwohl sie von 18 bis 22 Uhr mit ihren Freundinnen in der Diskothek war.
- Einige Jungen aus der Klasse erzählen am Montag, was sie mit ihren Freundinnen am Wochenende erlebt haben. Alle schildern Ähnliches. Das meiste ist erfunden.
- Peter war einziger Zeuge eines Verkehrsunfalls, den sein Freund mit dem Moped verschuldet hat. Der Polizei gegenüber gibt er an, er habe genau gesehen, dass der Autofahrer bei Rot über die Ampel gefahren sei.
- Andrea macht ihre Lehre als Friseuse. Als sie den Platz säubert, an dem Frau S. unter der Haube saß, entdeckt sie deren hübsches Schminktäschchen auf der Ablage und steckt es ein. Zwei Stunden später ruft Frau S. an und fragt, ob jemand dort ihr Täschchen gefunden hat. Andrea erklärt der Chefin: „Ich hab' leider nichts davon gesehen."
- Marion (16) hat seit einigen Wochen einen Freund. Sie möchte ihn gern mal mit sich auf ihr Zimmer nehmen. Die Mutter ist einverstanden. Eine Viertelstunde später kommt sie ohne Klopfen ins Zimmer. „Ich wollte nur mal eben nach den Blumen gucken", sagt sie, ohne rot zu werden.
- Als die Eltern für einige Tage weg sind und Albert (16) mit seinem Bruder Christoph (6) allein ist, bricht Albert das Sparschwein der Mutter auf, gibt das Geld aus und behauptet nachher, Christoph habe es getan. Der Kleine ist machtlos gegenüber seinem wortgewandten großen Bruder.

Untersucht die Beispiele:
Welche Gründe haben zu den Lügen geführt?
Wie beurteilt ihr die einzelnen Fälle? Denkt dabei auch an die Folgen der Lügen für die Betroffenen.
Versucht, die eine oder andere Szene weiterzuspielen.

Psychologen und Pädagogen haben folgende Beobachtungen gemacht:

- Kinder lernen etwa im Alter von 5 Jahren das Lügen, wenn sie entdecken, dass sie dadurch Vorteile haben.
- Viele Kinder beginnen erst dann zu lügen, wenn sie erlebt haben, dass sie von anderen belogen worden sind.
- Die Scheu vor der Wahrheit kommt meistens aus der Angst.[21]
- Frauen sind im Allgemeinen wahrheitsliebender als Männer. Nur zwischen 10 und 14 Jahren lügen die Mädchen mehr. Die krassesten Lügen stammen von männlichen Testpersonen zwischen 15 und 18 Jahren.[22]

Sage die Wahrheit, und man wird dir den Kopf einschlagen. *Ungarisch*

Lügen haben kurze Beine.

Die halbe Wahrheit ist die gefährlichste Lüge.

Gesprochene Worte sind Vögel, die man nicht einfangen kann.

Mit Lügen kommt man durch die ganze Welt, aber nicht zurück. *Polnisches Sprichwort*

Die Lüge ist wie ein Schneeball:
Je länger man ihn wälzt,
desto größer wird er. *Martin Luther*

Wer einmal lügt, dem glaubt man nicht,
und wenn er auch die Wahrheit spricht.

Ein Lügner muss ein gutes Gedächtnis haben.

Wer die Wahrheit wollte begraben, müsste viele Schaufeln haben. *Russisch*

WORTBETRUG IST SCHLIMMER ALS GELDBETRUG *Altes jüdisches Sprichwort*

1. Erklärt die Sprichworte. Welche Erfahrungen spiegeln sich darin wider?
2. Nehmt Stellung zu folgender Äußerung: „Mit der Wahrheit kommen Sie nicht weit. Sie machen sich nur unbeliebt. Wo kämen wir hin, wenn alle Leute plötzlich die Wahrheit sagen wollten!“[23]

Du sollst nicht falsch gegen deinen Nächsten aussagen!

Ex 20, 16

1. *a)* Von welcher Situation ist in diesem 8. Gebot die Rede?
b) Sucht andere Situationen, die mit diesem Gebot sicher auch gemeint sind.
2. Jesus hat alle Einzelgebote der Bibel im Doppelgebot der Liebe zusammengefasst. Lest dazu Mt 22, 36–40. Was sagt ihr auf diesem Hintergrund zu der weit verbreiteten Meinung, eine Lüge sei ein harmloser Fehler oder eine erlaubte Ausrede?
3. Martin Luther hat den Zusammenhang zwischen dem 8. Gebot und dem Liebesgebot so beschrieben: „Wir sollten Gott fürchten und lieben, damit wir unseren Nächsten nicht fälschlich belügen, verraten, hinterrücks schlecht machen . . ., sondern sollen ihn entschuldigen, Gutes von ihm reden und alles zum Besten wenden.“[24]
Welcher Umgang mit dem Wort wird hier von den Christen gefordert?

3. *Wahrheit um jeden Preis?*

● Martin (18) hat erfahren, dass sein Vater Bronchialkrebs hat und dass es keine Aussicht auf Heilung mehr gibt. Seine Schwester Christiane (12) wäre im Augenblick nicht imstande, diese Wahrheit zu verkraften. Sie weiß aber, dass Martin dabei war, als der Chefarzt mit der Mutter sprach. „Sag mir die volle Wahrheit", bittet sie Martin.

● Mechthild weiß, dass ihr Freund einem Klassenkameraden Geld gestohlen hat. Als der Diebstahl entdeckt wird und andere fälschlich verdächtigt werden, möchte Mechthild einerseits die Wahrheit sagen, andererseits aber auch ihren Freund nicht belasten.

● Bei einem schweren Verkehrsunfall sind Michaels Eltern tödlich verunglückt, er selbst ist schwer verletzt und schwebt in Lebensgefahr. Als er nach langer Bewusstlosigkeit wieder zu sich kommt, fragt er den Arzt: „Wie geht es meinen Eltern?"

● „Vater hatte einen aufreibenden Tag, er hat sich gerade für eine Stunde hingelegt", sagt die Mutter. „Ich muss jetzt einkaufen. Wenn jemand an der Tür oder am Telefon nach ihm fragt, sagt einfach: Vater ist nicht da. Er ist eben für die anderen nicht da. In einer Stunde etwa kommt er wieder." Als eine halbe Stunde später das Telefon klingelt, sagt Angelika: „Vater schläft. Können Sie nicht in einer Stunde wieder anrufen?"

● Terroristen haben ein Flugzeug mit 86 Passagieren entführt und drohen, es in die Luft zu sprengen, wenn nicht sämtliche inhaftierten Terroristen freigelassen werden. Ein Minister erreicht nach langen Verhandlungen einen Aufschub, indem er erklärt, die Terroristen seien schon freigelassen und würden in wenigen Stunden eintreffen. In Wirklichkeit braucht er die Zeit, um die gewaltsame Befreiung durch eine Spezialeinheit vorzubereiten.

● Ulrich und Jürgen sind befreundet. Ulrich hat Jürgens Freundin mehrfach mit einem anderen Jungen schmusen sehen. Er überlegt, ob er das Jürgen sagen muss.

● Während der Judenverfolgung in der Nazi-Zeit hat Familie X in Berlin einem jüdischen Ehepaar im Keller Unterschlupf gewährt. Als ein Gestapobeamter die 15-jährige Tochter an der Haustür fragt, ob bei ihnen Juden wohnten, überlegt sie nicht lange, was sie sagen soll.

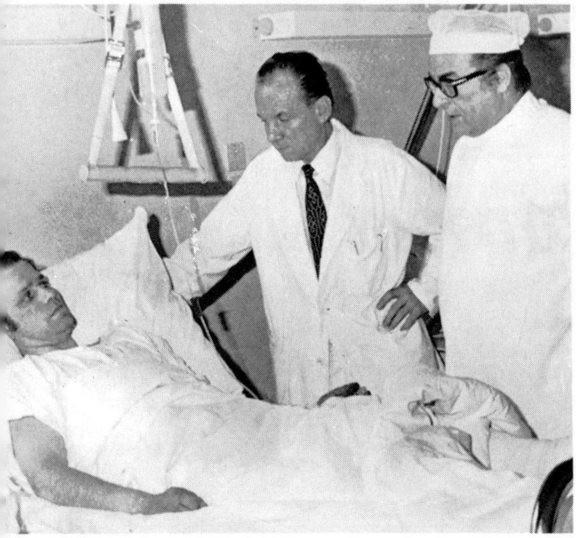

1. Überlegt euch Situationen, in denen man verpflichtet wäre, nicht die volle Wahrheit zu sagen oder sie zu verschweigen. Vielleicht findet ihr auch Situationen, in denen man verpflichtet wäre, auch eine unangenehme Wahrheit zu sagen. Versucht, für beide Fälle euren Standpunkt zu begründen.

2. *a)* Wie weit reicht die Schweigepflicht über Dinge, die man vertraulich erfahren hat?

b) Wer beruflich in den Privatbereich eines Menschen eindringen muss, ist zu strenger Geheimhaltung verpflichtet. Erläutert und begründet diese Pflicht am Beruf des Arztes und des Seelsorgers. Überlegt, ob es Situationen gibt, die einen Arzt von seiner Schweigepflicht entbinden können.

c) Wer kann einen Priester von dem Beichtgeheimnis entbinden?

Nicht jeder hat in jeder Situation das Recht, die volle Wahrheit zu erfahren. Weil das Gebot der Nächstenliebe für Christen das höchste Gebot ist, gibt es Grenzen der Verpflichtung zur Wahrheit. Andererseits kann es Situationen geben, in denen gerade die Liebe verpflichtet, die ganze Wahrheit zu sagen.

4. *„Ich bin die Wahrheit“*

In der Bibel ist an vielen Stellen von der Wahrheit die Rede. Im Alten Testament wird Gott selbst die Quelle aller Wahrheit genannt, weil „seine Worte Wahrheit sind“ (2 Sam 7,28). Er ist die Wahrheit, das bedeutet: Er ist treu, unbedingt verlässlich. Auf ihn kann Israel vertrauen, denn er steht zu seinem Wort, zu seiner Verheißung. Aber seine Treue verpflichtet den Menschen zu gleicher Wahrheit, das bedeutet: zur Treue gegen den Bund, den Gott mit seinem Volk geschlossen hat.

Als Jesus vor dem Statthalter des römischen Kaisers, Pontius Pilatus, stand (→ S. 39), sagte er: „Ich bin gekommen, dass ich für die Wahrheit Zeugnis ablege.“ Jesus ist der wahrhaftige Zeuge, durch den die Menschen zuverlässig sehen und erfahren, wie Gott ist. Seine Worte und seine Taten sind eins. Er sagt, was er denkt, und er tut, was er sagt. Er hat niemals etwas getan, was Menschen enttäuscht oder verletzt hätte. Auf ihn war unbedingter Verlass. So hat Thomas Zacharias ihn dargestellt: Er steht aufrecht, auch wenn man ihn blutig schlägt und als Narren verspottet. Er beugt nicht den Rücken vor dem mächtigen Pilatus, auch wenn er weiß, dass dieser über sein Leben verfügen kann. Für die johlende Menge im Hintergrund, die seinen Tod verlangt, hat er noch ein verstehendes, vergebendes Wort: „Vater, vergib ihnen, denn sie wissen nicht, was sie tun“ (Lk 23, 34).

Wer daran denkt, was Jesus gesagt und getan hat, wird verstehen, dass er von sich sagen konnte: „Ich bin die Wahrheit“ (Joh 14,6). An ihn glauben und ihm folgen bedeutet: In der Wahrheit leben. Zu Pilatus sagte Jesus: „Wer aus der Wahrheit ist, hört auf meine Stimme.“

Christen versuchen, diesem Beispiel Jesu nachzueifern. Wer wie er sagt, was er denkt, und tut, was er sagt, lebt wahrhaftig, ist in der Wahrheit.

Ich bin der Weg, die Wahrheit und das Leben. Niemand kommt zum Vater außer durch mich.

Betrachtet den Holzschnitt von Thomas Zacharias. Achtet dabei auch auf Farben, Körperhaltung, Aufteilung des Bildes und sprecht darüber, was es euch sagt. Lest dazu auch Joh 18, 33–38.

Thomas Zacharias (geb. 1930), Jesus vor Pilatus

5. *Wahrhaftigkeit*

● In der 9. Klasse ist im Religionsunterricht lange über Außenseiter gesprochen worden. Viele Mädchen und Jungen haben sich sehr lebhaft an diesem Thema beteiligt. Sie zeigten sich empört darüber, dass man entlassene Strafgefangene, Ausländer und Leute, die mit der Drogenszene in Berührung gekommen waren, in unserer Gesellschaft oft links liegen lässt. „Das wollen Christen sein?“ – „Immer noch die alten Vorurteile!“ – „Könnte uns nicht passieren“ und ähnliche große Worte sind gefallen. Sybille hat wie meistens kaum etwas gesagt. Die Lehrerin meint am Ende: „Ich dachte, dass du wenigstens bei diesem aktuellen Thema mitgemacht hättest.“

Einige Wochen später kommt der Türke Achmed in die Klasse. Er hat es schwer, nicht nur mit der deutschen Sprache. Die Klasse bemüht sich, tolerant zu sein. Keiner lacht, wenn er sich unbeholfen ausdrückt. Aber in der Pause steht er fast immer allein auf dem Schulhof.

Als Achmed nach einigen Monaten zum ersten Mal eine gute Arbeit geschrieben hat und von der Lehrerin gelobt wird, sagt er: „Ohne Sybille hätte ich das nicht geschafft. Sie hat nachmittags sehr viel mit mir gearbeitet.“

● „Weißt du eigentlich, wie sehr ich dich mag? Du bist meine ganz große Liebe“, sagt Dieter (20) zu seiner Freundin Karin (19). Karin ist glücklich. Das hat ihr noch niemand gesagt. Und dann machen sie zusammen Zukunftspläne . . . Spät am Sonntagabend verabschiedet sich Dieter. „Treffen wir uns am Dienstag wie sonst?“, fragt Karin. „Das geht diesmal nicht. Wir haben eine Sitzung mit Leuten vom Betriebsrat. Da muss ich unbedingt hin“, sagt Dieter. Am Mittwoch erfährt Karin von ihrer Freundin, dass Dieter den ganzen Dienstagabend mit einem anderen Mädchen in der Disko zusammen war und anschließend mit ihr weggegangen ist.

Ich glaube nicht, was du sagst, weil ich sehe, was du tust.

1. Nennt andere Beispiele, in denen dieser Satz gesagt sein könnte, und sprecht darüber.
2. Erklärt an Beispielen verschiedene Formen von gelebter Lüge: Heuchelei, Angeberei, Kriecherei, Selbstbetrug, Flucht in Illusionen.
3. Welcher Zusammenhang besteht zwischen Wahrhaftigkeit und Zuverlässigkeit? Erklärt das an einem Beispiel.
4. Was passiert, wenn Menschen sich nicht auf die Worte anderer verlassen können? Sucht Beispiele dafür aus folgenden Bereichen: Verkehrsfunk, Luftverkehr, Beruf, Krankenhaus, Freundschaft...

Kinder und Narren sagen die Wahrheit.

Politik aus christlicher Verantwortung

1. Privatsache?

Streitgespräch in der Baubude. Es geht diesmal nicht um Lohnforderungen und Arbeitszeit, sondern um Christsein und Politik. Die Meinungen prallen hart aufeinander.

Geselle: Meine Religion ist meine Privatsache und hat darum mit Politik überhaupt nichts zu tun.

Meister: Politik ist ein „schmutziges Geschäft“. Als Christ lasse ich lieber die Finger davon.

Lehrling: Die Kirche sollte den Politikern mehr ins Gewissen reden.

Geselle: Die Kirche sollte sich aus der Politik ganz heraushalten.

Polier: Die Christen hoffen ja doch nur auf den Himmel. Darum sind sie politisch und gewerkschaftlich so wenig aktiv.

Spanischer Gastarbeiter: Wenn wir als Christen nicht mehr öffentlich für unseren Glauben einstehen, sind wir keine Christen mehr.

In diesen Aussagen steckt Richtiges und Falsches. Versucht, das herauszufinden und an Beispielen zu erläutern.

2. „Gebt dem Kaiser … und Gott …"

Einige Pharisäer und einige Anhänger des Herodes wurden zu Jesus geschickt, um ihn mit einer Frage in eine Falle zu locken. Sie kamen zu ihm und sagten: Meister, wir wissen, dass du immer die Wahrheit sagst und dabei auf niemand Rücksicht nimmst; denn du siehst nicht auf die Person, sondern lehrst wirklich den Weg Gottes. Ist es erlaubt, dem Kaiser Steuer zu zahlen, oder nicht? Sollen wir sie zahlen oder nicht zahlen? Er aber durchschaute ihre Heuchelei und sagte zu ihnen: Warum stellt ihr mir eine Falle? Bringt mir einen Denar, ich will ihn sehen. Man brachte ihm einen. Da fragte er sie: Wessen Bild und Aufschrift ist das? Sie antworteten ihm: Des Kaisers. Da sagte Jesus zu ihnen: So gebt dem Kaiser, was dem Kaiser gehört, und Gott, was Gott gehört! *Mk 12, 13–17*

Römische Münze
mit dem Kopf des Kaisers Tiberius (14–37)

Zum Verständnis: Jesus erkennt sofort, dass die Pharisäer (→ Zeit der Freude S. 125 f) und die Freunde des Königs Herodes (→ Zeit der Freude S. 123) ihn mit dieser Frage hereinlegen wollen. Er sagt ihnen ins Gesicht, dass ihre Frage eine Falle ist; wenn er nämlich mit einem glatten „Nein" antwortet, können sie ihn bei der römischen Besatzungsmacht als „Volksaufwiegler" anzeigen. Antwortet er dagegen mit einem uneingeschränkten „Ja", kann man ihn als „Freund der Römer" beim jüdischen Volk unglaubwürdig machen.

Jesus antwortet nicht mit einer geschickten Ausrede. Er entlarvt vielmehr die Heuchelei der Fragesteller, die man schon an der schmeichlerischen Anrede erkennen kann. Sie sollen vor den Umherstehenden zeigen, dass sie selbst auch die römische Münze mit dem Bild des gehassten Kaisers bei sich tragen. Dadurch müssen sie zugeben, dass auch sie die Autorität des Kaisers für die Steuergesetzgebung anerkennen, so schwer das auch für einen Juden ist.

Der zweite Teil der Antwort Jesu ist eine Überraschung. Natürlich muss die Steuer entrichtet werden. Aber man muss zugleich auch Gott geben, „was ihm gehört". Und das ist mehr als eine festgesetzte Summe. Sein Gebot gilt immer und überall, unabhängig vom jeweiligen politischen Standpunkt. Seine Autorität steht nicht *neben*, sondern *über* der Autorität jeder politischen Ordnung.

Emil Nolde (1867–1956), Die Zinsmünze

■ *Karthago (Nordafrika), Kaiserliches Gericht, 17. Juli 180. Vorgeführt werden Speratus, Nartzalus, Citinus, Donata, Sekunda und einige andere. Der Statthalter Saturninus führt die Verhandlung. Auszug aus den Gerichtsakten:*

Saturninus: Ihr könnt von unserem Herrn und Kaiser begnadigt werden, wenn ihr Vernunft annehmt.

Speratus: Wir haben uns nichts zuschulden kommen lassen. Im Gegenteil: Wir haben Böses mit Gutem vergolten. Wir achten die Gesetze des Kaisers.

Saturninus: Kommen wir endlich zur Sache. Tretet heran und bringt vor den Göttern und dem Standbild des göttlichen Kaisers das Opfer dar. Bekennt euch zu unserem Herrn, dem Kaiser.

Sekunda: Ich kenne keinen, der Herr ist über diese Welt. Ich stehle nicht und zahle meine Steuern, weil ich mich zu meinem Herrn Christus bekenne, dem König der Könige und Herrscher über alle Völker.

Saturninus: Gebt euren Aberglauben endlich auf, macht diesen Unsinn nicht weiter mit.

Citinus: Wir schulden niemandem Anbetung außer Gott, unserem Herrn im Himmel.

Donata: Wir ehren den Kaiser, wie es dem Kaiser zukommt, aber wir fürchten nur Gott und sonst niemanden.

Nartzalus: Wir beten für den Kaiser, aber wir können ihn nicht anbeten.

Am Ende der Verhandlung verkündet der Statthalter das Urteil, dass alle Angeklagten durch das Schwert hinzurichten sind.[25]

1. Was hat diese Szene mit Mk 12, 13–17 zu tun?
2. Lest S. 14 f. Überlegt, ob sich Thomas Morus in seiner Entscheidung auf Jesus berufen konnte.
3. Kennt ihr andere Beispiele dafür, dass Christen wegen ihres Glaubens in eine ähnliche Lage gekommen sind? (→ S. 179)

Das Jesus-Wort (Mk 12, 17) ist ein wichtiger Maßstab: Der Staat hat das Recht, in allen Bereichen zu bestimmen, für die er zuständig ist. Aber es gibt auch Bereiche, die ihm nicht „gehören“: Gottes Gebote stehen über dem staatlichen Gesetz. Allerdings kann man „Gott“ und „Kaiser“, Religion und Politik, Kirche und Staat nicht immer so klar trennen. Es gibt viele Angelegenheiten, die sowohl den Staat als auch die Kirche angehen, z. B. im kulturellen und sozialen Bereich.

■ Diskussion in der 10. Klasse einer Hauptschule zu Beginn des neuen Schuljahres. Einige Schülerinnen und Schüler beschweren sich beim Klassenlehrer, dass im neuen Stundenplan zwei Stunden Religionsunterricht vorgesehen sind (in der 9. Klasse war wegen Lehrermangels kein Religionsunterricht erteilt worden). „Wir sehen nicht ein, warum wir dazu in einer staatlichen Schule verpflichtet sein sollen“, sagt einer. Ein Mädchen: „Wenn das freiwillig wäre wie eine Arbeitsgemeinschaft, das wäre o.k. Aber als Pflicht, wo es dabei doch nur um Kirche und Glauben geht, das finde ich nicht richtig.“ Der Klassenlehrer versucht zu beschwichtigen und zu erklären. Schließlich sagt Thomas: „Das sehe ich alles ein, aber warum der Religionsunterricht von dieser Katechetin erteilt werden darf, verstehe ich nicht. Die ist doch von der Kirche angestellt.“

■ Die Kirchengemeinden in der Stadt O. haben eine Beratungsstelle für Suchtgefährdete eingerichtet. Eine Psychologin, ein Sozialarbeiter und eine Halbtagssekretärin sind von ihnen angestellt worden. Nach wenigen Monaten wächst ihnen die Arbeit über den Kopf; die Warteliste wird immer länger. Die Räume sind zu eng; bei der ständig steigenden Zahl von Rat- und Hilfesuchenden müsste unbedingt eine vierte Fachkraft eingestellt werden. Aber es fehlt am Geld. Die Kirchengemeinden bitten die Stadtverwaltung um einen finanziellen

Zuschuss, der abgelehnt wird. Es sei eine kirchliche Stelle, also müsse auch die Kirche die Kosten tragen. Die Leiterin erklärt dagegen: „Zu uns kann jeder kommen, der Hilfe braucht. Wir fragen nicht nach Religion und Kirchenzugehörigkeit. Darum müsste sich die Stadt an unseren Kosten beteiligen."

1. Nehmt Stellung zu den Beispielen. Überlegt dabei auch, ob hier Staat und Kirche zuständig sind und wir ihr den Konflikt lösen würdet. Kennt ihr noch andere Beispiele dafür, dass die Interessen von Kirche und Staat aufeinander treffen?

2. Auch in der Beurteilung von moralischen Fragen gibt es nach wie vor Gegensätze zwischen religiösen Grundsätzen und politischen Standpunkten. Lest hierzu S. 111 ff und erklärt die strittigen Punkte.

Papst Johannes Paul II. vor der UNO-Vollversammlung (1981)

„Wo der Staat den Glauben seiner Bürger festsetzt und über die Gewissen gebietet, gibt es keine Freiheit mehr; wo die Kirche den Glauben mit politischen Mitteln durchzusetzen versucht, verstößt sie gleichfalls gegen ihren Auftrag und gegen die darin gesetzte Freiheit des Menschen."

Kardinal Ratzinger[26]

Versucht, diese Äußerung Ratzingers an Beispielen zu erklären.

3. *Kirche und Demokratie*

Die Kirche hat im Lauf ihrer langen Geschichte unter ganz verschiedenen politischen Ordnungen leben müssen und muss es als Weltkirche auch heute noch. In den ersten Jahrhunderten standen die Christen einem mächtigen heidnischen Staat gegenüber. Er erlaubte ihnen nicht, ihren Glauben öffentlich zu leben, und verbannte sie in den Untergrund (→ S. 44). Oft befand sich die Kirche aber auch im Bunde mit den Mächtigen und stützte einen sogenannten christlichen Staat, z. B. im Mittelalter. Nichtchristen wurde es schwer oder unmöglich gemacht, mit Christen friedlich zusammenzuleben. Diese Situation gibt es heute kaum mehr. Im Lauf der letzten beiden Jahrhunderte haben immer mehr Christen eingesehen, dass die demokratische Staatsform der Würde des Menschen am meisten entspricht. „Freiheit, Gleichheit, Brüderlichkeit" – die Ideale der Französischen Revolution von 1789 – sind Grundsätze, die in der Bibel ihre Wurzeln haben. Darum steht die Kirche heute positiv zur Demokratie. Sie hat eingesehen, dass diese Staatsform dem Geist des Evangeliums am meisten Raum lässt.

Aber die moderne Demokratie ist kein christlicher Staat. Demokratie bedeutet: gleiche Rechte und faire Chancen für alle, die Bürger dieses Staates sind – unabhängig von ihrer Religion. In diesem weiten Rahmen darf die Kirche ihre Möglichkeiten nutzen. Sie darf dabei nicht behindert, sie braucht aber dabei auch nicht bevorzugt zu werden. Alle Chancen, die ihr eingeräumt werden, müssen auch für alle anderen gelten: für andere Glaubensgemeinschaften, für Nichtchristen und Atheisten.

Dennoch kann es der Kirche nicht gleichgültig sein, welche Politik in einem Land gemacht wird. Sie weiß sich mitverantwortlich für das, was in diesem Staat geschieht. Sie hat das Recht, aus der Sicht des Glaubens Stellung zu nehmen. Sie hat aber nicht das Recht, den Menschen ihre Grundsätze aufzuzwingen. Sie soll sie mit Überzeugung vertreten und als Beitrag zu einer gemeinsamen Lösung einbringen.

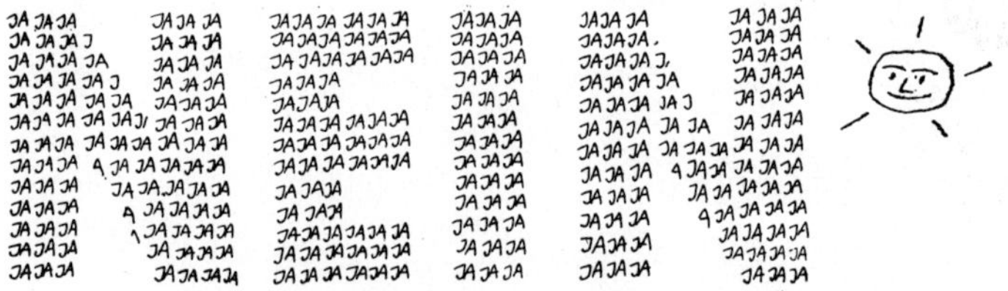

1. Vor 30 Jahren gab es in Europa noch einige Staaten, die sich „christlich" nannten (z. B. Spanien). Sucht Gründe dafür, warum das heute kaum mehr gesagt wird.

2. In einigen islamischen Ländern ist der Islam Staatsreligion; manche nennen sich „islamische Republik" bzw. „islamisches Königreich". Was wisst ihr darüber?

3. Besorgt euch einige Kirchenzeitungen und versucht, anhand dieses Materials folgende Fragen zu beantworten:
Zu welchen politischen und gesellschaftlichen Fragen haben sich kirchliche Stellen in jüngster Zeit geäußert?
Wie wird diese Stellungnahme begründet?
Wie beurteilt ihr diese Stellungnahme?

4. Wie *sollte* sich die Kirche vor demokratischen Wahlen verhalten:
eine öffentliche Erklärung abgeben;
für bzw. gegen bestimmte Parteien Stellung nehmen;
die Wähler auffordern, nach ihrem Gewissen zu entscheiden;
auf Grundsätze des Glaubens und der christlichen Moral hinweisen?
Was *hat* sie vor der letzten Wahl getan?

4. Christliche Politik?

Versammlung der Christlichen Arbeitnehmerjugend (CAJ → S. 55). Auf der Tagesordnung stehen heute Nachmittag politische Fragen. Alle Teilnehmer sind der Meinung, dass der christliche Glaube nicht nur eine Privatsache sein dürfe, sondern auch politische Konsequenzen fordere. Doch dann entzündet sich ein Streitgespräch. Auszüge aus dem Tonband-Mitschnitt:

Theo: Wir alle müssen uns in politischen Entscheidungen an die Lehre Christi halten.

Dirk: Das bestreitet ja niemand hier bei uns. Aber wenn ich im Betriebsrat darüber abstimmen soll, ob wir den neuen Akkord-Vorschlägen zustimmen oder nicht, hilft mir das Evangelium nicht weiter. Dann muss ich Sachverstand haben.

Werner: Wenn es im Bundestag um Kürzung des Kindergeldes oder um höhere Steuern geht, sind das keine Glaubensfragen. Dann muss überlegt werden, wie man die Lasten möglichst gerecht verteilt, was wirtschaftlich möglich ist und wofür man eine Mehrheit findet. Ohne Kompromisse geht das nicht.

Theo: Aber wenn jemand für die Abtreibung ist, dann ist das sicher keine christliche Politik.

Fritz: Völlig richtig. Das wäre ja sogar ein Verstoß gegen die Menschenrechte und das Grundgesetz. Aber der Streit geht nicht darum, ob jemand für oder gegen die Abtreibung ist. Es geht vielmehr um das Strafgesetz: Soll der Staat in jedem Fall jede Frau und jeden Arzt bestrafen, auch wenn eine wirkliche Notlage vorlag? (→ S. 113)

Theo: Du meinst also, man sollte in einem Staat, der die Menschenrechte achtet, nicht so schnell von christlicher Politik reden.

Dirk: Jeder Abgeordnete muss nach bestem Wissen und vor allem nach seinem Gewissen entscheiden. Und weil man abwägen muss, wo hier das kleinere oder das größere Übel ist, werden auch unter Christen die politischen Entscheidungen verschieden ausfallen. Das gilt auch für das Strafgesetz, von dem Fritz sprach. Ob man bestimmte Paragraphen erleichtern oder verschärfen soll oder wieviel Schulden das Land machen darf, darüber können auch überzeugte Christen geteilter Meinung sein. Niemand darf bei solchen Fragen sagen, nach dem Evangelium sei nur dieser eine Standpunkt „christlich".

Theo: Also keine christliche Politik?

Fritz: Ich finde es richtiger und ehrlicher, von einer Politik aus christlicher Verantwortung zu sprechen.

Eine Politik aus christlicher Verantwortung müsste sich beispielsweise an folgenden Grundsätzen ausrichten:

- Christen treten dafür ein, dass die Menschenrechte überall durchgesetzt und von niemandem angetastet werden.
- Christen arbeiten mit niemandem zusammen, der Gewalt, Hass und Lüge gebraucht, um seine politischen Ziele zu erreichen.
- Christen setzen sich für den Ausgleich nationaler Interessen und für Versöhnung zwischen den Völkern ein.
- Christen treten für mehr soziale Gerechtigkeit und gegen die Anhäufung des Reichtums in den Händen Einzelner oder kleiner Gruppen ein.
- Christen sind in besonderer Weise die Anwälte der Machtlosen, Benachteiligten und der verachteten Minderheiten.
- Christen engagieren sich besonders für die ausgebeuteten und unterentwickelten Länder der Dritten Welt.
- Christen lassen nicht zu, dass der Staat alles in die Hand nimmt, sondern treten dafür ein, dass die Eigeninitiative der Bürger und der freien Gruppen gestärkt wird.

1. Sucht Beispiele für die einzelnen Punkte. Vielleicht könnt ihr sie auch noch ergänzen.
2. Es gibt Länder, in denen die Menschenrechte durch staatliche Organe ständig verletzt werden. Sucht ein Beispiel dafür und überlegt, wie sich Christen hier politisch verhalten müssen.
3. Untersucht einige Tageszeitungen:
– Von welchen politischen Entscheidungen wird berichtet? (Gemeinde/Stadt – Land – Bund – UNO)
– Wie würdet ihr in den einzelnen Fällen aus christlicher Verantwortung entscheiden?

4. Viele Frauen und Männer, die politisch tätig sind, bekennen sich öffentlich zum christlichen Glauben. Welche kennt ihr? Was wisst ihr von ihrer Politik?

5. Es gibt in verschiedenen Ländern Parteien, die sich „christlich“ nennen, und Christen in verschiedenen Parteien. Was sagt ihr dazu?

5. *„Wir schweigen nicht . . .“*

Es gibt viele Beispiele dafür, dass Menschen aus christlicher Verantwortung politisch gehandelt und dafür sogar ihr Leben eingesetzt haben. Ein Beispiel aus der jüngsten deutschen Geschichte sollte nicht vergessen werden, nicht zuletzt deshalb, weil es junge Menschen waren, die sich engagierten, während Millionen schwiegen.

Nach zehn Jahren nationalsozialistischer Diktatur führte Deutschland 1943 Krieg gegen die halbe Welt und war innenpolitisch ein perfekter Polizeistaat geworden. Die Partei kontrollierte die gesamte Presse, den Rundfunk, sogar die Kirchenzeitungen. Wer ausländische Sender hörte, wurde als Landesverräter verurteilt. Spitzel der Geheimen Staatspolizei gab es überall. Viele wagten nicht einmal mehr im engsten Freundeskreis ihre Meinung zu sagen. Und trotzdem konnte man im Frühjahr 1943 eines Morgens in der Ludwigstraße in München an fast siebzig Stellen in großen, weißen Buchstaben lesen: „Nieder mit Hitler“, „Hitler, der Massenmörder“, „Freiheit“. An der Universität und in der Stadt tauchten Flugblätter auf, auf denen zu lesen war:

■ „Ist euer Geist schon so sehr der Vergewaltigung unterlegen, dass ihr vergesst, dass es nicht nur euer Recht, sondern eure sittliche Pflicht ist, dieses System zu beseitigen? Verbergt nicht eure Feigheit unter dem Mantel der Klugheit . . . Wir schweigen nicht, wir sind euer böses Gewissen . . . Nichts ist eines Kulturvolkes unwürdiger, als sich ohne Widerstand von einer

verantwortungslosen Herrscherclique ‚regieren' zu lassen . . . Daher muss jeder Einzelne in dieser letzten Stunde sich wehren, soviel er kann, arbeiten wider den Faschismus und jedes ihm ähnliche System des absoluten Staates. Leistet passiven Widerstand – Widerstand – wo immer ihr auch seid, verhindert das Weiterlaufen dieser atheistischen Kriegsmaschine, ehe es zu spät ist . . .
Nur als Beispiel wollen wir die Tatsache kurz anführen, dass seit der Eroberung Polens 300000 Juden in diesem Land auf bestialischste Art ermordet worden sind. Hier sehen wir das fürchterlichste Verbrechen an der Würde des Menschen, dem sich kein ähnliches in der ganzen Menschengeschichte an die Seite stellen kann . . ."[27]

Die Verfasser dieser Flugblätter waren keine organisierten politischen Widerstandskämpfer, sondern eine Gruppe von Studenten, die sich die „Weiße Rose" nannte: Hans Scholl (25) und seine Schwester Sophie (22), Willi Graf (25), Christoph Probst (24) und Alexander Schmorell (25). Sie kamen fast alle aus kirchlichen Jugendgruppen und waren durch persönliche Erfahrungen dem Nazi-Regime gegenüber zunehmend kritischer geworden. Großen Einfluss hatte auf sie einer ihrer Lehrer, der Philosophie-Professor Kurt Huber, der ein entschiedener Gegner des Dritten Reichs war. Als in Deutschland Flugblätter mit einer Predigt des Bischofs von Münster, Clemens August von Galen, der die Nationalsozialisten wegen der Tötung der Geisteskranken (→ S. 115) offen angegriffen hatte, heimlich von Hand zu Hand gingen, sagte Hans Scholl erregt: „Endlich hat einer den Mut zu sprechen . . . Man sollte unbedingt einen Vervielfältigungsapparat haben."[28]
Sie waren überzeugt, dass sie als Christen gegen die verbrecherische Politik Hitlers, seiner Anhänger und Mitläufer ein Protestzeichen setzen müssten. Darum wagten sie das Unmögliche: Erst in München, später in Frankfurt, Stuttgart, Wien, Freiburg, Saarbrücken, Mannheim, Karlsruhe tauchten ihre Flugblätter auf. Als Hans und Sophie Scholl am 18. 2. 1943 einen Koffer voll Flugblätter in der Universität verteilten und den Rest vom obersten Stockwerk in die Eingangshalle warfen, alarmierte der Hausmeister die Gestapo. Damit war ihr Schicksal und das ihrer Freunde besiegelt: Alle, auch Professor Huber, wurden wegen „Hochverrats" zum Tode verurteilt und kurz darauf hingerichtet, zuerst Sophie Scholl, die – nach Zeugenaussagen – „fabelhaft tapfer" in den Tod ging. Der Scharfrichter sagte, so wie sie habe er noch niemanden sterben sehen.[29]

Geschwister Scholl

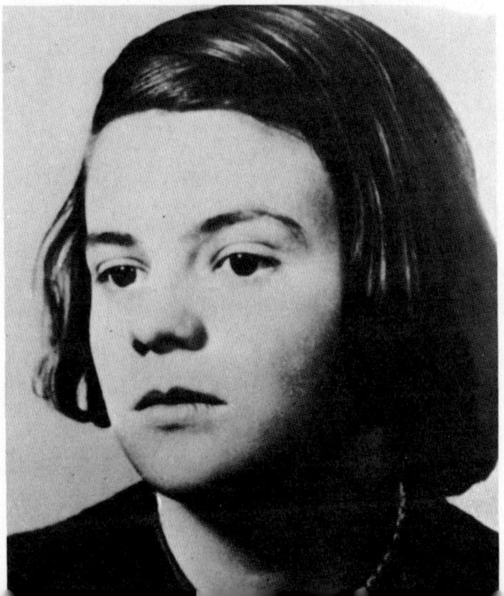

Arbeit und Freizeit

Die Arbeit
ist eines
der Kennzeichen,
die den Menschen
von den anderen
Geschöpfen
unterscheiden;
nur der Mensch
ist zur Arbeit
befähigt.

Johannes Paul II.[30]

1. Seit es Menschen gibt

Erntearbeiter (Detail),
Pieter Brueghel der Ältere (1525–1569)
Stahlarbeiter am Hochofen,
20. Jahrhundert

Frau am Mühlstein, Ägypten, um 2300 v. Chr.

Kinderarbeit in einem englischen Kohlebergwerk, um 1840

Aus einer Meinungsumfrage in der Bundesrepublik: [31]

„Welche Stunden sind Ihnen ganz allgemein am liebsten: die Stunden während der Arbeit oder die Stunden, während Sie nicht arbeiten, oder mögen Sie beide gern?"

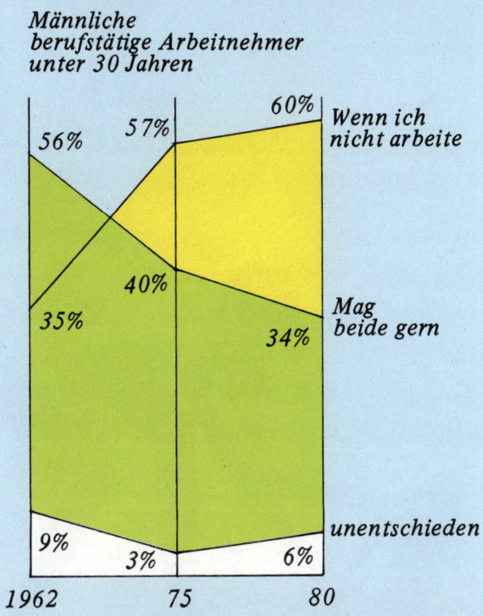

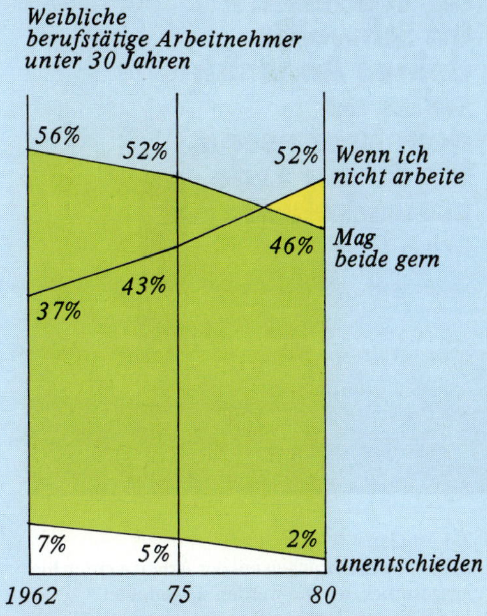

1. Sprecht über die Bilder. Welche Einstellungen zur Arbeit zeigen sie? Was ergibt sich aus den Bildern über die Entstehung der Arbeit?

2. Betrachtet die Graphik. Wie deutet ihr die unterschiedliche Einstellung zur Arbeit bei Frauen und Männern? Sucht Gründe für die Veränderung der Einstellung von 1962 bis 1980. Wie schätzt ihr die Einstellung heute ein?

2. Last und Auftrag

In der Bibel gibt es zweierlei Deutungen von der Arbeit. Die eine antwortet auf die harten Erfahrungen, die auch die Israeliten mit der Arbeit machten.
In der Erzählung vom Paradies und vom Sündenfall werden diese Erfahrungen mit der Arbeit vom Glauben Israels her ausgelegt: Es ist wirklich etwas nicht in Ordnung. Menschen sind schuldig geworden, untereinander und an der Welt, die Gott ihnen anvertraut hat. Die Arbeit ist belastet mit den Folgen menschlicher Schuld (→ S. 225 ff).

Die andere Deutung stammt aus der schweren Zeit der Verbannung der Israeliten nach Babylon (6. Jahrhundert v. Chr.). Dort wurde fast alle Arbeit von Sklaven verrichtet und man glaubte, die Menschen seien dazu verurteilt, für die Götter zu arbeiten, um diese zu entlasten. Gegen diese Auffassung haben sich die Priester entschieden gewandt und Israel an seine Befreiung aus der Sklaverei in Ägypten erinnert; Gott hat dem Volk Israel das verheißene Land als Besitz gegeben. Allen Menschen hat er diese ganze Erde anvertraut. Sie sollen sie in Besitz nehmen. Die Welt ist nicht fertig. Sie soll vom Menschen gestaltet werden. Der Mensch ist als Herr der Erde zur Arbeit berufen. Die Priester Israels lehrten, dass die Arbeit des Menschen dem Schöpfungswerk Gottes vergleichbar sei (→ S. 222 f).

1. Lest Gen 3, 17–19.
a) Welche Erfahrungen mit der Arbeit werden hier ausgesprochen? Wie werden sie gedeutet?
b) In diesem Text wird nur von landwirtschaftlicher Arbeit gesprochen. Überlegt, ob ähnliche Erfahrungen auch für andere Formen der Arbeit gelten.
c) Betrachtet die Bilder auf dieser Seite und bezieht sie in euer Gespräch mit ein.

2. Lest Gen 1, 26–31.
a) Was wird hier vom Menschen gesagt? Wie deutet ihr den Auftrag des Menschen?
b) Gibt es heute (noch) die Möglichkeit für den Einzelnen, schöpferisch die Welt zu gestalten?
c) Manchmal droht die Technik über den Menschen zu herrschen. Sucht Beispiele, wie der Mensch zum Sklaven der Technik wird, und sprecht darüber. Was sagt dieser Text dazu?
3. Manche Menschen machen morgens, wenn sie ihre Arbeit beginnen, die „gute Meinung“: Sie sagen im Gebet, dass alles, was sie tun, zur Ehre Gottes getan sein soll, etwa mit diesem Lied:

Alles meinem Gott zu Ehren
in der Arbeit, in der Ruh!
Gottes Lob und Ehr zu mehren,
ich verlang und alles tu.
Meinem Gott nur will ich geben
Leib und Seel mein ganzes Leben.
Gib, o Jesu, Gnad dazu. (Gotteslob Nr. 615)

Was haltet ihr von diesem Brauch?
4. Seht euch Todesanzeigen und Nachrufe an. Was findet sich darin über Arbeit? Welche Auffassung zeigt sich? Was vermisst ihr?

Die Arbeit ist für den Menschen da und nicht der Mensch für die Arbeit.
Johannes Paul II.[32]

Wer nicht arbeitet,
soll auch nicht essen. *2 Thess 3, 10*

3. *Menschenwürdige Arbeit*

„Ich gehe mit fröhlicher Hoffnung, ein Vaterhaus zu eröffnen allerwege für euch und euresgleichen."[33] Mit diesen Worten verabschiedet sich im April 1849 **Adolf Kolping** von seinem Gesellenverein in Wuppertal-Elberfeld. Die guten Wünsche von 140 Handwerkergesellen begleiten ihn an seine neue Stelle in Köln.
Sonntag, 6. Mai 1849. Während zur gleichen Stunde Karl Marx im Kölner Gürzenich-Saal in einer Massenversammlung zum Kampf der Arbeiter gegen das Bürgertum aufruft, gründet Adolf Kolping in einem Klassenraum der Kolumbaschule mit den ersten sieben jungen Leuten den Kölner Gesellenverein.
Es gab damals Tausende Jugendlicher, die ihre Lehre als Handwerker beendet hatten, für die es aber keine Chance gab, einen eigenen Meisterbetrieb zu gründen. Als Gesellen arbeiteten sie mal hier, mal in einer anderen Stadt, wohnten in elenden Quartieren und trieben sich abends in billigen Kneipen herum. Der „Gesellenvater" Adolf Kolping gab ihnen wieder ein Zuhause. In den Gesellenvereinen sorgte er für Zusammenhalt und soziale Hilfe. Kolpinghäuser boten menschenwürdige Unterkunft und abendliche Treffpunkte.
Adolf Kolping war selbst Schuhmachergeselle gewesen. Um der Notlage der Gesellen abhelfen zu können, studierte er und wurde Priester. Sein Werk besteht weiter. Die „Kolpingfamilie" hat heute in zahlreichen Orten aktive Gruppen und „Kolpinghäuser".

„Wir haben einen deftigen Pastor. Er ist stark im Kopf, stark im Ärmel und stark im Beutel."[34] So erzählten Leute aus Hopsten bei Tecklenburg, denen ihr Pfarrer, **Wilhelm Emmanuel von Ketteler**, mit seinem Geldbeutel geholfen hatte. Die Armut der Bauern und Kleinhändler ließ ihm keine Ruhe. Er fing an, über die Berechtigung des Reichtums nachzudenken: „Niemand darf den Ertrag aus seinem Besitz als sein Eigentum behalten. Er muss ihn als Gemeingut zum Wohl aller einsetzen, denn Gott hat die Welt für alle geschaffen", sagte Ketteler 1848 in einer Predigt.[35]
Als Abgeordneter im Reichstag und als Bischof von Mainz setzte er sich später für die Rechte der Fabrikarbeiter ein. Er kämpfte mit ihnen für das Streikrecht. 1869 legte er ein Sozialprogramm vor. Darin ging es nicht nur um gerechten Lohn und Arbeitszeitverkürzung, sondern auch um Mutterschutz und das Verbot der Fabrikarbeit für Kinder. Als damals Freunde von Karl Marx die Arbeiter zu alleinigen Herrschern über alle anderen („Diktatur des Proletariats") machen wollten, kämpfte Ketteler ebenso entschieden gegen die „Sklaverei des Arbeiterstaates".

Adolf Kolping (1813–1865)

Wilhelm Emmanuel von Ketteler (1811–1877)

Josef Cardijn (1882–1967)

■ Sein Vater war Arbeiter in einem Vorort von Brüssel. Am Sterbebett hatte Josef ihm versprochen, sich für die Jungarbeiter einzusetzen, die damals meistens für billigen Lohn ausgebeutet wurden. Die Verbindung zur Kirche hatten viele verloren.
1912 sammelt **Josef Cardijn**, der inzwischen Priester geworden ist, in Brüssel junge Arbeiterinnen und Arbeiter und entwickelt mit ihnen ein Programm zur Hilfe für ihre Kollegen. Das Motto der Gruppe ist: „Vormachen – Mitmachen – Nachmachen".[36] Sie vertreten die jungen Arbeiter gegenüber Behörden und Arbeitgebern. Sie sorgen für Weiterbildung und helfen ihnen, Verantwortung für andere zu übernehmen.
1924 gründet Josef Cardijn mit seinen jungen Freunden die „Christliche Arbeiterjugend" (CAJ). Sie werden ausgelacht: „Was wollen denn diese kleinen Jungarbeiter? Diese Phantasten!"[37] Aber Josef Cardijn leitet die jungen Arbeiter an, ihr Leben und ihre Arbeitsverhältnisse genau zu beobachten, nach der biblischen Auffassung vom Menschen zu beurteilen und dann selbstständig und entschieden danach zu handeln. Ihr organisierter Einsatz bewährt sich. Heute gibt es CAJ-Gruppen in mehr als 100 Ländern. Sie alle arbeiten nach derselben Methode: Sehen – Urteilen – Handeln (→ S. 47).

1. Gibt es in eurem Ort ein Kolpinghaus? Erkundigt euch, was für Veranstaltungen dort stattfinden. Wenn ihr mehr über das Werk Adolf Kolpings erfahren möchtet, könnt ihr auch an die Zentrale in Köln schreiben: Deutsche Kolpingfamilie, Zentralverband des Kolpingwerks, Kolpingplatz 5–11, 50667 Köln. Vielleicht könnt ihr auch jemand von der Kolpingfamilie einladen.
2. In einer Predigt hat Bischof Ketteler einmal gesagt: „Der berüchtigte Ausspruch ‚Das Eigentum ist Diebstahl' enthält neben einer großen Lüge zugleich eine furchtbare Wahrheit."[38] Wie deutet ihr diesen Satz?
3. Erkundigt euch nach der nächsten CAJ-Gruppe. Was könnt ihr über deren Arbeit erfahren? Ihr könnt auch an die deutsche Zentrale der CAJ schreiben: CAJ Nationalleitung, Hüttmannstraße 52, 45143 Essen.

Die **Gemeinsame Synode** (→ S. 84) der Bistümer in der Bundesrepublik Deutschland hat 1975 zu aktuellen Problemen der Arbeitswelt Stellung genommen.

Dazu ein Beispiel:

■ Für Frauen, die im Erwerbsleben stehen, muss vieles getan werden, um jede ungerechtfertigte Benachteiligung der Frau gegenüber dem anderen Geschlecht aufzuheben und ihr die volle, ihrer Würde entsprechende Gleichberechtigung einzuräumen, ohne den in ihrer Eigenart begründeten besonderen Schutz im Arbeitsleben zu lockern. Ein solcher Zustand ist vielfach nicht verwirklicht: Frauen arbeiten häufig auf minderbewerteten Arbeitsplätzen; ihre Aufstiegsmöglichkeiten sind sehr begrenzt, zumal sie allzu häufig noch eine unzulängliche berufliche Bildung aufweisen. Auch muss in Zukunft mehr darauf hingearbeitet werden, die Berufswünsche der Frauen besser mit bestimmten Lebenssituationen in Einklang zu bringen, beispielsweise dadurch, dass mehr Teilzeitarbeitsplätze eingerichtet werden oder dass man versucht, durch Weiterbildungsangebote den Wiedereintritt ins Berufsleben zu erleichtern.[39]

1. *a)* Stellt Listen zusammen mit typischen Frauen- und Männerberufen. Sprecht über die Zuordnung und überprüft die Begründungen.
b) Beschreibt die im Synodentext genannten Benachteiligungen der Frauen im Erwerbsleben. Kennt ihr weitere?
c) Stellt entsprechend die im Text genannten Maßnahmen zur Abhilfe gegen eine ungerechtfertigte Benachteiligung der Frauen zusammen. Haltet ihr weitere für nötig?
d) Betrachtet das Bild und beschreibt die Haltung der Frau. Wie wirkt dieses Bild auf euch?

2. Was wisst ihr über: Arbeitskämpfe, industrielle Revolution, soziale Ordnung, Kapitalismus, Kollektivismus, Sozialismus, Kommunismus?

3. Stellt die Forderungen der päpstlichen Rundschreiben zu Regeln für eine christliche Ordnung des Arbeitslebens zusammen (→ nächste Seite).

4. *a)* Sucht Beispiele, eventuell aus Zeitungsberichten, für Arbeitsprobleme und diskutiert Lösungen mit Hilfe der von euch aufgestellten Regeln.
b) Sammelt Anzeigen von Arbeitsangeboten. Welche Erwartungen werden ausgesprochen? Versucht, die Erwartungen zu beurteilen.

Pablo Picasso (1881–1973), Die Büglerin

Leo XIII. (1878–1903)

Pius XI. (1922–1939)

Johannes XXIII. (1958–1963)

Evangelium der Arbeit

■ Erst gegen Ende des Jahrhunderts der industriellen Revolution (1891) hat **Papst Leo XIII.** in einer Enzyklika (päpstliches Rundschreiben an die gesamte Kirche) im Namen des Evangeliums soziale Gerechtigkeit im Arbeitsleben gefordert. Er bestätigte den Arbeitern, dass es zu ihren unveräußerlichen Menschenrechten gehört, sich zu Gewerkschaften zusammenzuschließen. Gegen die Auffassung des Kapitalismus erinnerte er daran, dass kein Mensch über sein Eigentum ganz allein verfügen darf. Ein volles Eigentumsrecht steht nur Gott zu. Menschen haben nur ein Nutzungsrecht. Sie müssen dabei das Wohl aller berücksichtigen. Im Konfliktfall muss der Staat zugunsten der schwächeren Partner im Arbeitsleben eingreifen. Leo XIII. erklärte damals aber auch Zwangsmaßnahmen des Sozialismus für unberechtigt, die die Freiheit des Einzelnen missachten.

■ Vierzig Jahre nach der ersten Sozialenzyklika erklärte **Papst Pius XI.** in einem neuen Rundschreiben den Grundsatz der Hilfe zur Selbsthilfe (Subsidiarität): Was die Familie tun kann, soll nicht der Arbeitgeber tun; was der Arbeitgeber tun kann, soll nicht der Staat tun. Nur unterstützend darf die übergeordnete Instanz eingreifen. Der Staat darf nicht das gesamte Arbeitsleben bestimmen. Familien, Betriebe, Gewerkschaften und Arbeitgeber haben eigene Aufgaben und Rechte.

■ **Johannes XXIII.** (→ S. 89), der Papst der Erneuerung der Kirche, setzte sich 1961 in einem Rundschreiben für den Anspruch der Dritten Welt auf menschenwürdige Arbeit ein. Er zeigte, wie alle Länder der Welt wirtschaftlich aufeinander angewiesen sind. Deshalb haben auch alle das Recht, als Partner mitzuwirken. Wie die Arbeitnehmer gegenüber den Arbeitgebern ein Recht auf Mitbestimmung haben, so haben auch die Länder der Dritten Welt das Recht, die Regeln der Weltwirtschaft mitzubestimmen und am Ertrag der menschlichen Arbeit gerechten Anteil zu erhalten.

■ **Papst Paul VI.** machte selbst weite Reisen, um die Weltprobleme aus eigener Anschauung kennen zu lernen. Seine Enzyklika über den Fortschritt der Völker löste 1967 heftige Diskussionen aus. Der Weltfriede kann nur bestehen, wenn der Arbeitsertrag unter den Völkern gerecht verteilt wird und kein Land das andere ausbeutet, schrieb Paul VI. Solange der Profit der eigentliche Motor des wirtschaftlichen Fortschritts ist, steht die Arbeit nicht wirklich im Dienst des Menschen.

■ Der Papst, der selbst einmal Steinbrucharbeiter gewesen ist, **Johannes Paul II.**, hat 1981 in einem Rundschreiben vom „Evangelium der Arbeit" gesprochen: Der Mensch ist zur Arbeit berufen. Wer arbeitet, wird damit Gott ähnlich, der die Welt erschaffen hat. Es muss deshalb zuerst anerkannt werden, dass eine Person überhaupt Mühe aufwendet und Arbeit leistet. Das ist wichtiger als der Verkaufswert der Produkte, die jemand herstellt, oder der Nutzen der Dienstleistungen, die er erbringt. Kapitalismus und Kollektivismus übersehen diesen Vorrang des Menschen. Arbeit ist für den Menschen da. Jeder hat in seinem Leben ein Recht auf Arbeit. Darum muss besonders die Gefahr der Jugendarbeitslosigkeit bekämpft werden.

Paul VI. (1963–1978)

Johannes Paul II. (seit 1978)

4. Menschenwürdige Freizeit

Heute haben viele Menschen erheblich mehr Freizeit als vor zwanzig Jahren. Aber die Verkürzung der Arbeitszeit allein macht das Leben nicht menschlicher, wenn jemand nicht lernt, selbstständig seine Freizeit sinnvoll auszufüllen. Manche werden unzufrieden, weil sie ihre Zeit sinnlos vertun, anderen gelingt es, in der Freizeit besondere Fähigkeiten zu entfalten, die in Schule und Beruf vernachlässigt werden.

● Vera (15) ist Mitglied einer Gymnastikgruppe. Zweimal in der Woche machen sie nachmittags 2 Stunden Jazz-Gymnastik. Vera ist viel selbstbewusster geworden, seit sie jedes Glied ihres Körpers im rhythmischen Training beherrschen gelernt hat.
● Frank (14) gehört zur Deutschen Pfadfinderschaft St. Georg. Zu seiner Gruppe zählen zwölf Jungen. In den letzten Ferien haben sie im Schwarzwald ein Zeltlager mit Überlebenstraining gemacht. Im Herbst wollen alle Pfadfindergruppen in S. gemeinsam eine Altpapiersammlung durchführen. Das Geld soll für ein Lepra-Dorf in Korea sein.
● Lili (17) hat sich als Firmhelferin gemeldet. Zehn „Firmis" gehören zu ihrem Kreis. Sie haben eine Collage angefertigt zum Thema „brüderlich teilen". Wenn sie sich treffen, betet einer ein selbst formuliertes Gebet vor. Nach der Firmung wollen sie zusammenbleiben und im Krankenhaus Sonntagsdienst machen.
● Uwe (16) ist beim Malteser-Hilfsdienst. Einen Ersthelferkurs hat er schon hinter sich. Pfingsten hat seine Gruppe bei einer Großkundgebung Sanitätsdienst gemacht. Es war so schwül, dass ständig Leute ohnmächtig wurden. Uwe war abends richtig geschafft. Trotzdem will er, wenn er 18 ist, den Führerschein machen und einen Einsatzwagen fahren.
● Marion (15) geht seit zwei Monaten in einen Volkshochschulkurs für Töpfern und Tonmodellieren. Sie verhandelt zur Zeit mit ihren Eltern über einen Kellerraum, den sie sich als Werkstatt einrichten will. Sie, ihre Schwester und eine Freundin wollen sich dann gemeinsam einen kleinen Brennofen kaufen.
● Klaus (14) hat bei einem Fotowettbewerb den 2. Preis erhalten. Als seine Klassenkameraden das prämierte Foto sehen, raten sie lange vergeblich herum, was das Bild darstellt. Klaus hatte ein Mikroskop geschenkt bekommen. Er macht jetzt Farbfotos von winzigen Kristallen mit 100facher Vergrößerung.

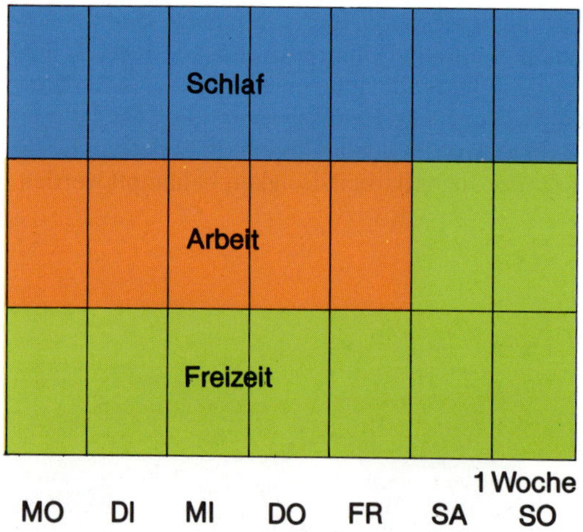

Viel freie Zeit zu haben, kann sich auch als Schwierigkeit erweisen:

- Manche langweilen sich und wissen nicht, was sie mit ihrer Freizeit anfangen sollen.
- Urlauber geben oft mehr Geld aus, als sie sich eigentlich leisten können.
- Nach dem Wochenende sind manche Menschen unausstehlich.
- An verlängerten Wochenenden gibt es mehr Polizeieinsätze wegen Schlägereien.
- Die meisten Scheidungen werden an Montagen beantragt.
- Die meisten Selbsttötungen geschehen an Wochenenden und an Feiertagen (→ S. 114 f).

1. Erläutert die Graphik (→ S. 58). Für wen könnte sie zutreffen? Zeichnet eine ähnliche Graphik für euren eigenen Wochenrhythmus.

2. Arbeit und Freizeit erscheinen als Gegensätze. Sie sind aber aufeinander bezogen. Was könnt ihr über das Verhältnis beider zueinander feststellen?

3. Manche Schüler haben einen ausgebuchten Terminkalender für ihre Nachmittage (Helfen im Geschäft, Tanzkurs, Tischtennis, Pfadfinder usw.), andere sagen: „In meiner Freizeit will ich gammeln!" Was versteht ihr unter sinnvoller Freizeit?

4. *a)* Wie erklärt ihr die beobachteten Freizeitprobleme? Kennt ihr weitere?
b) Wer könnte eurer Meinung nach etwas zur Lösung solcher Schwierigkeiten beitragen?
c) Die Vielzahl moderner Freizeitangebote führt zur Verplanung dieser Zeit. Diskutiert die Gefahr, die darin für die Selbstverwirklichung des Menschen liegt.

5. Lest noch einmal Gen 1, 26–31. Was könnte man dieser Auffassung entsprechend über sinnvolle Freizeit sagen?

Was die Sonne für den Tag
und das Grün für den Frühling
und die Kälte für den Winter,
das ist der Schlaf für die Nacht.
Du bist ein Stück Natur,
ihr Lebensrhythmus ist in dir.
Dieser Rhythmus wird zerstört,
wenn du dir nachts die Augen
mit künstlichem Licht verdirbst,
um tags beim Sonnenschein zu schlafen;
wenn du im Qualm des Clublokals,
im Lärm der Diskothek die Nächte ersäufst
und niemals einen frühen Morgen erlebst
mit der herrlich frischen Luft
und den stillen Straßen.
In der Morgenfrühe singen die Vögel,
später beginnen die Menschen mit Lärm.

Phil Bosmans[40]

Bis die Seelen nachkommen ...

Bei der ersten Ersteigung des Nanga Parbat im Himalaja-Gebirge waren die europäischen Leiter der Expedition stets in Eile, um vor Einsetzen der Regenzeit zurück zu sein. Sie versuchten auf dem Anmarsch, die einheimischen Träger anzutreiben, schneller zu gehen und die Tagesetappen zu verlängern. Eine Weile hatten sie Erfolg. Nach einigen Tagen aber ließen sich die Träger schon am frühen Nachmittag zum Nachtlager nieder und waren nicht zu bewegen weiterzugehen. „Wir müssen warten, bis unsere Seelen nachkommen", sagte ihr Anführer zu den ungeduldigen Europäern.

1. Manchmal werden Redewendungen gebraucht wie „zu sich selbst kommen", „nicht ganz da sein" usw. Was ist damit gemeint? Vergleicht diese Redewendungen mit der Antwort der Träger in der Geschichte.

2. Vielleicht kennt ihr Meditationsveranstaltungen, bei denen man sich sammelt und nur ein Bild betrachtet oder leise Musik hört. Wenn ihr Erfahrungen damit habt, sprecht über den Sinn solcher Meditation (→ S. 158).

Sahnetorte war Nebensache

■ Höhepunkt der Afrikawoche war zweifellos der Tag der offenen Tür. Das ganze Haus war zum Empfang der Gäste gerüstet. Teestuben und Cafeterien luden ein, obwohl nicht die Sahnetorten den Ton angaben; man übte Bescheidenheit und bot einfache Mohn- und Sesambrötchen an. Wer sich über Afrika informieren wollte, kam auf seine Kosten. In den Klassenräumen wurde jeweils ein afrikanisches Land vorgestellt. Die Schüler hatten dazu eigene Modelle gebastelt. Der Tag hatte mit der Eucharistie begonnen, von Afrikanern und Deutschen gemeinsam gefeiert. Sie stand unter dem Thema: „Christus – das Feuer dieser Welt". Bei der Gabenbereitung wurde die Karte Afrikas als Großpuzzle zum Altar getragen. Die Witterungsverhältnisse hatten es erforderlich gemacht, in die Pausenhalle auszuweichen, doch kam gerade hier in der Enge des Raumes das richtige Gemeinschaftsgefühl auf. Musikalisch gestaltet wurde die Feier von der Band „Orpheus" und dem Schulchor. Begeisterte Zuhörer fand nachmittags die Gruppe „Kontakte" mit ihrem Singspiel „Hunger nach Gerechtigkeit". Ihre Songs und das einfallsreiche Szenenspiel ließen die Probleme der Dritten Welt wirklich unter die Haut gehen. Zwei Auftritte der Gruppe „Novissi Agbeko" aus Togo brachten schließlich ein Stück wirkliches Afrika in die Schule. Die kraftvollen Ausdruckstänze rissen die Zuschauer mit und machten deutlich, wo die Jazzrhythmik ihren wirklichen Ursprung hat. Die Trommeln beherrschten die Aula auch ohne elektrische Verstärker und es gelang den Afrikanern, die Zuschauer, Schüler und Eltern, zu Mittänzern zu machen.[41]

Fête bei Monika

■ Veilchenstraße 9, im Fetenkeller bei Monika sollte was los sein. Ich fand den Platz sofort. Als ich um die Ecke bog und die Mofas sah, hörte ich auch schon Musik. Hard Rock, auf dem Sound stehe ich. Der Keller war wie Feuer. Zwei Lampen gaben ein zuckendes Licht, das manchmal die Gesichter der Tanzenden rot aufflackern ließ. Ein Typ mit Jeansweste hielt mir eine Flasche Apfelkorn hin. In der Ecke hinter der Tür knutschte Karin mit einem Dunkelhaarigen, den ich nicht kannte. Ich schob mich zwischen den Tanzenden zur Seite durch und lehnte mich an die Wand. Nach einer Weile entdeckte ich Monika im Gedränge. Sie winkte mit einer Zigarette in der Hand. Dann fand ich auch Inge. Wir tanzten eine Weile nebeneinander. Ich fühlte, wie die Musik meine Gedanken auslöschte. Wir gerieten ganz nah vor die Box. Ich spürte die Lautstärke im ganzen Körper. Inge legte mir die Hände um den Nacken. Nach einer Weile sagte sie mit dem Mund direkt an meinem Ohr: „Komm, ich muss gehen." Als wir hinausgingen, hing der Typ, der mir den Apfelkorn gegeben hatte, über dem Treppengeländer und übergab sich. Inge rannte, um den letzten Bus zu erreichen.

Die eine und die andere Art zu leben

Du machst den Führerschein.
Du liebst die Mode.
Du lernst Sprachen.
Du kennst dich in der Technik aus.
Du beschäftigst dich mit vielen Dingen.
Doch eines Tages sitzt du fest.
Alles hast du gelernt, nur nicht: leben.

Vorankommen, Karriere machen,
Geld verdienen, amüsieren, profitieren:
Das hat man dir beigebracht,
und vor allem viel haben.
Als ob das Glück am Haben hängt!
Menschen sind wie Raubtiere
in einem Dschungel, der nirgends aufhört,
auf Jagd nach Besitz und Genuss,
nach „Brot und Spiel".
Frei meinen sie zu sein,
und fest liegen sie an der Kette ihrer Gier.

Es gibt zweierlei Art zu leben:
Die eine beginnt mit Beherrschung des Ich
und sie endet mit Fest.
Die andere fängt mit Feiern an
und ihr Ende heißt:
Kater, Kopfweh, Leiden am Leben,
Frustrationen und Neurosen aller Art.

Phil Bosmans[42]

1. *a)* Erzählt von Feiern und Festen, die ihr erlebt habt.
b) Was sagt euch das Sprichwort: „Dem Glücklichen schlägt keine Stunde"?
c) Was wisst ihr über die Entstehung einzelner Feste, z. B. Fastnacht?

2. Macht Vorschläge für eine Feier zu Ostern, zu Weihnachten (→ S. 66 f), zu einem Klassenfest, zu einem Geburtstag, zu einem staatlichen Feiertag.

3. „Bei einer Safari in Afrika stieß ich auf das Wohnzelt eines englischen Ehepaares. Der Mann schnitt Edelhölzer in der Steppe und musste seinen Standort dauernd verlegen. Als ich damals abends nach einem glühend heißen Tag bei ihm eintrat, glaubte ich, nicht richtig zu sehen. Da saß das Ehepaar allein, er im Smoking und seine Frau im langen Abendkleid. Auf dem festlich geschmückten Tisch brannten drei große Kerzen in einem Silberleuchter. ‚Wir feiern die Wiederkehr unseres Verlobungstages!' Später sagte er: ‚Wir haben eigentlich jede Woche eine Feier. Dazu holen wir das beste Geschirr aus der Kiste und ziehen uns festlich an. Sonst verkommt man in der Steppe.'"[43] Was sagt euch diese Erzählung?

4. Mit manchen Menschen kann man gut zusammen arbeiten, mit anderen dagegen, mit denen vielleicht weniger gut zu arbeiten ist, kann man aber gerade richtig feiern. Woran könnte das liegen?

5. Die Heiligenfeste werden vielfach am *Todestag* des betreffenden Heiligen gefeiert. Im kirchlichen Kalender heißt ein solches Fest jeweils: *Geburtstag*. Wie erklärt ihr diese Bezeichnung?

6. Wenn die Evangelisten von der Vollendung des Reiches Gottes sprechen, benutzen sie oft das Bild einer Hochzeitsfeier (z. B. Mt 22, 1–14 und Mt 25, 1–13). Versucht das zu erklären. (→ S. 188)

6. *Sabbat und Sonntag*

Gedenke des Sabbats: Halte ihn heilig!
Sechs Tage darfst du schaffen und jede Arbeit tun.
Der siebte Tag ist ein Ruhetag,
dem Herrn, deinem Gott, geweiht.

Ex 20, 8–10

1. Was wisst ihr über die Bedeutung der jüdischen Sabbatfeier? Lest dazu Gen 2, 1–3 (→ S. 222).
2. Warum feiern Christen den Sonntag und nicht mehr den Sabbat? Lest dazu Mk 16, 1–6.
3. Es gibt Länder (z. B. in Asien), in denen die Sonntagsruhe nicht eingeführt ist. An allen sieben Tagen der Woche wird gearbeitet. Was meint ihr dazu?

Haben Sie was Nettes vor?

Es war an einem Freitag nach Dienstschluss. Die junge, alleinstehende Sekretärin verabschiedet sich für eines dieser Wochenenden, das wieder einmal durch den Satz gekennzeichnet war: regnerisch und für die Jahreszeit zu kalt. „Haben Sie etwas Nettes vor?“ Die junge Dame zieht eine Schnute. „Ach, wissen Sie . . .“, lange Pause und ein wenig zögernd: „Der Samstag geht noch, aber der Sonntag. Wenn Sie keine Familie haben, das ist trostlos. Die ganze Stadt wirkt so anders, unvertraut, fremd. Auch die Geräuschkulisse stimmt nicht. Die Leute, die da spazieren gehen oder Schaufenster besehen, alle nach wie vor in ihrem Sonntagsstaat wie eh und je zu Hause. Und in den Cafés, die haben richtige Sonntagsgesichter auf, so feierlich-spießig und vor allem gelangweilt. Das steckt direkt an. Ich kann die Sonntage nicht leiden.“[44]

1. *a)* Welche Einwände gegen den Sonntag werden in dem Text geäußert? Wie beurteilt ihr sie?
b) Kennt ihr selbst Beispiele für Sonntagslangeweile? Wie erklärt ihr sie?
2. „Menschen, die fünf Tage hintereinander angestrengt gearbeitet haben, lassen sich nicht abstellen wie Elektromotoren.“[45]
a) Worauf will der Ausspruch hinweisen?
b) Vergleicht den Ausspruch mit der Geschichte „Warten, bis die Seelen nachkommen!“ (→ S. 60).

Aus dem Beschluss der **Gemeinsamen Synode** (→ S. 84) der Bistümer in der Bundesrepublik Deutschland (1972–1975):

■ Der Sonntag ist der Tag, an dem die christliche Gemeinde ihres Herrn gedenkt, der durch seinen Tod und seine Auferstehung in die Vollendung – in die Herrlichkeit Gottes – eingegangen ist. Der im Wochenrhythmus immer wiederkehrende Feiertag der Christen ist wesentliches Zeichen für die Heilswirklichkeit der neuen Schöpfung, die mit der Auferstehung Christi angefangen hat.

■ Durch das Überangebot kommerzieller Freizeitgestaltung bei verlängertem Wochenende besteht die Gefahr, dass der Mensch in neue Zwänge gerät. Darum sollte man auch im kirchlichen Bereich darauf bedacht sein, nicht jede freie Zeit mit gut gemeinten Versammlungs-, Bildungs- und Unterhaltungsterminen zu verplanen. Wenn wir tun, was wirklich Erholung und Freude bringt, was aber auch der Muße und Besinnung dient, dann wird der Sonntag ein wirklicher Feiertag, besonders in der Gemeinschaft der Familie, im Kreis von Freunden und Bekannten. Gedankenaustausch, Gespräch und Spiel, gemeinsame Unternehmungen können aus der Isolierung herausführen, unter der so viele Menschen leiden.[46]

1. *a)* Stellt die Warnungen und die Vorschläge für die Sonntagsfeier aus dem Text zusammen. Haltet ihr sie für begründet und wichtig?

b) Sucht Beispiele, wie demnach ein christlicher Sonntag sein könnte: für die Familie, für eine Jugendgruppe, in den Ferien.

Der da - war auch kaputt

Mein Freund Theo, der Pfarrer, und ich waren damals gerade dabei, unsere Kirche wieder herzurichten, denn wir wollten so bald wie möglich wieder Gottesdienst in ihr halten. Die letzten Kriegstage hatten ihr arg mitgespielt. Der Boden war mit Schutt bedeckt, auf der Empore hatte es gebrannt, der Wind pfiff durch die Fensterhöhlen. Aber die Decke war heil, einen Teil der Bänke konnte man noch gebrauchen und auch Altar und Kanzel waren unversehrt. Darum waren wir mit Eifer bei der Sache. Die Arbeit war allerdings ziemlich schwierig. Denn wir hatten gar kein Gerät, keine Schubkarren, keine Schaufeln, keine Bretter, nur einen alten Besen, zwei Eimer und unsere vier Hände. Alles andere hatte der Krieg gefressen.

Plötzlich hörten wir schwere Schritte. „Was ihr da machen?“, fragte eine rauhe, tiefe Stimme. Wir fuhren herum und erschraken. Da stand ein russischer Soldat, die Maschinenpistole unter dem Arm. Wir hatten damals alle Angst vor den Russen. Es wurden viele schlimme Dinge von ihnen berichtet. Und vor allem wussten wir, dass die kommunistischen Soldaten von Gott und der Kirche gar nichts wissen wollten.

„Wir räumen auf“, sagte Theo. „Wir wollen hier nächsten Sonntag Gottesdienst halten.“
„Nicht gut“, sagte der Soldat. „Die Menschen draußen haben keine Häuser, Häuser wichtiger als Kirchen.“
„Die Menschen draußen haben keinen Mut, ihre Häuser wiederaufzubauen“, sagte Theo. „Hier werden sie Mut gewinnen.“
„Mut, hier?“, fragte der Soldat. „Warum hier?“
„Der da“, sagte Theo und zeigte auf den Gekreuzigten über dem Altar. „War auch kaputt, genau wie wir. Und Gott hat ihm geholfen.“
Der Soldat sah zum Altar hin. Dann brummelte er etwas Unverständliches, drehte sich um und stapfte hinaus. Eine Stunde später hörten wir ein Auto vor der Kirche stoppen.
„He, Pfarrer!“, schrie er. Wir gingen hinaus. Da stand unser Soldat vor einem Lastauto und auf dem Wagen – wir trauten unseren Augen nicht! – waren Schubkarren, Schaufeln, große Besen, ein Stapel Bretter und zwei Rollen Drahtglas, lauter Dinge, die wir für unsere Kirche so nötig brauchten und die doch damals nirgends aufzutreiben waren. „Komm, fass an!“, sagte der Soldat zu mir und lachte. So brachten wir all die Herrlichkeiten hinein in die Kirche.
„Vielen Dank“, sagte Theo und wollte dem Soldaten die Hand geben.
„Nix“, sagte der, „los, arbeiten, arbeiten!“ Und damit fing er an zu arbeiten. Wir waren einfach sprachlos.
In ein paar Stunden hatten wir den ganzen Schutt hinausgeschafft. Dann sagte Theo: „Schluss für heute!“, und wir stellten unser Gerät fort.
Draußen drehte der Soldat sich eine Zigarette. „Ich Sergej“, sagte er. Auch wir stellten uns vor. Dann fragte Theo: „Warum hilfst du uns, Sergej? Glaubst du auch an Gott?“
Sergej lachte. „Ich, nein. Ich Kommunist. Aber meine Mutter. Alte Leute sind so.“
„Und von dem da“, Theo zeigte zum Altar hin, „hat dir deine Mutter erzählt?“ – Sergej nickte. – „Deine Mutter ist eine gute Frau, denn sie hat einen guten Sohn“, sagte Theo ernst. – „Nicht gut“, meinte Sergej leise, „nein, gar nicht gut.“ Dann sprang er in seinen Wagen und fuhr davon.
Von nun an half Sergej uns jeden Tag ein paar Stunden bei unserer Arbeit. Und am Sonnabendmittag waren wir fertig. Da holte Sergej einen länglichen, offenbar ziemlich schweren Gegenstand aus dem Auto. „Ich habe etwas . . . wie sagt ihr? . . . organisiert.“ Er lachte verlegen.
Er packte sein Paket aus. Zum Vorschein kamen vier riesige Wachskerzen, über einen Meter lang und dicker als ein Männerarm.
„Junge, Junge“, sagte ich, denn Kerzen waren damals eine große Kostbarkeit. Dann tat Sergej etwas sehr Merkwürdiges. Er trug die vier Kerzen auf den geöffneten Händen wie eine Opfergabe zum Altar und legte sie dort nieder.
Dann kam er zu uns zurück und war sehr verlegen. Aber er sagte leise: „Für euren Altar, für . . ., für den da!“[47]

> Am Tage des Herrn versammelt euch,
> brecht das Brot und sagt Dank,
> nachdem ihr zuvor eure Sünden bekannt habt.
>
> *Zwölfapostellehre 14*

1. Welche Gründe für die Verpflichtung zur Teilnahme am Sonntagsgottesdienst kennt ihr?
2. *a)* Wie sollte die Sonntagsmesse gestaltet sein, damit ihr gerne hingeht?
b) Vielleicht könnt ihr einen Vorschlag für die Gestaltung der Eucharistie am Sonntag zusammenstellen. Was erwartet ihr vom Einzelnen für die Mitfeier?

Die Herkunft Jesu

1. Weihnachten

Blöde Einkauferei!
Musst du den ganzen Tag auf der Blockflöte pfeifen?
Man ist ja total übermüdet.
Natürlich Edeltanne, was denn sonst?
Dieses Jahr gibt es Puter, schön mager.
Der Zahnarzt fährt über die Feiertage in Urlaub.
Lametta ist unten rechts im Kleiderschrank.
Der Junge braucht einen neuen Mantel.
Tante Hildchen kommt am Zweiten und bleibt über Sonntag.
Das Päckchen muss noch zur Post!
Montag wird gebacken, sonst schaffen wir es nicht mehr.
Doch, diese strahlenden Kinderaugen.
In der Stadt war es zu voll, die Leute drehen ja durch.
Ich wollte auch noch zum Beichten.
Müllers Nachbarin ist gestorben; immer vor solchen Tagen!
Seid brav, das Christkind bringt sonst nichts.
Schreibst du diesmal die Postkarten?
Er mag kein Marzipan, kauf ihm eine Krawatte!
Hausputz mach ich schon vierzehn Tage vorher.
Was ist Heiligabend im Fernsehen?
Nie wieder in einen Spielzeugladen!
Hoffentlich fällt auch ein bisschen Schnee.
Ich habe jetzt keine Zeit.
Elektrische Kerzen kommen nicht an den Baum.
Denk bitte an die Magentabletten.
Papa baut die Eisenbahn nächste Woche auf.
Ein Hirte von der Krippe ist kaputt.
Das ist bei uns so Tradition.[48]

Ist das so?

1. Schreibt selbst drei kurze Sätze auf, die euch zum Thema Weihnachten einfallen.
2. Was haben die Bilder mit Weihnachten zu tun?

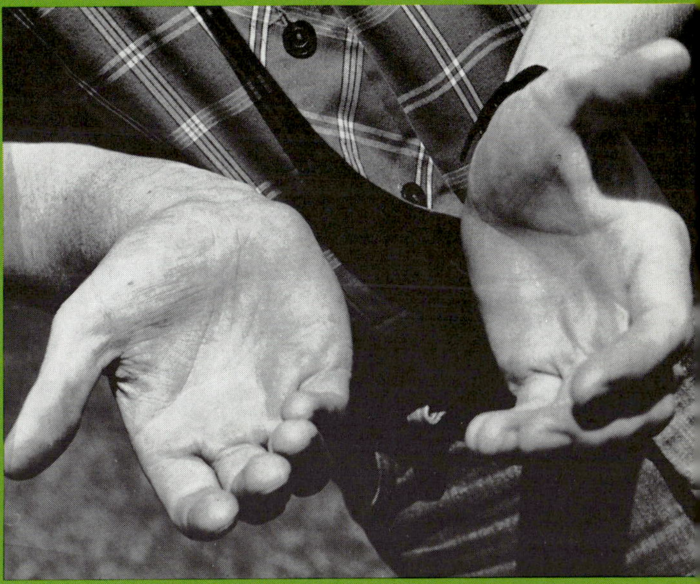

Freuen Sie sich auf Weihnachten?

In fünf Tagen war Weihnachten.
Peter stand vor dem Sportgeschäft. Die Eishockeyausrüstung, die er sich gewünscht hatte, war aus dem Fenster verschwunden. Er wusste, dass seine Mutter sie für ihn gekauft hatte.
Peter schaltete das Tonbandgerät ein, das er um den Hals trug. Mit dem Mikrofon in der Hand wandte er sich an einen in eine lange weiße Schaffelljacke gekleideten Burschen:
„Entschuldigen Sie bitte! Darf ich Sie etwas fragen?“
„Natürlich, wenn es dir Spaß macht.“
„Freuen Sie sich auf Weihnachten?“
Der Mann schwieg überrascht. Die Frage hatte er nicht erwartet.
Peter hielt ihm das Mikrofon an den Mund.
„Weihnachten? Höhepunkt unserer Wohlstandsgesellschaft. Ich mache da nicht mit. Also freue ich mich auch nicht darauf.“
„Danke!“, sagte Peter.
Jetzt trat ihm eine jüngere Frau in den Weg.
„Freuen Sie sich auf Weihnachten?“
Die Frau lachte verlegen.
„Ja, schon . . . Es bedeutet zwar eine Menge Mehrarbeit . . . Aber für die Kinder, ich freue mich für die Kinder.“
„Schöne Festtage“, wünschte Peter und ging weiter.
Seine Wahl fiel auf einen elegant gekleideten Herrn.
„Freuen Sie sich auf Weihnachten?“
„Nein! Jedes Jahr dasselbe Gehetze, ein Austausch von Geschenken. Ich verreise in den Süden.“
Was dachte wohl der alte Mann darüber?
„Ich wohne im Altersheim“, erzählte der Alte. „Das ist nicht mehr wie früher. Ich erinnere mich an meine Kindheit auf dem Lande. Wir waren zufrieden mit einem Paar neuer Strümpfe und einer Tafel Schokolade. Dafür hatten wir einen herrlichen Weihnachtsbaum, mit weißen Kerzen und kleinen roten Äpfeln geschmückt.“
Der Alte schaute plötzlich misstrauisch auf das Mikrofon. „Ist das etwa für den Rundfunk?“
Peter beruhigte ihn. „Für die Schule“, sagte er, „wir wollen morgen in der Klasse über Weihnachten diskutieren.“[49]

Freut ihr euch auf Weihnachten?

Die ersten Christen wären sehr erstaunt gewesen, wenn sie gesehen hätten, wie unsere Zeit die Geburt Jesu feiert. Umgekehrt müssten sich viele Menschen über ihre Weihnachtsbräuche sehr wundern, wenn sie wüssten, was die Bibel über den Ursprung des Festes, die Geburt Jesu, erzählt und was sie mit ihren Erzählungen sagen will.

2. *Die beiden ältesten Zeugen*

1. Schlagt den Anfang der vier Evangelien in der Bibel auf. Was wird dort von der Herkunft, Kindheit und Jugend Jesu erzählt?

2. Schreibt die Überschriften der beiden ersten Kapitel bei Matthäus und Lukas heraus und vergleicht sie miteinander. Was fällt euch dabei auf?

Wenn ihr diese Aufgaben gelöst habt, tauchen sicher manche Fragen auf. Vielleicht bekommt ihr Lust, euch an die biblischen Verfasser zu wenden und diese etwa so zu fragen:

Sehr geehrter Matthäus, sehr geehrter Lukas,

wir stehen kurz vor Weihnachten und behandeln im Religionsunterricht die entsprechenden Bibeltexte. Dabei ist uns etwas aufgefallen, was wir früher nicht bemerkt haben, nämlich, dass nur Sie beide in Ihren Evangelien etwas zu diesem wichtigen Thema bringen. Bei den anderen Evangelisten – also bei Markus und Johannes – haben wir über die Geburt und Kindheit nichts gefunden. Noch mehr hat uns überrascht, dass auch Sie beide sehr verschiedene Dinge erzählen. Der eine hat z. B. die Geschichten von den Magiern und vom Kindermord des Herodes, der andere erzählt von Verkündigung, Krippe und Hirten.

In ganz wenigen Punkten stimmen Sie überein, nämlich:

- Die Mutter Jesu hieß Maria. Ihr Verlobter war Josef, der aus dem Königsgeschlecht des David stammte, aber als Handwerker zu den kleinen Leuten zählte.
- Maria und Josef wohnten in Nazaret, einem kleinen Ort in Galiläa.
- Josef war nicht der Vater Jesu. Das Kind hat seinen wunderbaren Ursprung im Heiligen Geist. Darum ist er Gottes Sohn.

Alles andere ist bei Ihnen sehr verschieden. Das hat eine Menge Fragen bei uns aufgeworfen, vor allem folgende:

1. Warum haben die anderen Evangelisten nichts zu diesem Thema geschrieben?
2. Woher wissen Sie das, was Sie geschrieben haben?
3. Für wen ist Ihr Weihnachtsevangelium geschrieben?
4. Was war Ihnen bei Ihrer Darstellung besonders wichtig?

Wir wären Ihnen sehr dankbar, wenn Sie uns diese Fragen kurz beantworten könnten. Schließlich sind Ihre Texte in diesen Tagen in aller Munde. Da möchten wir gern Bescheid wissen.

Mit freundlichen Grüßen
Ihre Klasse 10a

Matthäus,

Wenn die Verfasser antworten könnten, müssten sie den Zeitunterschied von fast zwei Jahrtausenden überspringen („Zeitmaschine"). Das sähe dann so aus:

Autor eines Evangeliums,
grüßt die Mädchen und Jungen der Klasse 10a.

Vielen Dank für euren Brief. Ich finde es gut, dass ihr euch so genau in der Bibel umschaut. Je besser ihr dieses heilige Buch kennt, umso mehr Gewinn habt ihr davon für euer Leben und für euren Glauben. Zu euren Fragen möchte ich folgendes sagen:

1. Wie ihr vielleicht wisst, hat vor mir nur Markus ein vollständiges Evangelium geschrieben. Noch älter sind zahlreiche Briefe des Apostels Paulus. In diesen Schriften steht tatsächlich nichts über die Kindheit unseres Herrn. Die frühen Christengemeinden hatten von Jesus so viele staunenswerte Dinge zu erzählen, dass sie schon genug damit zu tun hatten, das Wichtigste weiterzugeben, z. B. Jesu Ankündigung des Reiches Gottes, seinen Tod am Kreuz und seine Auferstehung, das Hauptgebot der Liebe, die Aufnahme in die Kirche durch Taufe und Eucharistie. Darauf kommt es ja für Christen an. Allmählich wollte man in den Gemeinden aber auch wissen, was sich bei Jesu Geburt und in seiner Kindheit zugetragen hatte und was dies für den Glauben bedeutete. Das ist ja immer so bei berühmten Leuten. Erst staunt man über ihre Werke oder Taten (z. B. bei Künstlern oder Politikern) und erst später interessiert man sich für ihre Eltern, für ihre Kindheit und Jugend.

2. So ging es mir auch. Dann habe ich mich in verschiedenen Gemeinden umgehört und das gesammelt, was dort über die Herkunft Jesu erzählt wurde. Das war nicht viel und darum sind meine Darlegungen dazu auch kürzer, als mir lieb ist. Ich vermute, dass das, was ich erfahren konnte, auf Josef selbst zurückgeht. In meinen Texten ist viel von ihm die Rede.
Hier muss ich euch auf etwas aufmerksam machen. Wir Juden erzählen anders, als es bei euch üblich ist. Ihr fragt immer nur: „Ist das alles auch so geschehen, wie es da steht?" Am liebsten hättet ihr von allem Bildreportagen oder Fernsehberichte. Uns erschien es damals wichtiger, dass in den Erzählungen etwas von unserem Glauben zu merken ist. Mit meinem Evangelium will ich anschaulich zeigen, wer Jesus ist und was er für den Glauben bedeutet. Das ist für ein paar Altertumswissenschaftler vielleicht enttäuschend, für alle Menschen aber bedeutsam. So fragen unsere Leute nicht, woher die Drei Sterndeuter (Könige?) aus dem Osten genau kamen, wie sie hießen (später hat man drei Namen für sie erfunden!), auf welchem Weg sie kamen und was sie Jesus sagten. Aber wir hören aus der Erzählung, dass selbst heidnische Gelehrte nichts Besseres tun können, als sich auf den Weg zu machen und Jesus zu suchen. Schon als Kind ist er der Herr, der über den Großen der Welt steht.

3. Ich habe für Juden und für Judenchristen geschrieben, d. h. für solche Christen, die vor ihrer Taufe Juden waren. Darum benutze ich sooft die Hebräische Bibel. Ich sage dann „wie geschrieben steht beim Propheten . . ." oder „damit die Schrift erfüllt werde . . .". Das verstanden diese Leute, weil sie das Alte Testament noch kannten. Sie wussten dann sofort, wer Jesus ist: der von den Propheten angekündigte Messias.

4. Vielleicht ist euch aufgefallen, dass bemerkenswerte Ähnlichkeiten zwischen der Kindheit Jesu und der des Mose bestehen: Befehl des Herodes/Pharao zur Tötung – Verfolgung – Kindermord – wunderbare Rettung. Damit will ich sagen: Jesus ist dem größten Mann in der Geschichte Israels vergleichbar. Er ist noch bedeutender als Mose, mit dem Gott den Sinai-Bund schloss. Ihr vergleicht doch auch eure Leute mit anderen Großen der Geschichte.
Im Übrigen möchte ich zeigen, wie gefährlich das Leben unseres Herrn begann. Von Anfang an wurde er verfolgt. Darin hat sich bis zu seinem Tod am Kreuz nicht viel geändert. Darum ist mein Kindheitsevangelium so dunkel und schwermütig. Eine Ausnahme bildet eigentlich nur die Erzählung von den Sterndeutern.
Ich hoffe, dass ihr mit meinen Antworten etwas anfangen könnt. Vielleicht versteht ihr nun Weihnachten besser. Ich wünsche euch gesegnete Feiertage.

Lukas,

Verfasser eines Evangeliums und der Apostelgeschichte,
entbietet der Klasse 10a herzliche Grüße.

Euer Brief hat mich sehr erfreut,
vielen Dank dafür.

1. Den Brief des Matthäus kenne ich. Seinen Ausführungen zu diesem Punkt brauche ich nichts hinzuzufügen.
2. Auch ich bin dem nachgegangen, was in den ältesten Gemeinden über den Lebensanfang Jesu erzählt wurde. Dabei habe ich hochinteressante Dinge erfahren, die ganz offensichtlich auf Maria, die Mutter unseres Herrn, zurückgehen. So erklärt es sich, dass ihr bei mir – anders als bei Matthäus – soviel über Maria findet: Verheißung der Geburt – Besuch bei Elisabeth – ihr Lobpreis Gottes (Magnificat) – die Geburt Jesu – Darbietung im Tempel – Pascha in Jerusalem. Damit habe ich eine besonders wichtige Quelle in mein Evangelium aufnehmen können. Ich habe schon damals erwartet, dass gerade diese Kapitel eine große Zukunft haben werden.
Allerdings muss ich auch betonen, dass meine Texte nicht Reportagen sind, die in jeder Einzelheit sagen, was damals geschehen ist. Die Texte wollen mehr. Sie kommen aus unserem Glauben und wollen Glauben wecken. In ihrem Mittelpunkt steht Jesus, unser Herr, den Gott von den Toten auferweckt hat. Dem wunderbaren Ende entspricht ein wunderbarer Anfang. Der Gläubige sieht selbst in der elenden Krippe schon etwas vom Glanz der Auferstehung. Kein Mensch kann das ganz mit Worten ausdrücken. Engel können das. Und wunderbare Ereignisse machen uns darauf aufmerksam. Wenn ihr z. B. lest, dass Maria das Kind vom Geist Gottes empfangen hat, so weist das vor allem darauf hin, dass Jesus, der Sohn Gottes, ein Geschenk Gottes an uns ist.
3. Ich habe mein Evangelium für Heidenchristen geschrieben, die in Griechenland oder Italien lebten. Unter ihnen waren viele Arme, Verachtete und Sklaven, die nirgendwo etwas galten. Gerade für sie war meine Weihnachtserzählung eine Frohe Botschaft. In ihr sind kleine Leute so wichtig: Maria, ein „unbedeutendes" Mädchen – Josef, ihr Verlobter – die Hirten, die zu den Ärmsten der Armen gehörten – Frauen, die damals in der Öffentlichkeit nichts zu melden hatten – von Jesus und seiner armseligen Geburt in der Krippe ganz zu schweigen.
4. Zwei Punkte möchte ich hervorheben: Viele hielten damals bei uns den Täufer für den Messias. Das konnte ich nicht akzeptieren. Ich glaube fest, dass Jesus mehr ist als der Täufer. Ihr solltet einmal die beiden Verkündigungs- und Geburtsszenen miteinander vergleichen. Dann werdet ihr meine Absicht leicht feststellen.
Ich wollte ferner den Lebensanfang Jesu nicht so dunkel darstellen wie Matthäus. Als Jesus geboren wurde, ist die Nacht hell geworden und nur Engel können sagen, was die Geburt Jesu bedeutet: „Verherrlicht ist Gott in der Höhe und auf Erden ist Friede bei den Menschen seiner Gnade."
Wenn ihr das verstanden habt, habt ihr alles verstanden. Lebt wohl!

1. Vergleicht die beiden Briefe miteinander und stellt in einer Tabelle zusammen, was Matthäus und Lukas über ihre Quellen, über ihre Leser und über ihre Absichten mitteilen.
2. Was ist beiden Evangelisten gemeinsam? Worauf legen sie besonderen Wert?
3. Krippe und Kreuz bilden den Anfang und das Ende Jesu. Überlegt, was sich daraus für das Christsein ergibt.
4. In dem Kindheitsevangelium des Lukas finden sich wichtige Glaubenszeugnisse über Maria, so Lk 1, 26–38. Was wird hier über Maria erzählt?

1
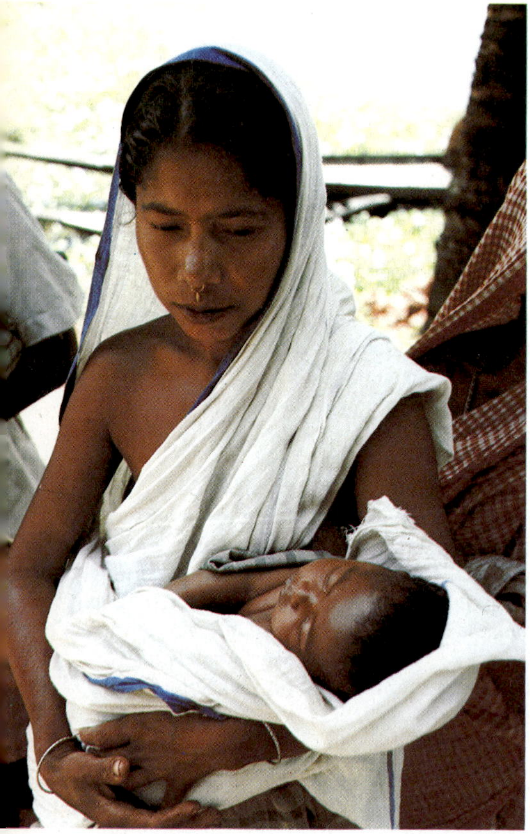

2

3

1. Warum haben die Maler die Bilder von Maria und dem Kind so unterschiedlich gestaltet (Umwelt, Stall, Gewänder, Personen u. a.); so wenig an der Wirklichkeit orientiert?
Achtet auch auf den Bildaufbau und die Zusammenstellung der Farben.
2. Welches dieser Bilder entspricht eurer Meinung nach am ehesten den Aussagen der Bibel? Kann man auch die anderen gelten lassen? Begründet eure Antworten.
3. Sucht andere Bilder von Weihnachten, z. B. auf Weihnachtskarten und aus Zeitungen und Illustrierten, und prüft sie anhand der genannten Fragen (→ S. 74 f).
4. *a)* Kann man das 1. Bild auch als weihnachtliche Darstellung gelten lassen?
b) Wie könnte man heute Weihnachten darstellen? Könnt ihr einen Versuch machen?

DIE GEBURT JESU

4

1 Junge Mutter mit Kind
2 Emil Nolde (1867–1956), Heilige Nacht
3 Stephan Lochner (um 1400–1451) Anbetung des Kindes
4 Rembrandt (1606–1669), Anbetung der Hirten
5 Maria mit Kind (Südsee, um 1975)
6 Afrikanische Weihnachtsdarstellung

6

5

3. *Menschwerdung Gottes*

Wir Christen glauben, dass in Jesus, der vor 2000 Jahren geboren wurde, Gott Mensch geworden ist. Was dies bedeutet, kann kein Mensch letztlich verstehen. Die Menschwerdung Gottes ist das tiefste Geheimnis des christlichen Glaubens. In ihm zeigt sich, wie unendlich Gott die Welt liebt. Darum ist Weihnachten in besonderer Weise das Fest der Liebe Gottes zu den Menschen.
Ein altes Kirchenlied zeigt uns, wie Christen auf diese Botschaft antworten können und was sie bedeutet[50] (→ nächste Seite).

Wilhelm Geyer, Geburt Christi, Lithographie 1939

1. Erklärt die Bildworte des Liedes S. 75. Was sagen sie über den Weihnachtsglauben?
2. Vergleicht die beiden Bilder miteinander. Wie stellen sie die Menschwerdung Gottes dar?
3. Was sagt das Glaubensbekenntnis zu unserem Thema? Könnt ihr die entsprechenden Worte aufschreiben?
4. Am Anfang dieses Kapitels war von manchen Weihnachtsbräuchen die Rede, die sehr fragwürdig sind. Aber es gibt auch Weihnachtsbräuche, die der Botschaft der Evangelien entsprechen, z. B. schenken und beschenkt werden, Lichter anzünden, jemandem eine Freude machen, danken, Gott loben u. a. Versucht, das an ein paar Beispielen zu zeigen. Wie könntet ihr solche Bräuche für das Weihnachtsfest vorbereiten?

Bild rechte Seite: Anbetung der Weisen, Reichenau, um 1000

2. Er kommt aus seines Vaters Schoß / und wird ein Kindlein klein; / er liegt dort elend, nackt und bloß / in einem Krippelein, / in einem Krippelein,

3. entäußert sich all seiner Gewalt, / wird niedrig und gering / und nimmt an eines Knechts Gestalt, / der Schöpfer aller Ding, / der Schöpfer aller Ding.

4. Heut schließt er wieder auf die Tür / zum schönen Paradeis; / der Kerub[1] steht nicht mehr dafür. / Gott sei Lob, Ehr und Preis, / Gott sei Lob, Ehr und Preis.

T und M: Nikolaus Herman 1560/1554

[1] Kerub = Engel, der den Garten Eden (Paradies) bewacht. Vgl. Gen 3, 24.

Kirche – wozu?

1. Gemeinsam leben – einsam glauben?

■ Fast jedes Mal, wenn Peter vorbeizischt, hört er irgendjemanden schimpfen: „Diese verdammten Knatterdinger; könnt ihr die Leute nicht in Ruhe lassen." Und jedes Mal, wenn Peter solche Wünsche hört, dreht er nochmal kräftig am Gasgriff und lässt sein Moped noch ein bisschen höher singen. „Sollen sie mich doch alle . . .", denkt er und geht verbissen die nächste Kurve an. Peter ist 16, Lehrling in einem Lederbetrieb in der nahen Stadt.
In dem Dorf, in dem er zu Hause ist, gibt es außer auf zwei Bauernhöfen keine Arbeit. Fast alle aus dem Dorf fahren morgens fort. Peter lernt nicht gerade viel in seinem Betrieb, die Berufsschule macht ihm auch keinen Spaß, aber das liegt weniger an der Arbeit, denn für Lederwaren interessiert er sich, sondern eher an seinem Gesamtzustand. Der zeigt sich am deutlichsten, wenn er abends nach Hause kommt. Dann sucht er nach Gleichaltrigen, mit denen zusammen er was unternehmen könnte. Er kennt ein paar solcher Freundeskreise, aber die leben alle in der Stadt. Er findet es gut, mit anderen zusammen zu sein und nicht allein. In seinem Dorf gibt es kaum Jungen seines Alters. Also fährt er mit seinem Moped, seinem einzigen wirklichen Besitz, zum nächsten Dorf, drei Kilometer, dann weiter zur Frittenbude, vier Kilometer, dann wieder zum nächsten Ort, zwei Kilometer, und dann in einer großen Kurve zurück nach Hause.
Ziemlich oft findet er niemanden, der gerade an diesem Abend Zeit hat. Meist stehen an der Frittenbude ein paar Leute, aber keine, mit denen er zusammen sein möchte. Meist Erwachsene. So kann es vorkommen, dass Peter an einem Abend drei- oder viermal dieselbe Strecke abfährt, immer auf der Suche nach ein paar Kameraden, immer vergebens. Sie würden ja gar nicht viel Aufregendes anstellen. Es würde ihm ja genügen, mit ihnen über den HSV oder über Schalke 04 zu reden oder über die neuesten Mofatypen. Peter findet diese Runden durch die Dörfer zunehmend freudloser. Aber er weiß nicht, was sonst tun.[51]

1. *a)* Niemand kann ohne Beziehungen zu anderen leben. Sprecht über die Erfahrungen, die Peter macht.
b) Stellt Gründe zusammen, warum Menschen Gemeinschaft suchen und zusammenleben.
c) Bezieht das Bild auf dieser Seite in euer Gespräch ein.
2. *a)* Nennt Gruppen und Gemeinschaften, in denen Menschen sich zusammenfinden.
b) Untersucht, welche Formen von Gruppen es gibt, wodurch sie sich unterscheiden und was sie zusammenhält.

Gemeinsam glauben?

● Wenn ich allein in meinem Zimmer bin, dann denke ich manchmal an Gott. Ich weiß dann, dass ich glaube. Andere geht das nichts an.

● Allein kann ich nicht glauben; dann kommt mir die ganze Religion so unwirklich vor. Wenn wir bei einem guten Jugendgottesdienst zusammen singen, dann fühle ich, dass ich dazugehöre, und dann spüre ich auch die Hoffnung auf Gott und Jesus.

● Von meinen Eltern habe ich zuerst etwas vom Glauben gelernt. Sie haben zwar etwas altmodische Ansichten, aber irgendwie bin ich da einig mit ihnen. Gott ist doch nicht bloß für die Alten da.

● In der Jugendgruppe mit dem Kaplan diskutieren wir gelegentlich über den Glauben. Wenn einer etwas fragt, kann der Kaplan das manchmal so erklären, dass einem richtig ein Licht aufgeht und man sich viel erwachsener fühlt. Dann beten wir auch schon mal zusammen.

● Als ich neulich mit Uli zum Sportplatz ging, fragte er plötzlich: „Du, glaubst du auch, dass nach dem Tod noch was anderes kommt, irgendwie Leben mit Gott?" Jedes Mal, wenn ich ihn anschließend beim Spiel sah, hatte ich das Gefühl, dass wir zusammengehörten. Wir waren richtig gut den Tag.

● Wir haben von unserer Klasse Altpapier gesammelt. Das Geld war für die Welthungerhilfe. Fast alle haben mitgemacht. Wer an Mitmenschlichkeit glaubt, der setzt sich auch für andere ein.

1. Diskutiert die Erfahrungen und Ansichten. Was spricht für, was gegen die Gemeinsamkeit im Glauben? Was verstehen die Einzelnen unter „gemeinsam glauben"?

2. Die Bibel spricht oft von Gemeinschaften: das Volk Israel, die zwölf Stämme, die Jünger Jesu, die Gemeinde von Korinth. Sucht weitere biblische Gruppen.

Gemeinschaft mit der Kirche?

● Ich gehöre zur katholischen Kirche. Ich zahle Kirchensteuer, gehe gelegentlich zur Messe, bin getauft, zur Erstkommunion gegangen und gefirmt und lasse mich kirchlich trauen und später beerdigen. Was will man mehr von mir? (→ Wege des Glaubens S. 26 ff).

● Die Kirche ist bloß eine große Organisation, der es um Macht geht, da kümmert sich keiner um den anderen. Ich habe jetzt bei den „Kindern Gottes" eine echte Gemeinschaft gefunden. (→ Wege des Glaubens S. 99)

● Ich finde die Kirche ganz gut. Sie hilft den Leuten in der Dritten Welt noch am besten von allen. Man muss nur selber mitmachen. Ich bin jetzt 16 und habe mich für die Wahl zum Pfarrgemeinderat aufstellen lassen.

● Die Leute gehen doch nur sonntags zur Messe, damit die anderen sie sehen. Uns erzählen sie was von Nächstenliebe und selber machen sie andere mies. Ich habe mit der Kirche nicht mehr viel zu tun.

● Die Kirche will mit ihren veralteten Gesetzen die Menschen lenken und droht ihnen mit der Hölle. Ich lasse mich nicht bevormunden. Ich verstehe überhaupt nicht, wie ein ehrlicher Mensch sich heute noch für die Kirche einsetzen kann.

● Was der Papst über die Rechte der Arbeiter sagt und dass wir den Armen helfen sollen, ist ja ganz gut, aber selbst hat er ein goldenes Telefon.

1. Macht eine Zusammenstellung: Was findet ihr gut an der Kirche, was weniger gut, was stößt euch ab?

2. Sucht Beispiele aus der Praxis der Gemeinden (z. B. in Pfarrbriefen, Kirchenzeitungen, Veranstaltungskalendern usw.), an denen deutlich wird, dass viele Mitglieder einer Gemeinde sich mitverantwortlich zeigen für das, was dort geschieht.

3. Vergleicht die Mitgliedschaft in der Kirche mit der in einem Verein, einer Gewerkschaft, einer Partei und mit der Zugehörigkeit zu einer Familie, einem Volk.

2. *Was die Kirche tun muss*

Die Meinungen darüber, was die Kirche tun soll, gehen heute weit auseinander. Die folgende Liste von Aufgaben wurde vor einigen Jahren bei einer Umfrage den Katholiken in Deutschland zur Beurteilung vorgelegt.

Wozu die Kirche meiner Meinung nach da ist:	ganz besonders wichtig	wichtig	nicht wichtig
Dass die Kirche mich anleitet, das Gute zu tun und das Böse zu lassen			
Dass die Kirche sich für ein menschenwürdiges Leben aller einsetzt, für soziale Gerechtigkeit			
Dass sich die Kirche für einen brüderlichen Umgang der Menschen miteinander einsetzt			
Dass die Kirche Menschen in seelischer Not Beistand und Hilfe gibt			
Dass die Kirche unter den Christen das Wort Gottes lebendig werden lässt			
Dass die Kirche für mein persönliches Heil Sorge trägt			
Dass die Kirche der Verherrlichung und Lobpreisung Gottes dient			
Dass die Kirche die Botschaft Gottes in aller Welt verkündet			
Dass die Kirche die Staatsmänner und Politiker in der Welt zu Gerechtigkeit und Frieden auffordert[52]			

1. Führt in eurer Klasse anhand der Aufstellung eine Meinungsumfrage durch.
2. Welche Aufgaben der Kirche würdet ihr aus eurer Sicht zu denen des Fragebogens hinzufügen?
3. Betrachtet die Bilder auf S. 80 f. Versucht, die dargestellten Szenen zu bewerten: Wo werden wichtige Aufgaben der Kirche gezeigt, wo Unwichtiges, Überflüssiges, Missverständliches? Welche weiteren Bilder dieses Buches gehören in diese Reihe? Versucht, die Bilder mit den von euch gefundenen Hauptaufgaben der Kirche in Beziehung zu bringen.

4. Sammelt weitere Bilder zu diesem Thema, ordnet sie und stellt sie in der Klasse aus.

Zu allen Zeiten haben sich Menschen in der Kirche darüber Gedanken gemacht, was unter den vielen Aktivitäten der Kirche das Allerwichtigste ist. Über viele Einzelaufgaben ist man unterschiedlicher Meinung. Aber es gibt doch eine gemeinsame Überzeugung darüber, was die Kirche auf jeden Fall tun muss und niemals unterlassen darf:

Die Frohe Botschaft weitersagen

Sie hat das Wort Gottes zu verkündigen, unabhängig davon, ob sie dabei belächelt oder beklatscht wird, ob man sie anhört oder deswegen verfolgt. Sie muss aber die Botschaft Jesu Christi nicht nur predigen, sondern auch leben – und das betrifft alle, die zur Kirche gehören.

Die Sakramente feiern

Die Kirche muss die Heilsgeheimnisse feiern, die auf Jesus Christus zurückgehen. In diesen Sakramenten ist Jesus, sein Leben, sein Tod und seine Auferstehung, in besonderer Weise gegenwärtig. Die Eucharistie ist der immer wieder neu erfahrene Höhepunkt der Gemeinschaft mit Christus.

Den Menschen dienen

Die Kirche muss für die Menschen da sein. Eine Kirche, die nur für sich lebt und an den Sorgen und der Not der Menschen, an den Missständen in der Gesellschaft und an den Problemen der Welt keinen Anteil nimmt und sich nicht aktiv einsetzt, wird ihrem Auftrag untreu.

1. Überlegt, wie und wo die Kirche die Heilsbotschaft von Jesus Christus verkündet. Sucht Beispiele, wie Menschen die Botschaft leben.
2. Menschen kommen ohne Zeichen nicht aus. Die wichtigsten Zeichenhandlungen der Kirche sind die sieben Sakramente. Stellt sie zusammen und versucht, ihre Bedeutung zu erklären.
3. Im Einheitsgesangbuch „Gotteslob" findet ihr unter Nr. 634–644 eine Reihe von Liedern zum Thema „Kirche".
Stellt zusammen, was in diesen Liedern über die Kirche und ihre Aufgaben gesagt wird.
4. Informiert euch über die Tätigkeit der kirchlichen Hilfswerke MISEREOR, ADVENIAT, CARITAS und MISSIO. Welchen der drei Grundaufgaben der Kirche dienen die einzelnen Werke besonders?
Wenn ihr keine andere Möglichkeit habt, könnt ihr an die Zentralen der Werke schreiben:
Bischöfliches Hilfswerk Misereor e.V., Mozartstr. 9, 52064 Aachen; Bischöfliches Hilfswerk Adveniat e.V., Bernestr. 5, 45127 Essen; Deutscher Caritasverband e.V., Karlstr. 40, 79104 Freiburg; Missio, Hermannstr. 14, 52062 Aachen.

Aus dem Brief eines Bischofs an seine Gemeinde:

■ Wenn in einer Gesellschaft Erfolg und Wohlstand als oberste Ziele gelten, müssen Menschen sich abgeschrieben und überflüssig vorkommen, welche die geforderte Leistung nicht oder nicht mehr erreichen und dem üblichen Lebensstandard nicht mehr entsprechen können. Besonders ältere und kranke Menschen haben es deshalb schwer. Ich denke auch an jene, die aus dem Gefühl der Überforderung heraus mit sich und der Welt nicht zurechtkommen; sie werden seelisch und körperlich krank, sie flüchten in Ersatz- und Traumwelten, nehmen Drogen und Alkohol und verlieren sich in verantwortungslose Sexualität oder wirklichkeitsfremde Theorien. Andere wiederum werden straffällig und finden den Weg nicht mehr zurück. Unsere Gemeinden sollten es als ihre Aufgabe ansehen, so weit das in ihren Kräften liegt, solchen Menschen wieder zu Selbstvertrauen und Berufsfähigkeit zu helfen und Vorurteile wie Misstrauen gegen sie abzubauen.[53]

WAS
DIE KIRCHE
TUT . . .

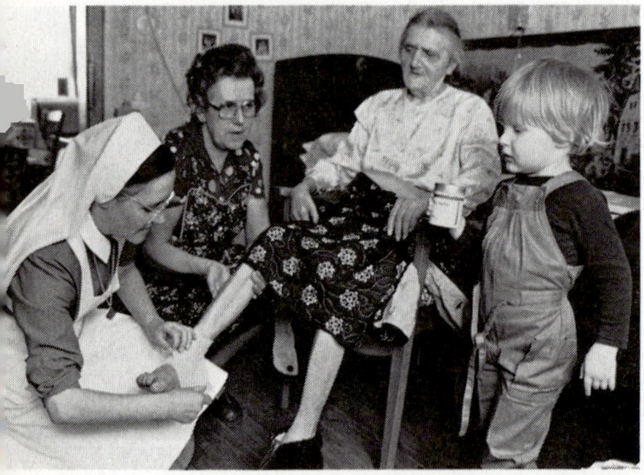

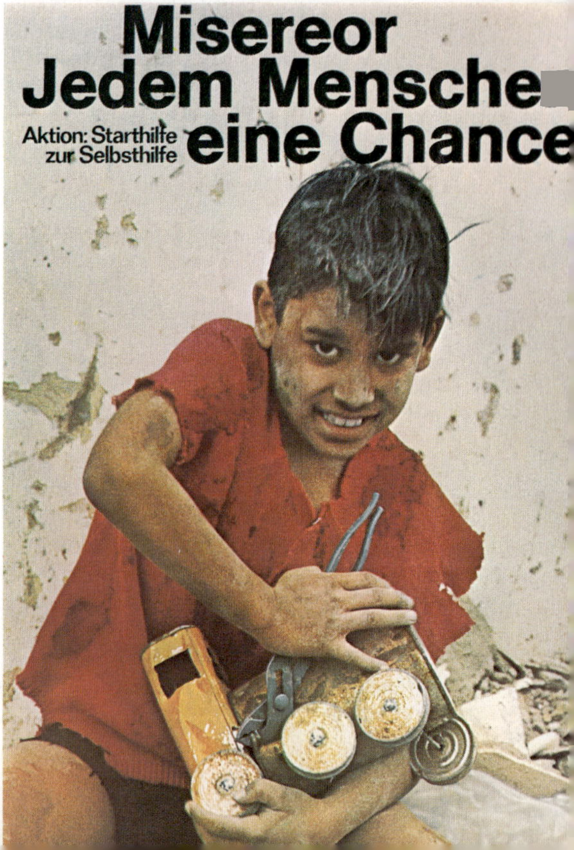

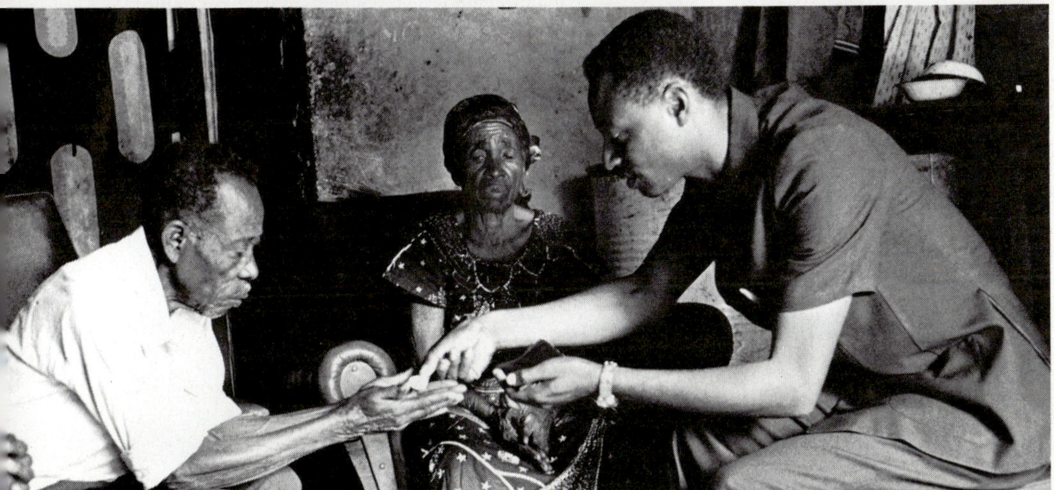

3. *Wie die Kirche organisiert ist*

Wenn heute von der Kirche gesprochen wird, sind meistens die Amtsträger der Kirche, also Papst, Bischöfe und Priester gemeint. Äußerungen wie: „die Kirche hat gesagt . . .“, erwecken den Eindruck, als sei die Kirche Jesu Christi in erster Linie eine abgestufte Organisation von „Funktionären“, die eine Herde von Befehlsempfängern zu leiten habe. Aber diese Auffassung ist falsch, denn: Kirche sind wir.

1. Katholiken sprechen oft vom „Hirtenamt“ des Papstes, der Bischöfe und des Pastors (lateinisch = Hirt). Der Ausdruck stammt von einem Bildwort, das in der Bibel an vielen Stellen gebraucht wird. Lest Joh 10, 11–16. Was will Jesus mit dieser Bildrede über sich aussagen? (Vergleicht auch das Gegenbild in dieser Bildrede.)

2. Lest Psalm 23 und überlegt, was in diesem Lied über den Beruf des Hirten im alten Israel und was über Gott gesagt wird.

3. Lest Joh 21, 15–19. Was will Jesus dem Simon Petrus mit dem Bild vom Hirten sagen?

Zum Verständnis: Hirt einer Herde zu sein, war damals kein beschaulicher, sondern ein harter Beruf. Ein Kleinviehherdenzüchter im alten Israel, der als Halbnomade in der Wüste seinen kostbaren Viehbestand erhalten wollte, musste ein mutiger, zäher und unermüdlicher Mann sein. Das ist auch der Hintergrund dafür, dass Israel von Gott als seinem „Hirten“ gesprochen hat.

Ein schwer durchschaubares System?

Gespräch zwischen Peter (17) und dem Kaplan:

Peter: Also, ich weiß nicht. Kandidat für den Pfarrgemeinderat?

Kaplan: Ja, warum nicht? Du wärst gut geeignet. Es sind viel zu wenig junge Leute drin.

Peter: Dann bin ich auch so'n Funktionär. Außerdem kenn ich mich gar nicht aus in diesen ganzen Räten und Organisationen. Das System durchschau ich nicht.

Kaplan: Na, hör mal, wie es hier in der Pfarrgemeinde läuft, weißt du doch.

Peter: So ungefähr schon. Der Pfarrer und Sie leiten die Gemeinde und vom Pfarrgemeinderat und vom Kirchenvorstand werden Sie dabei beraten.

Kaplan: Ja, und die Verwaltung macht das Pfarrbüro.

Peter: Mm, und dann gibt's noch die Gemeindeversammlung, sonntags und wenn was Besonderes ist. Das weiß ich auch. Aber nach oben wird's immer komplizierter.

Kaplan: Eigentlich nicht: Diese drei Bereiche gibt's auf allen Ebenen: Leitung, Versammlung und Verwaltung. Und wer die Leitung auf der nächsten „Etage" hat, weißt du sowieso. Im Übrigen gibt es für den Pfarrgemeinderat Wichtigeres als die Einzelheiten der Organisation zu durchschauen. Also, wie wär's?

Peter: Die Diözese wird natürlich vom Bischof geleitet. Aber ob ich mich als Kandidat aufstellen lasse für den Pfarrgemeinderat, das überlege ich mir lieber nochmal.

Ihr aber seid ein auserwähltes Geschlecht, eine königliche Priesterschaft, ein heiliger Stamm, ein Volk. das sein besonderes Eigentum wurde, damit ihr die großen Taten dessen verkündet, der euch aus der Finsternis in sein wunderbares Licht gerufen hat. Einst wart ihr nicht sein Volk, jetzt aber seid ihr Gottes Volk; einst gab es für euch kein Erbarmen, jetzt aber habt ihr Erbarmen gefunden. *1 Petr 2,9–10*

1. In dem Abschnitt aus dem ersten Petrusbrief könnt ihr etwas erfahren über die Entstehung der Kirche, die Bedeutung des einzelnen Christen und die Hoffnung des Volkes Gottes.

2. Wie würdet ihr euch nach dem Text die Organisation der Kirche vorstellen?

3. Schaut euch das Mobile an. Könnt ihr selbst eines basteln? Versucht, den einzelnen Figuren Namen zu geben. Seid ihr mit dem Aufbau einverstanden? Was geschieht, wenn einer übergewichtig ist? Wer hat das Mobile in der Hand? Wer trägt wen?

Der Aufbau der katholischen Kirche

Verwaltung	Leitung Ämter und Räte	Versammlung
	Universalkirche **Papst**	
Kurie	**Bischofssynode**	**Allgemeines Konzil**
	Diözese **Bischof**	
Generalvikariat	**Pastoralrat** **Priesterrat**	**Synode**
	Pfarrgemeinde **Pfarrer** (Kapläne, Vikare)	
Pfarrbüro	**Pfarrgemeinderat** **Kirchenvorstand**	**Gemeinde-versammlung**

1. Versucht, das Gespräch zwischen Peter und dem Kaplan weiterzuführen und das Schema zu erklären.

2. *a)* Geht das Schema in den horizontalen und vertikalen Reihen durch und stellt Ähnlichkeiten und Unterschiede innerhalb der Kästchen einer Reihe fest.

b) Erklärt die Ausdrücke in den einzelnen Kästchen. Was wisst ihr über die Personen und Einrichtungen?

3. *a)* Versucht, soweit möglich, die Namen der Personen herauszufinden, die die einzelnen Stellen ausfüllen.

b) Befragt einen Pfarrer, einen Vikar (Kaplan), ein Mitglied des Pfarrgemeinderates über seine Aufgaben.

4. Stellt zusammen, welche Aufgaben in der Kirche von Laien wahrgenommen werden können und welche dem Priester bzw. dem Bischof und dem Papst vorbehalten sind.

5. Alle Diözesen der Bundesrepublik sind in der Deutschen Bischofskonferenz zusammengeschlossen. Vielleicht könnt ihr herausfinden (etwa aus dem Fernsehen oder aus der Kirchenzeitung), worüber die Bischofskonferenz in letzter Zeit beraten hat, wer der Vorsitzende ist und wo sie meistens tagt.

Das Wort *Kurie* (lateinisch = Rathaus) bezeichnet die päpstliche Kirchenverwaltung in Rom.
Das Wort *Synode* (griechisch = Zusammenkunft) dient zur Bezeichnung von Kirchenversammlungen. Synoden dienen der Leitung und Verwaltung auf verschiedenen kirchlichen Ebenen. In den Jahren 1972–1975 hat eine große Synode aller Bistümer der Bundesrepublik Deutschland stattgefunden. Sie hat eine Reihe wichtiger Beschlüsse gefasst (→ S. 56, → S. 64, → S. 89, → S. 105).
Das Wort *Konzil* (lateinisch = Versammlung) dient zumeist zur Bezeichnung von Kirchenversammlungen auf der obersten Ebene. Konzilien beraten über Fragen des Glaubens und der Leitung für die gesamte Kirche.

4. *Was die Kirche von sich selber sagt*

Wer wissen möchte, was ein Verein oder eine Partei wollen und wie sie sich selbst verstehen, braucht nur in deren Programmen nachzuschlagen. Staaten haben eine Verfassung und für die meisten Verbände gibt es Satzungen, die genau beschreiben, wofür sie da sind und wie sie sich selbst sehen. Über die Kirche gibt es keine allgemeingültige Definition. Das hat Gründe, die im Wesen der Kirche liegen:

- Die Kirche ist nicht durch den Entschluss von Menschen gegründet worden.
- Die Kirche führt ihren Ursprung auf Jesus, seine Person und seine Botschaft, seinen Tod und seine Auferstehung zurück – aber von Jesus selbst ist das Wort „Kirche“ nur an einer Stelle überliefert (*Mt 16, 18*).
- Nach der Auferstehung Jesu und dem Pfingstereignis bildeten sich die ersten Gemeinden, die sich selbst Kirche nannten. Sie haben mehr durch ihr Leben als durch Erklärungen Zeugnis davon gegeben, was für sie Kirche war.

Manche Bildworte veranschaulichen die Eigenart der Kirche besser als lange Texte:

DIE STADT AUF DEM BERGE
Mt 5, 14

EIN SCHIFF IM MEER DER ZEIT
Kirchenlied

DAS LICHT DER WELT
Mt 5, 14

DAS SALZ DER ERDE
Mt 5, 13

KIRCHE HEISST VERGEBUNG
Holländischer Katechismus

DER LEIB CHRISTI
1 Kor 12, 27

1. Versucht, die Bildworte zu deuten. Bezieht auch das Bildwort vom Leib Christi und vom Volk Gottes (→ S. 83) in euer Gespräch ein.

2. Vergleicht das, was S. 78 f über die Aufgaben der Kirche gesagt ist, mit eurer Deutung der Bildworte.

EINHEIT IN DER VIELFALT

IVAN STEIGER

INKONSEQUENT

Frag hundert Katholiken
was das Wichtigste ist
in der Kirche.
Sie werden antworten:
Die Messe.

Frag hundert Katholiken
was das Wichtigste ist
in der Messe.
Sie werden antworten:
Die Wandlung.

Sag hundert Katholiken,
dass das Wichtigste in
der Kirche die Wandlung ist.
Sie werden empört sein:
Nein, alles soll bleiben
wie es ist.

Lothar Zenetti[54]

1. Nennt Gründe dafür, warum viele Katholiken fordern, dass alles „bleiben soll, wie es ist", und nehmt zu dieser Haltung Stellung.

2. „Wandlung" wird in dem Gedicht in einem doppelten Sinn gebraucht. Erläutert die beiden Bedeutungen und ihre Beziehung zueinander.

„So geht denn diese Kirche ... den Weg mit der ganzen Menschheit gemeinsam und erfährt das gleiche irdische Geschick mit der Welt und ist gewissermaßen der Sauerteig und die Seele der in Christus zu erneuernden und in die Familie Gottes umzugestaltenden menschlichen Gesellschaft."[55]

Aus einer Erklärung des Zweiten Vatikanischen Konzils über die Kirche

1. *a)* Welche Aufgaben der Kirche ergeben sich aus dieser Vorstellung?
b) Sprecht über die Bedeutung von Fortschritt und Veränderung in der Kirche aufgrund dieses Bildes.
c) Wie deutet ihr das Ziel der Kirche und der Welt nach diesem Text?

2. *a)* Was dürfte in der Kirche nicht geändert werden?
b) Wie sollte darüber entschieden werden, welche Veränderungen notwendig, sinnvoll, überflüssig oder falsch sind?

3. Führt eine Diskussion über die Frage: Welche Folgen hätte es für unsere Gesellschaft, wenn es keine Kirche mehr gäbe?

Kirche der Sünder

***1523,** zwei Jahre nachdem es zum Bruch zwischen Luther und der katholischen Kirche gekommen war, ließ Papst **Hadrian VI.** auf dem Reichstag zu Nürnberg diesen Text verlesen:*

Wir alle, Prälaten und Geistliche, sind vom Weg des Rechtes abgewichen und es gab schon lange keinen Einzigen, der Gutes tat. Deshalb müssen wir alle Gott die Ehre geben und uns vor ihm demütigen; ein jeder von uns soll betrachten, weshalb er gefallen ist, und sich lieber selbst richten, als dass er von Gott am Tage seines Zornes gerichtet werde. Deshalb sollst du in unserem Namen versprechen, dass wir allen Fleiß anwenden wollen, damit zuerst der Römische Hof, von dem vielleicht alle die Übel ihren Anfang genommen haben, gebessert werde; wie von hier die Krankheit ausgegangen ist, wird dann auch von hier die Gesundung beginnen. Das zu tun, halten wir uns umso mehr verpflichtet, weil die ganze Welt eine solche Reform verlangt . . .[56]

***1945,** im Jahre des Zusammenbruchs des Hitler-Reiches, gab der **Rat der Evangelischen Kirche Deutschlands** in Stuttgart diese Erklärung ab:*

Wohl haben wir lange Jahre hindurch im Namen Jesu Christi gegen den Geist gekämpft, der im nationalsozialistischen Gewaltregiment seinen furchtbaren Ausdruck gefunden hat; aber wir klagen uns an, dass wir nicht mutiger bekannt, nicht treuer gebetet, nicht fröhlicher geglaubt und nicht brennender geliebt haben.[57]

*Papst **Johannes XXIII.** (1958–1963) bemühte sich in besonderer Weise um ein besseres Verhältnis zwischen Christen und Juden. Das folgende Bußgebet wird ihm zugeschrieben; es gibt allerdings Zweifel, ob er selbst der Autor ist.*

Wir erkennen nun, dass viele, viele Jahrhunderte der Blindheit unsere Augen bedeckt haben, sodass wir die Heiligkeit deines auserwählten Volkes nicht mehr sehen und sich in seinem Gesicht nicht mehr die Züge unseres erstgeborenen Bruders wiedererkennen. Wir erkennen, dass das Kainszeichen auf unserer Stirne steht. Jahrhundertelang hat Abel darniedergelegen in Blut und Tränen, weil wir deine Liebe vergaßen. Vergib uns die Verfluchung, die wir zu Unrecht aussprachen über den Namen der Juden. Vergib uns, dass wir dich in ihrem Fluche zum zweiten Male kreuzigten. Denn wir wussten nicht, was wir taten . . .[58]

***1975** hat die **Gemeinsame Synode der deutschen Bistümer** es in einer Erklärung als fortwirkenden Skandal bezeichnet, dass die Kirche die Arbeiterschaft verloren habe:*

Ausräumen können wir am ehesten Ursachen, die in von uns selbst begangenen Fehlern oder Missgriffen bestehen. Darum stellen wir eine Gewissenserforschung an und fragen uns: Was haben wir, die wir die Kirche sind, oder unsere Vorgänger nicht richtig gemacht, dass es der Arbeiterschaft schwer gefallen ist und selbst gläubigen katholischen Arbeitern heute noch schwer fällt, ein zutreffendes Bild der Kirche zu gewinnen und sich als von ihr verstanden anzusehen und gerecht behandelt zu fühlen?[59] (→ S. 84).

1. Welches Versagen der Kirche wird hier jeweils bekannt?
2. Wo versagt die Kirche heute?

Papst Johannes Paul II. und Patriarch Demetrios I. von Konstantinopel bei der Begegnung in Istanbul (1979), die der Versöhnung zwischen der römisch-katholischen und der griechisch-orthodoxen Kirche diente.

Ich glaube an die eine, heilige, katholische und apostolische Kirche

Aus dem Apostolischen Glaubensbekenntnis

Lieber Thomas,

du schreibst in deinem letzten Brief von dem Pfarrer, der sich durch den Verkauf von alten Gemälden aus seiner Kirche persönlich bereichert hat. Ich habe von der Sache in der Zeitung gelesen und bin auch erschrocken über den unverschämten Betrug. Es ist besonders schlimm, wenn einer, der die Wahrheit predigt, selbst ein Lügner ist und die ihm anvertrauten Schätze veruntreut. Deinen Zorn finde ich sehr verständlich.

Ich war damals, als ich bei meinem Studium Einzelheiten von Verbrechen in der Kirche, von den Hexenprozessen, den Judenverfolgungen und den Kreuzzügen las, noch viel mehr empört. Auch heute gibt es Dinge, die mich unruhig machen. Wenn die Kirche beispielsweise die Ausbeutung der Dritten Welt nicht entschieden genug anprangert, macht sie sich trotz aller Sammlungen und Hilfswerke mitschuldig.

Ich kenne Menschen, die sich wegen der Skandale von der Kirche abgewandt haben. Sie wären noch bereit, den Christen zu verzeihen, dass sie nicht besser als die anderen sind, wenn sie nicht selbst so hohe Ansprüche stellten.

Diese Kluft zwischen Anspruch und Wirklichkeit ist so alt wie die Kirche selbst. Viele Christen haben schon darunter gelitten und versucht, diesen Widerspruch zu überwinden. Bischöfe und auch Päpste und Konzilien haben Schuldbekenntnisse abgelegt und zugegeben, dass die Kirche versagt hat und dass sie nicht nur eine Kirche der Sünder, sondern auch eine sündige Kirche ist.

Trotzdem glaube ich, dass der Satz aus dem Glaubensbekenntnis, „ich glaube an die heilige, katholische Kirche“, über den du dich geärgert hast und den du verlogen findest, richtig ist. Der Satz war nie so gemeint, als seien alle, die zur Kirche gehören, moralisch in Ordnung oder als sei die Kirche ohne Schuld.

Wenn der Apostel Paulus in seinen Briefen an die Gemeinden in Philippi und Korinth Hafenarbeiter, Sklaven und Geschäftsleute als Heilige anredete, dann wollte er sie bestimmt nicht zu „Heiligen“ in unserem heutigen Sinn erklären. Er wollte ihnen nur deutlich machen, was mit ihnen geschehen war, seit sie sich zu Jesus Christus und seiner Gemeinde bekannten.

Wenn du daran denkst, kannst du vielleicht mit dem Satz des Glaubensbekenntnisses mehr anfangen. Unsere Kirche ist eben nicht nur eine Kirche der Menschen, sondern auch die Kirche Gottes. Er hat die Leute, über die du dich empörst, noch nicht aufgegeben. Er steht wirklich zu seinem Wort. Das ist es, was mich bei der Kirche hält.

Ich fand deinen Zorn so verständlich, dass ich dir gleich geantwortet habe. Wir können ja bei meinem Besuch noch weiter darüber sprechen.

Herzliche Grüße
Deine Schwester Angelika

1. Lest Mt 13, 24–30 und überlegt, was in diesem Gleichnis über die heilige und sündige Kirche gesagt ist.

2. *a)* Tragt die Vorstellungen zusammen, die ihr mit dem Wort „heilig“ verbindet.
b) Sammelt Bezeichnungen, für die heute noch das Wort „heilig“ verwandt wird (z. B. Heiliger Vater, Heiliges Jahr, Heiliger Stuhl), und nehmt Stellung zu solchen Bezeichnungen.

3. Lest 1 Kor 1, 1–3 und Phil 1, 1–6. Erklärt, wie hier das Wort „heilig“ verstanden wird.

4. Ein Nichtchrist fragt euch, was die Kirche eigentlich sei. Versucht eine Antwort darauf.

5. Und morgen?

Notizen, Kurzberichte, Erlebnisse und Zahlen, die ergänzt werden müssten:

● Basisgemeinden in *Rom:* Die Gemeinde von Capodarco entstand 1967 aus dem Zusammenschluss von 45 körperbehinderten und gesunden Jugendlichen, die als Keramiker, Elektriker und Schneider arbeiteten und ein gemeinsames Lebensprojekt verwirklichen wollten. Sie haben jetzt in verschiedenen Filialen ca. 250 Mitglieder. In Rom haben sie mit 70 Mitgliedern in ihrem Gemeindezentrum eine Elektrowerkstatt und einen Discount-Laden errichtet. Sie wollen sowohl Glaubensgemeinschaft als auch Lebenshilfe anbieten.
Die Gruppe in der Pfarrei Pater Damian entstand anlässlich einer Pfarrversammlung 1968. Sie brachte Bürgerinitiativen für soziale und kommunale Dienste zustande, vermittelt Kredite und Wohnungen, versucht praktisch, die gutnachbarlichen Beziehungen in den acht- bis zehnstöckigen Wohnsilos zu verbessern, fördert ein Entwicklungsprojekt in Brasilien und regt das pfarrliche Leben an.[60]

● *Taizé*, ein Dorf in Burgund (Frankreich), ist seit Jahren zu einem Wallfahrtsort der Jugend aus aller Welt geworden. Dort versucht eine Mönchsgemeinde, die verlorene Einheit der christlichen Kirchen neu zu leben. Ursprünglich war es eine kleine Gruppe von Brüdern, die aus dem reformierten Glauben (Calvinisten → Zeit der Freude S. 192) kamen und sich um ihren Prior *Roger Schutz* sammelten. Inzwischen gehören auch Lutheraner, Orthodoxe und Katholiken zu der Bruderschaft. Taizé ist eigentlich keine neue Bewegung, sondern nur ein neuer Aufbruch aus der Mitte der Botschaft Jesu: Verbundenheit mit allen, die leiden; lebendiger Gottesdienst und gemeinsame Aktion; brüderliches Teilen und Leben ohne Wohlstandsgüter; schöpferische Freude und Entdeckung einer umfassenden Liebe zu allen. 1974 begann in Taizé ein „Konzil der Jugend", das mehrere Jahre dauert. Damit sollen der festgefahrenen ökumenischen Bewegung neue Impulse gegeben werden. Zu seiner Eröffnung waren 2500 Jugendliche aus 35 Ländern nach Taizé gekommen.

Begegnung in Taizé: „Kleine Schwestern Jesu" im Gespräch mit Jugendlichen

● *Amsterdam, Dominikuskerk:* Rund 1000 Menschen versammeln sich an jedem Wochenende zu zwei Gottesdiensten – samstags um 19 und sonntags um 11 Uhr. Auf Stuhlreihen sitzt man um den Altar, der vor der Mitte einer Seitenwand etwas erhöht seinen Platz hat. Die Mitarbeiter des Leitungsteams sitzen unter den Gläubigen und treten nur vor, wenn sie einen Dienst verrichten. Ein lebendig rhythmisches Orgelspiel beendet die Unterhaltung mit dem Nachbarn, auf die Begrüßung antwortet ein Wechselgesang zwischen Gemeinde und Chor. Dann folgt Schriftlesung, meditierender Chorgesang, Predigt. Danach werden die Besucher eingeladen, miteinander ihre Meinung über Gehörtes und Gesagtes auszutauschen. Kleine Gruppen finden sich zusammen. Nach einigen Minuten setzt ein Orgelspiel ein und man begibt sich langsam auf die Plätze. Becher mit Wein und Körbe mit jüdischem Brot stehen auf dem Altartisch. Die Kinder, die in einem Nebenraum ihren eigenen Wortgottesdienst gestaltet haben, kommen hinzu und berichten kurz, was sie gehört, gesagt oder getan haben. Die Musik ist für alle Anlass, jetzt still zu werden. Priester, Chor und Gemeinde singen im Wechsel das Hochgebet.
Das Brot wird gebrochen und ausgeteilt. Die Gemeinde singt, sogar im Kanon. Dann ein abschließendes Schriftwort, ein zusammenfassendes Gebet, der Segenswunsch. Nach dem Schlussgesang geht man nicht gleich wieder auseinander. Man grüßt Bekannte, spricht mit Mitgliedern des Teams, begegnet neuen Menschen, unterhält sich über das Thema des Gottesdienstes. Und das natürlich auf gut holländisch bei einem „kopje koffie“, das hinten in der Kirche ausgeschenkt wird. Beim Hinausgehen kann man die vervielfältigte Predigt mitnehmen . . . Ein Fremder wundert sich, dass man in der Kirche Kaffee trinkt. Ein Junge aus dem Chor sagt dazu: „Das darf ich bei meinem Vater zu Hause auch!“[61]

● Aus einem Bericht des *Kirchenbezirks G.:* „In Zusammenarbeit mit Sozialarbeitern gelang es, unmenschliche Zustände der Stadtrand-Obdachlosensiedlung zu beseitigen . . . Ein Arbeitskreis junger Leute bemüht sich seit längerem um moderne Gottesdienstgestaltung . . . Jugendliche organisierten Schularbeitshilfe bei Gastarbeiterkindern . . . Eine Projektgruppe untersuchte die Unterkünfte der ausländischen Arbeitnehmer, veröffentlichte schwere Missstände, verhandelte mit Wohnungsamt und Unternehmern, trifft sich regelmäßig mit Sprechern der Gastarbeiter und plant mit ihnen weitere Schritte. Inzwischen hat sich das Klima zwischen Ausländern und Einheimischen sichtbar verändert . . .“[62]

● Südlich von Recife in Nordbrasilien liegen die Projekte der von Erzbischof *Helder Câmara* gegründeten „Operation Hoffnung“, in denen mit den Ärmsten unter der Bevölkerung gearbeitet wird. Mit den Spenden, die Câmara aus Europa erhielt (1974 waren dies allein 1,2 Millionen DM, die von Jugendlichen in Norwegen und in der Bundesrepublik gesammelt wurden), kauft das Leitungsteam der Operation Ländereien, um beispielhaft zu zeigen, wie angesichts der katastrophalen wirtschaftlichen Situation des Landes sinnvolle Landwirtschaft möglich ist. Dabei geht es vorrangig um Arbeitsbeschaffung, bessere Einkünfte für die beteiligten Familien, Eintritt der Armen in den Markt und Verbesserung der Ernährungslage der Bevölkerung. Das gekaufte Land wird nach und nach Eigentum der Genossenschaft aller Bewohner. Ein einziges der vielen Projekte (Guaretama) hat inzwischen allein 1000 Menschen eine neue Heimat gegeben. Aber es geht nicht nur um die Sicherung der materiellen Existenz. Alle Projekte sind darauf angelegt, das Bewusstsein der Menschen zu ändern. Sie haben bisher in unvorstellbarer Armut gelebt. Seit Generationen haben sie den Glauben verloren, dass dies einmal anders werden könnte, und sich einem trostlosen Schicksalsglauben hingegeben. Durch die Arbeit dieser Projekte und vieler Basisgruppen hat sich die Situation der Kirche Brasiliens grundlegend geändert. Männer und Frauen aus den Dörfern sind von den Bischöfen zu Gemeindeleitern ausgebildet und berufen worden.
Kardinal *Lorscheider*, Vorsitzender der nationalen und südamerikanischen Bischofskonferenz, gibt zwar zu, dass die Priesterseminare leer seien, setzt aber hinzu: „Wir haben aus ganz Brasilien ein Priesterseminar gemacht.“[63] (→ S. 167)

● In *Kremsier* in der Tschechoslowakei hatte es wiederholt Behinderungen des kirchlichen Lebens durch die staatlichen Behörden gegeben. Der Stellwerkswächter Augustin Navrátil hatte Vorschläge zur Abhilfe ausgearbeitet, die er von anderen Gemeindemitgliedern unterschreiben ließ und dem Bischof mit der Bitte um Hilfe zusenden wollte. Bei einer Haussuchung fand die Polizei die Schrift und eine Liste mit elf Unterschriften. Das Amt für öffentliche Sicherheit erhob Anklage gegen Navrátil wegen „Aufwiegelung gegen die sozialistische Ordnung". Vor Gericht wurde er durch ein medizinisches Gutachten für gemeingefährlich und unzurechnungsfähig erklärt und am 27. 10. 1978 zu einer Strafe von acht Monaten Freiheitsentzug ohne Bewährung verurteilt.
In *Namestovo* in der Ostslowakei gab es im selben Jahr auch Aktionen gegen katholische Schüler. Es war bekannt geworden, dass zahlreiche Schüler morgens vor Beginn des Unterrichts die Kirche besuchten. Die Schule wurde daraufhin beauftragt, die „Unordnung" abzustellen. Lehrer mussten vor der Kirche die Schüler ansprechen und verwarnen. Als diese sich nicht einschüchtern ließen, wurde die Schulleitung veranlasst, wirksamere Maßnahmen zu ergreifen. Der Schulleiter ließ daraufhin alle Schüler des Gymnasiums zusammenrufen und teilte mit, dass der Rat für Erziehungsfragen beschlossen habe, jeden Schüler vom Gymnasium zu verweisen, der beim Kirchenbesuch gesehen würde.[64]

Zahlen zur Kirche im Jahre 2000:

Katholiken (in Mill.)	**1900**		**1960**		**1980**		**2000**	
Nordamerika	15,3		47		68		80	
Europa	173,8	68,9%	220	51,5%	269	45,9%	300	30%
Afrika	18,2		23		48		175	
Lateinamerika	59,4		192		284		592	
Asien	6,6	31,1%	33	48,5%	57	54,1%	80	70%
Ozeanien	1,2		3		4,5		7	

1. Sammelt Nachrichten, Berichte, Erlebnisse, die auch zu diesem Thema gehören.
2. Was fällt euch auf, wenn ihr diese Erfahrungen von Kirche mit euren eigenen vergleicht?
3. Ob die vielen verheißungsvollen Ansätze einer Kirche von morgen versanden oder weiterwachsen, hängt entscheidend von der heranwachsenden Generation ab. Überlegt und diskutiert, wo ihr Möglichkeiten seht, solche Bewegungen weiterzutragen.

Gedenke deiner Kirche.

Erlöse sie von allem Bösen.
Mach sie vollkommen in deiner Liebe
und führe sie zusammen
aus allen Enden der Welt
in dein Reich.

Zwölfapostellehre, um 100 n. Chr.

Unterwegs zur Liebe

1. Einerseits – andererseits

Monika (16) und Petra (15) auf dem Heimweg von der Disko. Beide meinen: Es war ein „toller Abend“, „prima Stimmung, heiße Musik“. Aber bald wird ihr Gespräch nachdenklicher.

Monika: Es wurde aber auch Zeit, dass wir uns mal wieder austoben konnten: Zu Hause und in der Schule zieht man ja nur den Kopf ein. Da versteht einen doch keiner. Aber in der Disko, mit unseren Freunden, da kann ich echt aufatmen.

Petra: Du, der Diskjockey heute Abend – den fand ich unheimlich stark. So'n Typ wie der, da steh' ich drauf. Hast du gemerkt, wie die Mädchen den angeguckt haben? Wenn der mit 'nem kleinen Finger gewinkt hätte, wäre ich sofort mit ihm gegangen.

Monika: Na, na, Petra, da würde ich vorsichtiger sein. Der vernascht dich doch nur wie viele andere vor dir. Da halte ich mich lieber an Christoph, der geht nicht mit anderen Mädchen. Meine Eltern liegen mir zwar dauernd in den Ohren, dass wir zu viel zusammenhockten. Aber die sollen sich lieber um sich selbst kümmern. Bin doch kein Kind mehr. Wir lieben uns doch . . . Manchmal habe ich trotzdem Angst, ob das alles richtig ist, was wir zusammen machen . . . Oder was meinst du?

Petra: Komm mir nur nicht wieder mit diesen komischen Fragen nach Gewissen und so. Ich kann das nicht mehr hören. Du musst wissen, was du tust – das ist alles. Und erzähle mir bloß nicht noch was von Papst und Kirche. Die haben doch keine Ahnung.

Monika: Aber was wir neulich im Religionsunterricht besprochen haben, darüber denke ich noch manchmal nach. Ich meine, ob wir nicht manches nur deshalb tun, weil die anderen es auch tun. Du kannst sagen, was du willst: Da ist was dran. Wir passen uns ganz schön an – nicht an die Eltern oder Lehrer, aber an die Clique – anstatt selbst zu überlegen.

Petra: Da gibt's nicht viel zu überlegen. Wenn ich mit einem Jungen zusammen bin, den ich mag, fühle ich mich endlich frei von diesem ständigen Gelaber „Du sollst und du musst und du darfst nicht“. Dann mach' ich, was ich will. Ich brauch das einfach, sonst gehe ich noch kaputt von all' dem, was mir andere vorschreiben.

Monika: Ja, du hast Recht. Bei mir ist das so ähnlich. Aber manchmal habe ich auch bei Christoph das Gefühl, dass er mehr von mir erwartet, als ich ihm geben kann. Und dann fühle ich mich auch bei ihm unter Druck gesetzt. Nicht gerade Leistungszwang, aber so ähnlich! Ich will mich noch nicht so total binden. Er versteht das leider überhaupt nicht. Und dann frage ich mich, ob wir uns nicht übernehmen.

Petra: Du mit deinen moralischen Gefühlen. Alles nur anerzogen. Ich hab' sie mir abgewöhnt.

Monika: Machst du's dir nicht zu leicht? Stellst du dir nie solche Fragen? Du willst nur nicht zugeben, dass du auch manchmal abends in deinem Zimmer heulst . . .

1. Vielleicht habt ihr Lust, das Gespräch fortzusetzen.

2. Versucht herauszufinden, was hier mit „einerseits – andererseits“ gemeint ist.

2. *Erfahrungen, Erkenntnisse, Deutungen*

Aus einem Brief:

Ich möchte Sie fragen:
Was ist Liebe?
Die Frage klingt komisch, ich weiß es, aber es ist mir ernst. Ich denke an eine ganz bestimmte Liebe, an die Liebe zwischen Mann und Frau, nicht etwa an die Liebe zwischen Gott und Mensch oder Mutter und Kind.
Eigentlich sollte jedermann wissen: Liebe ist etwas Wunderschönes. Man kann das oft hören und lesen. Aber dort, wo sie zerbricht? Weshalb zerbricht sie? Was ist dann? Eine große Lüge, die man ernst genommen hat? Ein Traumballon, der die Spitze einer Nadel nicht verträgt, ohne zu zerplatzen und nur noch Fetzen übrig zu lassen? Ist Liebe für viele nur ein schmutziges, hinterlistiges Geschäft?

Marlis (17)

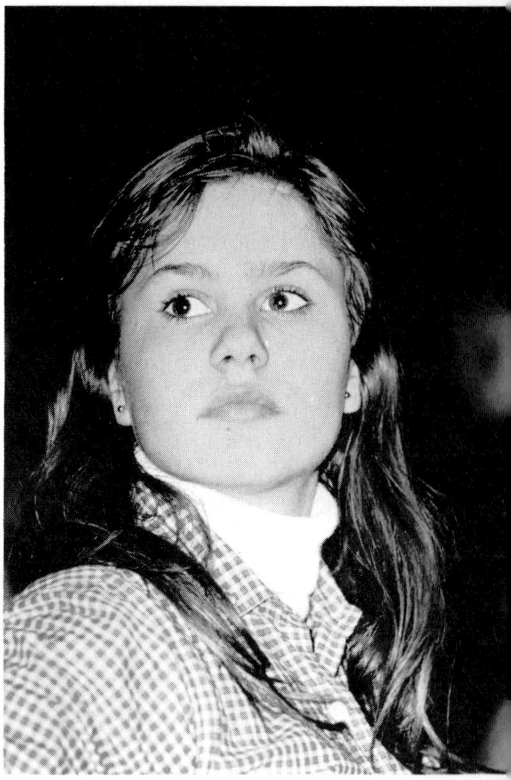

Aus der Antwort:

Du fragst nach der Liebe zwischen den beiden Geschlechtern. Sie ist so unterschiedlich wie die Menschen selbst. Für alle aber sicher ein Suchen nach dem passenden Partner.
Heute steht bei vielen Jugendlichen, angereizt durch die hochgehenden Wogen der Sex-Welle, die Erfüllung der körperlichen Liebe im Vordergrund. Viele möchten lieben, wie sie essen. Nach Lust und Laune. Die „Gerichte“ sind, vom Mann aus gesehen, die Mädchen und Frauen und umgekehrt genauso. Man braucht sie einfach. Wie man Essen braucht. Ohne Hineindenken in das Wesen des anderen.
Ähnlich missbrauchen wir sie zum Geschäft. Die Liebesuchenden werden zu Konsumenten eines immer schamloser aufgetischten Angebots. Als ob das noch Liebe wäre, was auf dem Ladentisch liegt . . .
Die Liebe ist wie ein offener Strom: Wenn wir jung sind, fließen wir mit, ohne die Ufer zu beachten, die uns dunkel begleiten. Wir glauben, einem Lichtmeer entgegenzutreiben. Später kommen die Ufer. Sie rufen uns an Land . . . Hinein in ein Haus. Hinein in eine Familie. Auf dem offenen Wasser war sie Sehnsucht und Seligkeit, jetzt, am Ufer, wird sie Sorge und Gebet. Sorge und Gebet für den, den ich liebe.
Einen Menschen lieben heißt, ihn nicht nur für sich selbst, sondern um seinetwillen zu lieben. Nein, die Liebe ist keine Lüge. Halte sie wach wie eine kostbare Flamme, die von innen genährt wird. Dann können sie weder Regen noch Sturm verlöschen.
Was uns von innen gehört, kann uns niemand wegnehmen. Nur wer die Liebe zum Spielball macht, kann sie für immer verlieren. Und mit ihr sich selbst. E. K.[65]

Aus einem Tagebuch:
Mittwochabend
Hilde hat mich verlassen. Wir waren so glücklich zusammen. Mit ihr konnte ich über alles sprechen – und nicht nur so blöde, wie sonst immer gequatscht wird. Sie hat mir so sehr geholfen und ich ihr bestimmt auch. Das hat sie mir auch manchmal gesagt. Irgendwie war alles anders als sonst. Ich habe gemerkt, dass ich für sie etwas bedeute und nicht nur einer von vielen war. Es war nicht nur Freundschaft, sondern Liebe, weil wir so zärtlich miteinander waren. Ich meine eben nicht nur Sex wie bei manchen Pärchen, wo nur der eine den anderen für seine Befriedigung will. Mit Hilde hab' ich das alles anders erlebt: ein gegenseitiges Geben und Nehmen. Auch wenn es manchmal schwer war. Wir haben gemerkt, dass man Liebe immer neu lernen muss . . . Geduld miteinander zu haben – wer kann das schon immer? Und warten können, nicht immer alles sofort haben wollen – das hat uns viel gekostet, auch manchen Kummer. Aber ich habe doch erfahren, wie schön das sein kann. Ich werde das alles nie vergessen. Ich kann mir auch einfach nicht vorstellen, dass für Hilde alles vorbei ist . . .

Stephan (18)

Was Wissenschaftler sagen

■ Die *Verhaltensforschung* hat trotz vieler Übereinstimmungen wichtige Unterschiede zwischen dem Geschlechtsverhalten der Tiere und dem der Menschen festgestellt. Je höher ein Lebewesen entwickelt ist, desto weniger festgelegt ist es in seinen Handlungen. Tiere werden ausschließlich von ihren Instinkten gesteuert. Der Mensch ist in seinem Sexualtrieb nicht so festgelegt. Er kann sein Sexualverhalten in bestimmten Grenzen selbst gestalten.

■ Die *Gesellschaftswissenschaften* haben nachgewiesen, dass es bei allen Völkern und in allen Kulturen Regeln und Vorschriften für das Sexualverhalten gab und gibt. Sie sind zwar in vielen Einzelheiten verschieden, stimmen aber in folgenden Zielen überein:

☐ die Weitergabe des Lebens zu sichern
☐ die Sorge der Partner füreinander und für die Kinder zu garantieren
☐ den Bestand der Großgesellschaft durch geordnete und dauerhafte Kleingesellschaften (Großfamilie, Kleinfamilie, Ehe) zu schützen.

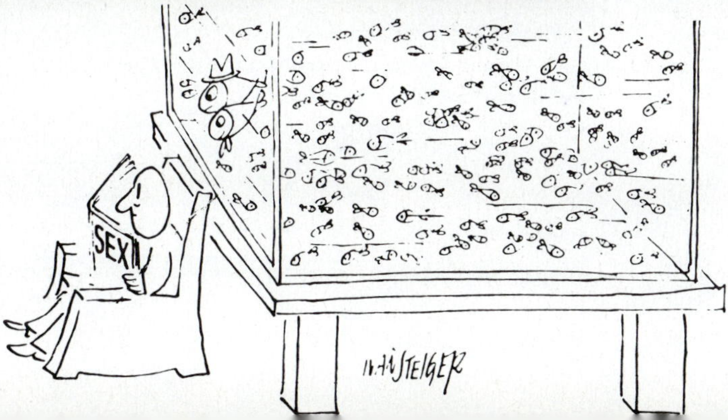

Es ist nicht gut,
dass der Mensch allein sei . . .

Darum
wird ein Mann seinen Vater und seine Mutter verlassen
und sich an seine Frau binden und sie werden ein Fleisch.
Beide waren nackt, der Mann und seine Frau,
und sie schämten sich nicht.
Gen 2,18. 24–25

Gott schuf den Menschen nach seinem Bild;
als Abbild Gottes schuf er ihn,
als Mann und Frau schuf er sie.
Gen 1, 27

Glaubenserfahrungen

Es ist erstaunlich, was schon auf den ersten Seiten der Bibel über Liebe und Sexualität, über den Menschen als Mann und Frau steht. In der Umwelt Israels wurde die Sexualität auf der einen Seite unterdrückt und verteufelt (z. B. bei den Persern), auf der anderen Seite aber übersteigert und vergötzt (z. B. bei den Kanaanäern). Israel lehnte beides ab; es sah den Menschen aus seinem Glauben an den guten Schöpfer mit anderen Augen (→ S. 98).

Israel wusste aber auch, dass die Sexualität des Menschen nicht ohne Probleme ist und den Bestand der Ehe, der Familie und des Volkes zerstören kann. Darum zog es in den Zehn Geboten eine eindeutige Grenze:

Du sollst nicht die Ehe brechen.

Ex 20, 14

1. Versucht, anhand dieser Texte aus den heiligen Schriften Israels folgende Fragen zu beantworten: Wie wird das Verhältnis von Mann und Frau gesehen? Was ist mit dem Satz gemeint, dass Gott den Menschen als Mann und Frau „als sein Abbild“ erschaffen hat?

2. Welchen Sinn hat das 6. Gebot?

3. Ihr kennt andere Auffassungen über Sexualität und Ehe, die heute von vielen vertreten werden. Vergleicht sie mit diesen Aussagen des Alten Testaments.

Auch in den Schriften des Neuen Testaments ist an vielen Stellen von Mann und Frau, von Liebe, Ehe, Treue und Ehebruch die Rede. Jesus verteidigt das Recht und die Würde der Frau. Damit unterscheidet er sich nicht nur von bestimmten Auffassungen seiner Zeit, sondern auch von vielen anderen Religionen und von Vorstellungen, die noch heute weit verbreitet sind. Frauen gehören zu seinen Jüngern, sogar zu seinem engsten Freundeskreis. Sie sind für Jesus den Männern gleichwertig.

Das Neue Testament stellt zwar keinen genauen Pflichten- und auch keinen Sündenkatalog für die menschliche Sexualität auf. Es schärft aber allen Christen ein, die christliche Freiheit nicht mit einem Freibrief zu verwechseln. Es fordert vielmehr jeden auf, der zu Jesus Christus und seiner Gemeinde gehören will, sein ganzes Verhalten, also auch sein Sexualverhalten, am Hauptgebot der Liebe auszurichten.

Bleibt niemand etwas schuldig; nur die Liebe schuldet ihr einander immer. Wer den anderen liebt, hat das Gesetz erfüllt. Denn die Gebote: Du sollst nicht die Ehe brechen, du sollst nicht töten, du sollst nicht stehlen, du sollst nicht begehren und alle anderen Gebote sind in dem einen Satz zusammengefasst: Du sollst deinen Nächsten lieben wie dich selbst. Die Liebe tut dem Nächsten nichts Böses. Also ist die Liebe die Erfüllung des Gesetzes.

Röm 13, 8–10

1. Lest Joh 8,1–11. Wie verhält sich Jesus dieser Frau gegenüber und wie nimmt er zu dem Vorwurf Stellung, den man gegen sie erhebt?

2. Was meint Paulus, wenn er den Christen in Rom schreibt, dass die Liebe „die Erfüllung des Gesetzes“ ist?

Sie:

Schön bist du, geliebter Freund,
Frisches Grün ist unser Lager,
Zedern wölben sich über uns,
die Wände sind dunkle Zypressen.
Da blühe ich auf
wie Krokus auf den Gefilden,
wie eine Lilie im Tal.

Er:

Schön sind deine Wangen
zwischen den Kettchen,
dein Hals in der Perlenschnur.
Machen wir dir noch goldene Kettchen,
kleine Silberkugeln daran.

Sie:

Mein Freund ist mein und ich bin sein.
Nach mir steht sein Verlangen.
Komm, mein Freund –
wir wandern übers weite Feld.
Nachts suchen wir ein Lager
in den Dörfern.
Beim Frühlicht
gehen wir in den Weinberg,
zu schauen, ob die Reben
knospen und blühen,
ob auch die Granatbäume
schon Frucht ansetzen.
Dann schenke ich dir
meine Liebe.

Er:

Du hast mich verzaubert –
meine Freundin,
mit einem einzigen Blick
und mit einem kleinen Ring
aus deinem Schmuck.
Wie wohl tut mir deine Liebe,
mehr als der köstlichste Wein.
Meine Freundin,
wie duftet dein Leib,
besser als alle Blüten.
Honig sammle ich
von deinen Lippen!
Milch trinke ich
aus deinem Munde
und von deinem Kleid strömt ein Duft
wie aus dem Wald des hohen Libanon.

Beide:

Stark wie der Tod ist die Liebe,
ihre Gluten sind wie Feuer,
gewaltige Flammen.
Wenn Wasser alles überschwemmen –
die Liebe löschen sie nicht aus.
Kein Strom kann sie ertränken.
Und wollte sie einer kaufen
mit allen Schätzen der Welt,
wertlos sind sie vor der Liebe.

So groß ist die Liebe

Aus dem „Hohenlied",[66] einer Liedersammlung des Alten Testaments:
Zwei Menschen sagen Ja zueinander, und Gott sagt Ja zu ihnen, weil er selber Liebe ist.

Bild: Marc Chagall (1887–1985), Liebespaar

3. „Nach Lust und Laune?"

Streitgespräch in der 10. Klasse. Thema: „Brauchen wir Normen für unser Sexualverhalten?"

Kai: Ich brauche keine und lass mir auch von keinem Vorschriften machen. Liebe lässt sich weder verbieten noch befehlen. Entweder bin ich scharf auf ein Mädchen, dann ist alles klar. Oder ich finde nichts an ihm, was mich reizen könnte.

Anja: Und was das Mädchen empfindet, das interessiert dich wohl überhaupt nicht. Typisch Mann.

Alfons: Es gibt genug Mädchen, die genauso denken wie Kai. Aber was soll das hier?

Volker: Wer sagt: Ich brauche keine Normen, der tut doch meistens nur das, was die anderen auch tun. Und das ist auch eine Regel und sicher nicht die beste.

Tina: Ich finde es gut, dass es einige vernünftige Grenzen gibt. Wenn jeder das tun darf, wozu er gerade Lust hat, endet das doch im Chaos.

Andreas: Zum Beispiel das sechste Gebot. Aber mehr braucht man doch wirklich nicht.

Anja: Ich finde, das allein genügt nicht. Ich kann mich doch nicht ständig allein entscheiden, weiß ja oft gar nicht, was nun richtig oder falsch ist – für jetzt oder später . . . Also ein paar vernünftige Normen müsste es doch wohl geben.

Lehrer: Dann lasst uns doch mal einige solcher Grundsätze sammeln, die jeder anständige Mensch anerkennen müsste.

Am Ende der Stunde steht Folgendes an der Tafel:

- Mann und Frau haben gleiche Rechte und Pflichten.
- Jeder muss die Gefühle des anderen achten.
- Was man sagt und tut, muss wahr sein.
- Ohne Rücksicht auf den anderen gibt es keine Liebe.
- Man muss bereit sein, Spannungen auszuhalten und fair auszutragen.
- Jeder Partner hat Verantwortung auch für die Zukunft des anderen.
- Keiner darf den anderen zu sexuellen Handlungen zwingen („erpressen").
- Niemand darf unverantwortlich die Zeugung eines Kindes riskieren.

Als es schon geschellt hat, ruft Kai in die Klasse:

Kai: Komische Regeln, die ihr da erfunden habt. Über Küssen und mit Mädchen Schlafen habt ihr kein Wort gesagt. Ihr Feiglinge!

Alfons: Du hast mal wieder nichts kapiert. Natürlich haben wir davon geredet, auch wenn diese Worte nicht vorkamen. Komm mit auf den Hof, ich erklär's dir in der Pause.

Die oben zusammengestellten Grundsätze wird jeder Mensch anerkennen und zu beachten suchen, der verantwortlich handelt. Für Christen werden solche Normen durch das Liebesgebot vertieft: Wer sich bemüht, nach dem Beispiel Jesu seinen Nächsten wie sich selbst zu lieben, wird gerade auch in seinem Sexualverhalten seine eigenen Wünsche und Forderungen niemals egoistisch durchzusetzen versuchen.

Liebe – und tu, was du willst *Augustinus*

Ein gefährliches Wort, wenn man nur die zweite Hälfte liest: reiner Egoismus.
Ein befreiendes Wort, wenn man beides zusammen sieht.
Wer wirklich liebt, kann tun, was er will; denn er kann nichts wollen, was den anderen verletzt, kränkt, kaputtmacht. Wer liebt, will alles, was den anderen bejaht, was ihm hilft, was ihn heil macht – und zugleich sich selbst.

1. Was sagt ihr zu den Äußerungen von Kai, Anja, Volker, Tina, Andreas? Versucht, das Gespräch fortzusetzen und Kai eine Antwort zu geben.

2. Tragt Beispiele zusammen, wie das praktisch aussieht: einen anderen kaputtmachen – einen anderen heil machen.

4. *Schwierigkeiten*

Selbstbefriedigung

Viele scheuen sich, offen darüber zu sprechen. Es ist aber durch Untersuchungen nachgewiesen worden, dass Selbstbefriedigung unter Jugendlichen weit verbreitet ist, bei Jungen etwas häufiger als bei Mädchen.
Die Auffassungen darüber, wie Selbstbefriedigung zu beurteilen ist, gehen auch heute noch weit auseinander. Folgende Meinungen werden vor allem vertreten:

- ☐ ein völlig harmloser Vorgang,
- ☐ eine schwere Sünde,
- ☐ eine Ersatzhandlung,
- ☐ ein Durchgangsstadium,
- ☐ ein Entlastungsvorgang,
- ☐ eine wichtige Selbsterfahrung,
- ☐ eine entschuldbare Verfehlung.

Was Fachleute dazu sagen:

■ Ein *Psychotherapeut*: Hinter der Selbstbefriedigung stecken oft Hemmung, Angst und Mangel an Ichstärke. Oftmals dient sie als Koitusersatz . . .
Viele Menschen wollen durch Selbstbefriedigung Druck ablassen. Dieser Druck ist nur zum Teil sexueller Natur. Wenn der Schüler z. B. eine schlechte Note erhalten hat, die ihn bedrückt, dann kann es sein, dass er zur Selbstbefriedigung greift. Er überdeckt den ihm unangenehmen Tatbestand, indem er fürs Erste durch eine kurze Lust Abstand gewinnt.
Selbstbefriedigung wird manchmal gesucht, um für einen Augenblick etwas zu gewinnen. Gerade der in sich verschlossene Mensch erfährt weder die Welt noch sich selbst. In der Selbstbefriedigung erlebt er etwas. Manche befriedigen sich, um Unlust zu vertreiben, zum ausschließlichen Lustgewinn, zur Selbstbestätigung. Jeder muss lernen, die Spannung zu ertragen. Seine Kräfte in einem erbitterten Kampf gegen die Selbstbefriedigung aufzureiben ist unsinnig, weil es nicht weiterbringt. Jeder befriedige sich also in dem Ausmaß, in dem er es nicht lassen kann. Aber er prüfe sich dabei, 1. ob er nicht doch mehr Kraft zur Zügelung der wilden Pferde besitzt, als er meint, und 2. ob er in der Onanie seine Sexualität nicht zweckentfremdet gebraucht.[67]

■ Ein *Psychologe*: Durch die Selbstbefriedigung lernt der junge Mensch die Lustmöglichkeiten seines Leibes zu einem wichtigen Teil kennen bzw. sie zum ersten Mal bewusst zu erleben. Er entdeckt den ganzen Leib als mögliche Quelle der Lust.[68]

■ Eine *Kommission der französischen Bischöfe*: Die Warnungen vor der Selbstbefriedigung waren in der Vergangenheit zu streng. Sie muss aber als schädlich angesehen werden, wenn sie zur Gewohnheit wird.[69]

■ Ein *Religionspädagoge*: Von einer schwerwiegenden Verfehlung darf man wohl nur sprechen, wenn ein junger Mensch durch ständige und häufige Selbstbefriedigung nur noch um sich und seine Lust kreist. Dann besteht die Gefahr, dass seine Fähigkeit, einen Partner zu lieben, sich nicht entwickeln kann.[70]

1. Untersucht die Äußerungen. In jeder stecken bedenkenswerte Gesichtspunkte. Versucht, sie herauszufinden, auch wenn ihr einiges ablehnt.

2. Was könntest du tun, wenn du erfährst, dass ein Bekannter oder Freund sich sehr mit der Selbstbefriedigung herumquält?

Sexuelle Beziehungen vor der Ehe

Jeder Jugendliche weiß, dass diese Frage heiß umstritten ist und sehr unterschiedlich beantwortet wird. Manche machen sich die Antwort leicht, indem sie mit Schlagworten herumwerfen oder so tun, als gäbe es hier nichts zu überlegen. Die folgenden Stellungnahmen möchten euch einladen, einmal genauer über diese wichtige Frage nachzudenken und miteinander darüber zu sprechen.

Man will doch keine Katze im Sack kaufen,

so drückte sich der
junge Mann
recht bildhaft aus.

Seine Freundin
vor Augen,
denke ich bei mir:
Wieso Katze?
Wieso Sack?
Wieso kaufen?

Lothar Zenetti[71]

Sexuelle Intimität, die ohne personale Beziehung zum Partner gesucht wird, ist unmenschlich und darum abzulehnen. Hier geschieht eine verantwortungslose sexuelle Ausbeutung des Mitmenschen. Er wird zum Ding, zur Sache erniedrigt, die man gebraucht. Man versucht, heute auch solche Formen sexueller Betätigung zu rechtfertigen. Man sagt, der Mensch müsse seinem Trieb folgen. Sexualität sei allein schon durch den Lustgewinn gerechtfertigt. Alle diese Losungen erniedrigen die Sexualität zu einer Konsumware. Ihre Folge ist oft ein zerstörtes Lebensglück.

Aber auch dort, wo Zuneigung und Sympathie zwei Menschen außerhalb der Ehe verbinden, ist nicht jedes Zeichen der Liebe zu rechtfertigen. Sexuelles Spielen mit dem Partner sowie sexuelle Kontakte mit Gleichgeschlechtlichen gefährden die Selbstfindung und führen zu immer neuen Ansprüchen an den Partner . . .

Wir können sodann die großen Bedenken gegen verfrühte Dauerbindungen zwischen Jungen und Mädchen schon in der Pubertätszeit nicht verschweigen. Diese Beziehungen weisen zwar oft eine beachtenswerte Ausschließlichkeit auf. Aber die jungen Menschen sind in diesem Lebensabschnitt noch nicht fähig, eine Liebesbindung in bleibender Zuwendung und Verantwortung einzugehen. Gar nicht selten führen solche Verbindungen zu übereilter und verfrühter Eheschließung wegen einer bestehenden Schwangerschaft. Wir bitten die Eltern, früh genug mit ihren heranwachsenden Söhnen und Töchtern offen zu sprechen, ihnen zu helfen und vor allem nicht zu einer Frühehe zu drängen. Besser eine uneheliche Mutterschaft als eine halb erzwungene Ehe mit der Abneigung der beiden jungen Menschen gegen das Kind und dem voraussehbaren Scheitern ihrer Ehe nach wenigen Jahren.

Deutsche Bischofskonferenz, 1972[72]

Die „Gemeinsame Synode der Bistümer in der Bundesrepublik Deutschland" hat 1973 zusammengefasst unter anderem Folgendes erklärt:

- Die Zeit vor der Ehe ist wichtig dafür, dass junge Leute den Partner finden, der für das gemeinsame Leben am besten geeignet ist. Das kann nur gelingen, wenn man freie Wahl unter mehreren möglichen Partnern hat und wenn man eine als falsch erkannte Partnerschaft korrigieren kann. Beides lässt sich am besten verwirklichen, wenn solche Beziehungen noch nicht als endgültige Bindungen angesehen werden. Volle sexuelle Beziehungen vor der Ehe erschweren die freie Wahl und machen sie unter Umständen sogar unmöglich.
- Der ganze Mensch ist geschlechtlich bestimmt. Darum gibt es im Vorraum der vollen sexuellen Gemeinschaft ein breites Feld sexueller Beziehungen, die unterschiedlich intensiv sind und Verschiedenes ausdrücken: eine Stufenleiter der Zärtlichkeiten. Diese Beziehungen können gut und richtig sein, wenn sie Ausdruck der Vorläufigkeit sind und nicht intensiver gestaltet werden, als es der persönlichen Bindung und Vertrautheit entspricht. Volle geschlechtliche Beziehungen gehören in die Ehe. Auch Methoden, gegenseitig den Orgasmus zu suchen und nur den direkten Geschlechtsverkehr zu vermeiden, gehören nicht in die Zeit vor der Ehe. Wenn sich beide Partner um Selbstbeherrschung und Ehrfurcht bemühen, können sie diese notwendigen Grenzen einhalten.
- Wenn dennoch voreheliche sexuelle Beziehungen bestehen, muss man genau unterscheiden: Wahlloser Geschlechtsverkehr mit beliebigen Personen ist anders zu bewerten als intime Beziehungen zwischen Verlobten oder fest Versprochenen, die einander lieben und zusammenbleiben wollen, aber aus schwerwiegenden Gründen noch nicht die Ehe schließen können. Trotzdem kann man solche Beziehungen nicht als richtig und erlaubt ansehen. Es ist wichtig, sein Gewissen zu bilden, um hier zu einer Entscheidung zu kommen, die man verantworten kann.[73]

Man kann nicht nur auf Probe leben,
man kann nicht nur auf Probe sterben.
Man kann nicht nur auf Probe lieben,
nur auf Probe und Zeit einen Menschen annehmen.

Johannes Paul II. am 15.11.1980 in Köln

1. In den Stellungnahmen ist von verschiedenen Situationen die Rede. Sucht sie heraus und erklärt die Unterschiede. Sprecht darüber, warum jeweils unterschiedliche Maßstäbe genannt werden.
2. Wenn ihr mit dem einen oder anderen Satz nicht einverstanden seid, versucht, das zu begründen. Ihr solltet auf jeden Fall die allgemeinen Grundsätze → S. 102 und den Satz des Augustinus → S. 102 dabei berücksichtigen.
3. Wie beurteilt ihr die Benutzung von Empfängnisverhütungsmitteln durch Jugendliche?
4. Wie sollten sich Eltern verhalten, wenn sie erfahren, dass Jugendliche Verhütungsmittel benutzen?

5. „... in guten und in bösen Tagen."

Uwe (21), Kfz-Schlosser, und Heidrun (19), Verkäuferin, sind seit Jahren eng befreundet. Eines Abends spät kommt es endlich zu einem Gespräch, das Uwe schon lange führen wollte.

Uwe: Du, ich trag es schon seit Monaten mit mir herum: Ich meine, wir sollten langsam ans Heiraten denken.

Heidrun: Wie kommst du denn darauf? Meinst du damit, wir sollten uns zusammen eine Wohnung suchen? Da mache ich sofort mit. Aber heiraten? Wir beide? Diese alte Klamotte kommt wohl von deinen Eltern?

Uwe: Natürlich habe ich mit ihnen darüber gesprochen. Aber ich habe selbst lange nachgedacht. Es ist besser für uns beide. Ich möchte mit dir ein Zuhause haben. Ich möchte wissen, wohin ich gehöre.

Heidrun: O. k., dafür bin ich auch. Aber heiraten? Zum Standesamt gehen und dann vielleicht auch noch zur Kirche? Das sehe ich nicht ein. Wenn wir beide zusammenleben, geht das keinen anderen was an. Diesen ganzen Quatsch mit feierlichem Versprechen und einem Haufen Papiere, den können wir uns ehrlich schenken.

Uwe: Es geht mir nicht um Papiere und so . . . Ich möchte, dass wir nicht nur gute Freunde, sondern Mann und Frau sind. Und dazu ist wichtig, dass wir das öffentlich erklären. Nicht nur unsere Freunde sollen wissen, dass wir zusammengehören.

Heidrun: Du hast wohl Angst, dass ich mich eines Tages in einen anderen verliebe? Möchtest du mich damit festnageln? Sag's ehrlich!

Uwe: Wenn ich diese Sorge hätte, würde ich dich überhaupt nicht heiraten. Und festnageln kann ich dich sowieso nicht. Ich meine vielmehr: Wir kennen uns inzwischen so gut, dass wir uns für immer binden können. Und das ist etwas anderes, als wenn wir einfach nur zusammenziehen und beim ersten Krach wieder auseinander gehen. Eine Ehe schließen, das heißt doch: Was auch immer geschehen mag, wir gehören zusammen und nichts soll uns trennen . . . Ich weiß: Das ist ein Wagnis. Aber ich vertraue darauf, dass wir es zusammen schaffen.

Heidrun: Du, ich weiß nicht . . . Ich bin mir nicht sicher genug . . . Für das ganze Leben? Lass uns doch lieber erstmal zusammenziehen und sehen, wie das klappt. Heiraten können wir immer noch. – Aber noch was anderes: Meinst du vielleicht auch noch kirchliche Trauung?

Uwe: Da liegst du richtig. Das ist für mich sogar viel wichtiger als das Standesamt. Eine Ehe ist eine Sache fürs Leben, so etwas wie ein Treue-Bund. Und den möchte ich vor allem auch vor Gott schließen und vor der Gemeinde, zu der wir beide gehören. Ich kann das nicht so gut sagen wie neulich der Kaplan. Er hat uns erklärt, dass eine Ehe unter Christen nicht nur ein Vertrag ist. Sie ist ein Sakrament wie die Taufe und die Priesterweihe. Es geschieht etwas Neues. Wir müssen etwas versprechen, nein, nicht nur etwas. Eine ganze Menge, das weiß ich wohl. Aber dann wird unser Bund vom Priester im Namen Gottes besiegelt. So ähnlich wie Gott einen Bund mit seinem Volk geschlossen hat (→ S. 134). Und er nimmt das nie zurück.

Heidrun: Danke für die Predigt. Aber ich kann damit leider nicht viel anfangen.

Uwe: Du, das eine Bild, das der Kaplan gebrauchte, das war stark. Das verstehst du auch. Er sagte: Eheleute brauchen ein eigenes, festes Zuhause. Wer nur „zur Miete" wohnt, muss ständig mit der Kündigung rechnen. Ich hab' verstanden: Das ist eine große Chance für uns beide – und vielleicht demnächst auch für unsere Kinder. Wenn wir alles allein schaffen wollen, übernehmen wir uns bestimmt. Aber wenn wir wissen, dass Christus durch das Sakrament mit uns beiden ist, könnten wir's wagen.

1. Wie könnte das Gespräch weitergehen?
2. Vergleicht Uwes Äußerungen mit dem Versprechen der Ehepartner bei der Trauung (Gotteslob Nr. 73).

Liebe spielen – Liebe leben

Wer die Liebe spielt,
kann den Einsatz dosieren,
kann das Risiko bestimmen,
kann in der Reserve bleiben,
kann Trümpfe in der Hand behalten.

Wer die Liebe spielt,
verspielt und gewinnt wenig,
riskiert nicht viel,
wird sich nicht übernehmen,
bleibt auch als Verlierer ungeschlagen,
nimmt den anderen
letztlich nie ganz ernst.

Wer die Liebe lebt,
wird alles einsetzen,
wird ohne Vorbehalte leben,
wird nicht irgendeine Rolle spielen,
wird er selbst sein.

Wer die Liebe lebt,
wird Glück und Leid
gesteigert erleben,
weil alles, was er tut,
vom Herzen kommt,
nicht vom Verstand berechnet.[74]

Zeigt an Beispielen, was das bedeutet:
„Liebe spielen“ – „Liebe leben“.

„Du sollst nicht töten!"

1. Tatsachen, Bilder, Maßstäbe

Über **7.000** Menschen werden jährlich auf den Straßen der Bundesrepublik getötet

Etwa **3.000** Menschen werden jährlich in der Bundesrepublik Opfer von Mord und Totschlag

Etwa **14.000** Menschen töten sich in der Bundesrepublik jährlich selbst

Über **200.000** Menschen versuchen in unserem Land jährlich, sich das Leben zu nehmen, davon ca. **6.000** Jugendliche.

200.000 bis **300.000** ungeborene Kinder werden jährlich in der Bundesrepublik vor ihrer Geburt getötet; gemeldete Abtreibungen: **80.000–90.000**

10.000.000 Menschen wurden im 1. Weltkrieg (1914–1918) getötet

55.300.000 Menschen wurden im 2. Weltkrieg (1939–1945) getötet

Etwa **35.000.000** Menschen wurden seit 1945 in kriegerischen Auseinandersetzungen getötet

Über **1.300** Milliarden DM werden z. Zt. jährlich von allen Staaten der Erde für Rüstung ausgegeben; das sind **2,5** Millionen DM pro Minute

30.000.000 bis **40.000.000** Menschen sterben jährlich an Unterernährung und Folgekrankheiten; das sind täglich über **80.000** Menschen

Etwa **16.500** Menschen wurden unter der Nazi-Herrschaft zum Tode verurteilt, die meisten von ihnen wurden hingerichtet

Mindestens **4.272** Menschen wurden 1996 in 39 Ländern hingerichtet.

3.269 Verurteilte warteten Ende 1997 in Gefängnissen der USA auf die Vollstreckung der Todesstrafe[75]

1. *a)* Welche Zahlenangaben hättet ihr anders geschätzt? Welche findet ihr besonders beunruhigend? Warum?
b) Überlegt, was die Zahlen im Einzelnen mit dem Gebot „Du sollst nicht töten" zu tun haben.
c) Hinter den Zahlen stecken viele Einzelschicksale. Kennt ihr eins?
2. *a)* Nehmt Stellung dazu, dass viele Kinder Spielzeugwaffen geschenkt bekommen.
b) Ein neues Spielgerät, „Death Race" (tödliche Jagd) genannt, hat in den USA weite Verbreitung gefunden. Für 25 Cents kann der Spieler auf einem Bildschirm eine Autofahrt simulieren und soll dabei möglichst viele Fußgänger überfahren. Trifft der Spieler, ertönt ein Todesschrei, die Figur verschwindet und auf der Straße taucht ein Grabstein auf. Wer ein Dutzend oder mehr Fußgänger in 99 Sekunden tötet, wird mit dem Leuchtsignal „Fahrexperte" belohnt.[76]
Was haltet ihr von diesem „Todes-Spiel"?
3. Betrachtet die Fotos und schreibt auf, was ihr dabei empfindet.

■ Jeder Mensch hat das Recht auf Leben, Freiheit und Sicherheit der Person.
Allgemeine Erklärung der Menschenrechte der Vereinten Nationen, 1948

■ Die Würde des Menschen ist unantastbar. Sie zu achten und zu schützen ist Verpflichtung aller staatlichen Gewalt.
Grundgesetz der Bundesrepublik Deutschland, 1949, Artikel 1, 1

■ Es gibt ein grundlegendes Recht des Menschen auf Leben – einschließlich der gesamten Frage des Überlebens, der Bedrohungen und Verletzungen, die aus ungerechten wirtschaftlichen, sozialen und politischen Systemen resultieren, und der Lebensqualität. *Weltkirchenrat*[77]

■ § 211 – Mord
(1) Der Mörder wird mit lebenslanger Freiheitsstrafe bestraft.
(2) Mörder ist, wer aus Mordlust, zur Befriedigung des Geschlechtstriebs, aus Habgier oder sonst aus niedrigen Beweggründen, heimtückisch oder grausam oder mit gemeingefährlichen Mitteln oder um eine andere Straftat zu ermöglichen oder zu verdecken, einen Menschen tötet.

■ § 212 – Totschlag
(1) Wer einen Menschen tötet, ohne Mörder zu sein, wird als Totschläger mit Freiheitsstrafe nicht unter fünf Jahren bestraft.
(2) In besonders schweren Fällen ist auf lebenslange Freiheitsstrafe zu erkennen.
Strafgesetzbuch der Bundesrepublik Deutschland

1. Vergleicht die Grundsätze und Gesetze mit den Zahlen und Bildern auf den vorausgehenden Seiten.
2. Informiert euch über Organisationen, die sich um die Einhaltung der Menschenrechte und den Schutz des Lebens bemühen (z. B. *amnesty international, terre des hommes*).
3. *a)* Untersucht die Paragraphen des Strafgesetzbuches: Wodurch unterscheiden sich Mord und Totschlag? Erläutert das an Beispielen und nehmt auch Stellung zu dem unterschiedlichen Strafmaß.
b) Nach unserer Rechtspraxis braucht ein zu „Lebenslänglich" Verurteilter in der Regel nicht länger als 10–20 Jahre Freiheitsstrafe zu verbüßen. Was haltet ihr von dieser Praxis?
4. Welche Tötungen haben die Öffentlichkeit in letzter Zeit sehr beunruhigt? Welche Tötungen kommen dagegen öffentlich kaum zur Sprache?

2. *Das fünfte Gebot*

Keines der *Zehn Gebote* wird öfter genannt und scheint weniger umstritten — auch wenn erschreckende Zahlen und Tatsachen dagegen sprechen.

DU SOLLST NICHT MORDEN! *Ex 20,13*

Im *Alten Testament* hat das Volk Israel das fünfte Gebot nicht als allgemeines Tötungsverbot verstanden. Es war nicht verboten, Tiere zu töten, Feinde im Krieg umzubringen, und auf schweren Verstößen gegen die Zehn Gebote (z. B. Ehebruch, Götzendienst, Gotteslästerung) stand nach den heiligen Schriften Israels sogar die Todesstrafe.
Verboten war also nicht jede Tötung menschlichen Lebens, sondern der Mord: die Tötung aus Habsucht, Eifersucht oder aus anderen „niederen" Gründen. Israel war überzeugt: Wer sich auf eigene Faust am Leben seines Mitmenschen vergeht, der vergeht sich am „Abbild Gottes" und damit an Gott selbst (Gen 9,6). Menschen haben die schreckliche Möglichkeit, menschliches Leben auszulöschen. Aber Gott will nicht, dass sie das tun, weil er der Gott des Lebens, nicht des Todes, ist.

1. Lest Ex 21,23–25. Hier steht noch der alte Grundsatz der Vergeltung, wie er bei fast allen Völkern früher üblich war. Aber die maßlose Rache wird eingeschränkt. Erklärt dies.

2. Später hat Israel diese Regeln im Sinne des 5. Gebotes noch mehr eingeschränkt. Lest dazu Lev 19,18; 19,33–34; Dtn 24,16 und vergleicht mit Ex 21,23–25.

Im *Neuen Testament* wird deutlich, dass das fünfte Gebot noch viel umfassender verstanden werden muss. Jesus erklärt die Nächstenliebe neben der Gottesliebe zum „größten Gebot", so wie es schon in den heiligen Schriften Israels stand. Aber Jesus sagt und zeigt, dass es dafür keine Grenzen geben darf. Das Liebesgebot gilt nicht nur gegenüber den sozial Gleichgestellten, sondern besonders gegenüber den Armen, nicht nur gegenüber Gleichgesinnten, sondern sogar gegenüber Feinden. In der Bergpredigt fordert Jesus von seinen Freunden, jeden Gedanken an Vergeltung hinter sich zu lassen und das Böse durch das Gute zu überwinden (→ S. 190 ff).

1. Lest Mt 5,21–26 und erläutert, wie Jesus hier das 5. Gebot ausgeweitet hat.
2. Lest Mt 5,38–48 und vergleicht diesen Text mit dem altjüdischen Grundsatz von Ex 21,23–25.

3. Jesus ist mehrfach tätlich angegriffen worden. Wie er sich dabei verhalten hat, könnt ihr an folgenden Stellen nachlesen: Mt 26,50–56; Joh 18,22–23; Mt 27,27–31; Lk 23,33–34.

In *unserer Zeit* wird vielen Menschen immer klarer, dass es beim fünften Gebot nicht nur um Mord, Totschlag, Abtreibung, Selbsttötung u. a. geht, sondern um die Verantwortung für das Leben und das Überleben der Menschheit. In dieser Sicht stellen sich viele schwierige Fragen, über die man auch sprechen müsste, z. B.:

- Tötung durch unterlassene Hilfeleistung,
- lebensbedrohende Verschmutzung und Zerstörung der Umwelt (→ S. 232 ff),
- Sterben unzähliger Menschen an Unterernährung und Folgekrankheiten,
- Lebensgefährdung durch Nikotin, Alkohol und andere Drogen,
- mögliche Lebensbedrohung durch Atomenergie.

3. *Abtreibung*

Die Zahl von 200.000 bis 300.000 Abtreibungen in der Bundesrepublik beruht auf Schätzungen von Fachleuten. Genaue Ziffern darüber gibt es nicht, da viele Abtreibungen heimlich oder im Ausland vorgenommen werden.

Carmen (15), Schülerin einer 9. Hauptschulklasse, war einige Monate mit Christoph (17) eng befreundet. In dieser Zeit kam sie oft sehr spät nach Hause, einmal überhaupt nicht. Am nächsten Mittag weinte die Mutter und der Vater drohte: „Komm mir ja nicht mit 'nem Kind nach Hause!" Zwei Monate später merkt Carmen, dass ihre Regel zum zweiten Mal ausbleibt. Sie beginnt zu ahnen, was geschehen ist. Der Apothekentest bestätigt es: Sie ist schwanger. Christoph spricht schon seit Wochen nicht mehr mit ihr, er hat eine neue Freundin. Als Carmen ihm dennoch sagt, was geschehen ist, reagiert er gereizt: „Was geht mich das an? Das ist deine Sache. Und außerdem sind wir nicht mehr befreundet." Carmen ist verzweifelt. Mit den Eltern sprechen? Bringt nichts, denkt sie. Als sie sich schließlich bei einer älteren Freundin ausweint, bietet die ihr an: „Ich weiß, wie man die Sache wegmachen lassen kann." Carmen hat Bedenken: „Mein Kind einfach töten lassen? Gibt es keinen anderen Ausweg?"

„Da von Anfang an menschliches Leben vorhanden ist,

hat niemand das Recht, dieses Leben zu töten . . . Die Forderung, das ungeborene Leben nicht anzutasten, wird . . . keineswegs nur von der katholischen Kirche erhoben. Es handelt sich vielmehr um eine weltweite, in Jahrtausenden errungene Überzeugung von Menschen verschiedenster Weltanschauungen.
Die Frau hat wie der Mann das Recht auf freie Entfaltung ihrer Person . . . Aber jede Freiheit findet ihre Grenze am Recht des anderen. Deswegen hat auch die Frau das unantastbare Recht ihres ungeborenen Kindes auf das Leben zu wahren."

Aus einem Hirtenschreiben der deutschen Bischöfe.[78]

Fotoaufnahme eines 3 Monate alten Kindes im Mutterleib

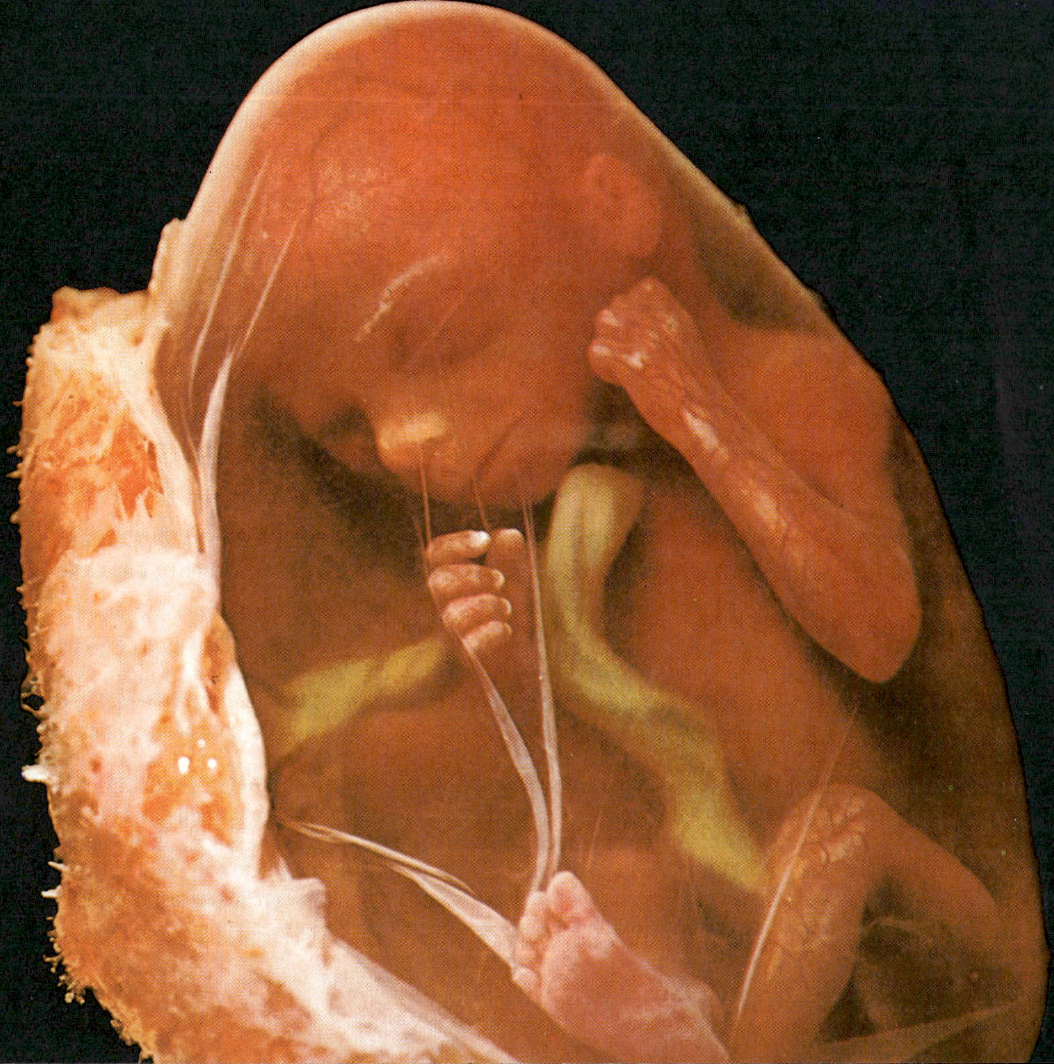

Meinungen und Stellungnahmen

■ Es ist bestimmt nicht schön, eine Abtreibung machen zu lassen, aber man kann doch nicht zahllos und wahllos Kinder in die Welt setzen, die man gar nicht möchte, denen man nichts bieten kann. *Frau X. (33), Mutter von 2 Kindern*[79]

■ Auch wer entschieden für die Unantastbarkeit des menschlichen Lebens eintritt, muss sich klarmachen, dass Frauen bei ungewollten Schwangerschaften oft in eine sehr schwierige Lage kommen . . . Häufig kommt es zur Abtreibung, weil eine Frau für das Kind zu schlechte Entfaltungsmöglichkeiten sieht . . . Über solche Konflikte wird zu wenig nachgedacht. – Die Gewissensentscheidung eines Menschen, der vor die Wahl zwischen zwei Übeln gestellt wird und nach gründlicher Prüfung und Beratung das geringere Übel wählt, ist zu achten.
Erklärung eines Kreises von Katholiken[80]

■ Jeder Schwangerschaftsabbruch ist eine Vernichtung neuen Lebens, eine Tötung . . . Einen Embryo zu vernichten kann nicht mit den gleichen Maßstäben bewertet werden, als gelte es, einen Blinddarm oder eine Geschwulst zu entfernen . . . Zu jedem Zeitpunkt ihrer Entwicklung ist die Frucht der Empfängnis ein lebendes Wesen, wesentlich unterschieden vom mütterlichen Organismus, der sie aufnimmt und nährt . . .
Eine Abtreibung bleibt immer eine Abtreibung – egal in welchem Monat; sie ist immer mit Gefahr für Leib und Leben der Frau verbunden. Diesen Tatbestand übersehen meist jene, die für einen Schwangerschaftsabbruch aus sozialen Gründen eintreten . . . Einer Empfängnis vorzubeugen ist besser als Töten.
Bei Notlagen, die durch unglückliche Umstände hervorgerufen werden können, ist es die Pflicht des Arztes, alles in Bewegung zu setzen, um der Mutter und dem Kind gleichzeitig zu helfen. Deshalb ist der absichtliche Abbruch einer Schwangerschaft aus moralischen, wirtschaftlichen oder sozialen Gründen nicht die Handlung eines Arztes.
Aus einer Erklärung deutscher, französischer und belgischer Ärzte[81]

1. Vergleicht die verschiedenen Stellungnahmen. Sprecht dabei auch über Parolen wie „Mein Bauch gehört mir" und „Recht auf Abtreibung".

2. Erkundigt euch über die verschiedenen „Indikationen" (wörtl. = Anzeigen, medizinischer Sprachgebrauch für die Situation, die einen Schwangerschaftsabbruch rechtfertigen soll): medizinische, soziale, eugenische, ethische Indikation. Sucht Beispiele für die verschiedenen „Indikationen" und überlegt, wie ihr sie beurteilt.

3. Nach dem geltenden Strafgesetz (§ 218) bleibt die Schwangere straffrei, wenn der Schwangerschaftsabbruch nach Beratung von einem Arzt vorgenommen worden ist und seit der Empfängnis nicht mehr als zwölf Wochen verstrichen sind.
a) Welche Bedingungen hat das StGB für die Straffreiheit festgesetzt?
b) Manche sagen: „Was nicht (durch das Strafgesetz) verboten ist, ist erlaubt." Überlegt, warum ein Christ, der sich nach seinem Gewissen und den Weisungen der Kirche richtet, diese Meinung ablehnen muss (→ S. 182).

4. Nehmt Stellung zu der Frage, ob Ärzte und Krankenhäuser verpflichtet werden dürfen, Abtreibungen vorzunehmen.

5. Manche halten die Abtreibung für eine Form der Geburtenregelung. Nehmt Stellung dazu anhand des 5. Gebotes.

6. Was würdet ihr Carmen (→ S. 111 ff) raten? Welche Möglichkeiten hätte sie, wenn sie nicht dem Rat der Freundin folgen will? Erkundigt euch dafür auch bei einer Beratungsstelle oder beim Sozialdienst kath. Frauen (SKF) nach Adoption, Hilfsfonds, Tagesmüttern, Nachbarschaftshilfe etc. Adressen findet ihr im Telefonbuch.

7. Was müsste sich in unserer Gesellschaft ändern, damit die Zahl der Abtreibungen kleiner wird?

4. Selbsttötung

Noch erheblich größer als die Zahl der Verkehrstoten ist die Zahl der Selbsttötungen in der Bundesrepublik. Die Zahl der versuchten Selbsttötungen wird von Fachleuten auf mehr als das Vierzehnfache geschätzt; genaue Angaben gibt es nicht, weil die Ärzte der Schweigepflicht unterliegen und weil von sehr vielen Fällen nur die Angehörigen erfahren. Bei dieser Zahl von mindestens 200.000 ist der Anteil der Jugendlichen mit ungefähr 6.000 groß.[82]

Einige Beispiele

● Ein Schüler erhängt sich, weil er wegen des schlechten Zeugnisses keine Lehrstelle bekommt.

● Ein Querschnittsgelähmter versucht, sich das Leben zu nehmen, weil er davon überzeugt ist, dass seine weitere Pflege den materiellen und seelischen Zusammenbruch seiner Familie zur Folge haben wird.

● Eine Siebzehnjährige versucht, durch eine Überdosis von Tabletten sich das Leben zu nehmen. Auf einem Zettel steht: „Mich mag ja doch keiner."

● Ein evangelischer Pfarrer in der DDR verbrennt sich vor seiner Kirche, um gegen die Unterdrückung der Religionsfreiheit durch den Staat ein Zeichen des Protestes zu setzen.

● Ein unheilbar Krebskranker tötet sich mit einer Überdosis Tabletten, weil er die ständigen schweren Schmerzen nicht mehr ertragen kann.

Einige Gründe

● Laut Statistischem Jahrbuch der Bundesregierung sind die häufigsten Ursachen für Selbsttötung: unheilbare Krankheiten, Nervenleiden und Depressionen, Familien- und Ehezwistigkeiten, Furcht vor Strafe oder Schande, Liebeskummer.

● Die Weltgesundheitsorganisation ermittelte folgende Hauptursachen: die zunehmende Verstädterung, die Unterbringung in Massenbehausungen und engen Wohnsilos und die damit verbundene Vereinsamung und Verlassenheit.

● Die häufigsten Motive Jugendlicher, sich selbst zu töten, sind: Unsicherheit über das Lebensziel, Lebensangst, Konflikte in der Partnerbeziehung, Berufskonflikte, Sucht.

Einige Stellungnahmen

■ Alle Menschen suchen glücklich zu sein, selbst der, der hingeht, sich aufzuhängen.
Blaise Pascal, französischer Religionsphilosoph, 1623–1662

■ Seinem Leben ein Ende zu setzen, ist ein Vorrecht, das nur der Mensch besitzt.
Jean Améry, Schriftsteller[83]

■ Selbsttötung ist eine unerlaubte, eigenmächtige Verfügung über menschliches Leben. Beim Einzelfall muss man aber fast immer davon ausgehen, dass eine außerordentliche Notsituation und verminderte Zurechnungsfähigkeit vorlagen . . .
Ein Moraltheologe[84]

■ Wenn an jedem Wochenende so viele Menschen die Einsamkeit nicht mehr aushalten können und ihrem Leben ein Ende setzen wollen, sind sie nicht einfach die Opfer unglücklicher Umstände. Sie sind – wie die vielen Toten im Straßenverkehr – der Preis unseres Versagens. Nicht, weil wir nichts für sie tun wollen, sondern weil wir nicht wissen, was mit ihnen, unseren Nächsten, geschieht.
Aus einer Morgenandacht im NDR/WDR[85]

■ Es gibt keinen anderen zwingenden Grund, der den Selbstmord verwerflich macht, als die Tatsache, dass es über den Menschen einen Gott gibt.
Dietrich Bonhoeffer, ev. Theologe, als Mitglied des Widerstandes 1945 im KZ hingerichtet[86]

1. Kennst du ein Beispiel von Selbsttötung? Berichte ohne Namensnennung.
2. *a)* Welche Vorstellungen und Urteile stecken hinter folgenden Bezeichnungen: Selbstmord, Freitod, Selbsttötung?
b) Welcher Zusammenhang besteht zwischen „Rufmord“ und „Selbstmord“?
3. Viele Selbstmordgefährdete sind einsam, darum brauchen sie . . .
Viele Selbstmordgefährdete sind seelisch krank, darum brauchen sie . . .
Viele Selbstmordgefährdete leiden unter schweren Konflikten, darum brauchen sie . . .
Viele Selbstmordgefährdete werden von tiefen religiösen Fragen bewegt, darum brauchen sie . . .
4. Informiert euch über Beratungsstellen in eurer Stadt, die speziell dafür eingerichtet sind. Wo gibt es die nächste Telefonseelsorge?
5. Ein Großstadtpfarrer hat beobachtet, dass den Beerdigungen von „Selbstmördern“ auffallend viele Menschen beiwohnen. Wie ist das zu erklären?
6. Welcher Unterschied besteht zwischen Selbsttötung und Selbstopfer (lest dazu Joh 15,13)? Informiert euch über die Kamikaze-Flieger, Damian Deveuster und Maximilian Kolbe.

DAS WORT,
das dir hilft, kannst du dir nicht selber sagen.
Äthiopisches Sprichwort

---

5. *Euthanasie*

Das Wort „Euthanasie“ (griech.) bedeutet „guter Tod“. Über dieses Thema wagte man in Deutschland viele Jahre lang kaum zu sprechen, weil unter der Hitler-Herrschaft das Wort „Euthanasie“ für eine verbrecherische Aktion der Nazis („Tötung lebensunwerten Lebens“) missbraucht wurde, der über 70.000 Geisteskranke zum Opfer fielen. Inzwischen ist deutlich geworden, dass „Euthanasie“ etwas ganz anderes meint. Man bezeichnet damit alles das, was Sterbenden die Todesqualen erleichtert und den Tod menschlicher macht. Dabei geht es vor allem um die Frage, ob es dem Arzt, den Angehörigen und dem Sterbenden selbst erlaubt ist,

- eine Verkürzung des Lebens als Folge von schmerzlindernder Behandlung in Kauf zu nehmen (*indirekte* Euthanasie),
- einem unheilbar Kranken ein lebensverlängerndes Hilfsmittel vorzuenthalten (*passive* Euthanasie),
- die Leiden eines unheilbar Kranken dadurch abzukürzen, dass man ihn auf seinen Wunsch oder mit seinem Einverständnis (bei Bewusstlosen: dem der Angehörigen) tötet (*aktive* oder *direkte* Euthanasie).

Beispiele

- Ein gelähmter Patient, der nicht essen kann, wird nicht gefüttert und verhungert.
- Bei einem bewusstlosen Patienten ohne Reaktion, der künstlich beatmet wird, wird das Gerät abgestellt. Er stirbt.
- Ein unheilbar Krebskranker, der unmittelbar vor seinem Ende steht und gequält ist, erhält absichtlich eine tötende Spritze.
- Ein schwachsinniges Kind erhält bei einer Lungenentzündung absichtlich kein Penicillin und stirbt.[87]

Untersucht die Beispiele: Wo liegt Euthanasie vor (indirekte, passive oder aktive), wo „unterlassene Hilfeleistung“, wo direkte Tötung? Wie beurteilt ihr die einzelnen Fälle?

Maßstäbe und Meinungen

■ Auf eine Umfrage (1974), ob „ein schwer kranker Patient im Krankenhaus das Recht habe, den Tod zu wählen und zu verlangen, dass der Arzt ihm die todbringende Spritze gibt", antworteten 53 Prozent zustimmend, 33 Prozent ablehnend, 14 Prozent unentschieden.[88]

■ Nie werde ich, auch nicht auf eine Bitte hin, ein tödlich wirkendes Gift verabreichen oder auch nur einen Rat dazu erteilen . . .
Eid des Hippokrates, griechischer Arzt, 460–375 v.Chr.

■ Woran lässt sich die Freiheit besser messen als an der Freiheit, den Tod zu wählen!
M. Z., 19 Jahre

■ Der Mensch hat weder ein Verfügungsrecht über sein eigenes Leben, noch kann ein anderer über das Leben eines Schwererkrankten entscheiden. Es besteht ein grundsätzlicher Unterschied hinzunehmen und anzuerkennen, dass das Leben eines Menschen zu Ende ist oder aktiv den Tod herbeizuführen. Zwischen dem „Sterbenlassen" und dem „aktiven Herbeiführen des Todes" gibt es keinen fließenden Übergang. Im ersten Fall handelt es sich um Sterbehilfe, im anderen dagegen um Tötung. Niemand hat das Recht, über menschliches Leben zu verfügen. Wohl aber hat jeder Mensch das Recht, menschenwürdig zu sterben, und er bedarf dabei der Hilfe der Mitmenschen. *Deutsche Bischofskonferenz 1981*[89]

■ (1) Die Tötung sogenannten lebensunwerten Lebens steht im Widerspruch zur Menschenwürde, wie sie den Menschenrechten zugrunde liegt.
(2) Kein Arzt ist verpflichtet, den Gang der abgelaufenen Lebensuhr durch künstliche Maßnahmen um Stunden oder Tage unnütz zu verlängern, wenn dadurch nur die Qualen unzumutbar verlängert werden.
(3) Der Arzt muss alles tun, was dem Sterbenden sein Leiden erleichtert; er hat nicht das Recht, absichtlich ein Leben vorzeitig zu beenden. *Franz Böckle, Prof. für Moraltheologie*

■ § 216 – Tötung auf Verlangen
(1) Ist jemand durch das ausdrückliche und ernstliche Verlangen des Getöteten zur Tötung bestimmt worden, so ist auf Freiheitsstrafe von sechs Monaten bis zu fünf Jahren zu erkennen.
(2) Der Versuch ist strafbar. *Strafgesetzbuch*

■ Jeder Mensch, also auch der kranke, der geistig gestörte oder körperlich missgestaltete Mensch, hat Anspruch darauf, in seiner Menschenwürde geachtet und in seinem Recht auf Leben durch die Rechtsordnung geschützt zu werden . . . Die Vernichtung menschlichen Lebens, bei Kranken also auch die vorzeitige Herbeiführung des Todes, verstößt daher gegen die Grundsätze der Rechtsstaatlichkeit, und zwar auch dann, wenn die Tat aus Mitleid begangen wird . . . *Urteil des Bundesverwaltungsgerichts vom 16.1.1964*[90]

■ Der Gesunde macht sich fast immer falsche Vorstellungen über die tatsächlichen Verhältnisse beim Schwerkranken . . . In der Tat wissen Ärzte auffällig selten von Wünschen eines Kranken zu berichten, man möge sein Leben nun beenden . . . Gewiss kommt es mitunter vor, dass Kranke den Wunsch äußern, unerträgliche Qualen zu beenden, etwa mit den Worten: „Gebt mir lieber eine Spritze, ich halte es nicht mehr aus", aber . . . wenn die akute Situation durch ärztliche Maßnahmen überwunden ist, so ist damit beim Kranken auch jeder Gedanke an Euthanasie verschwunden. *M. von Lutterotti, Professor für Medizin*[91]

■ Aus christlicher Lebensanschauung kann man vielleicht sogar sagen, dass ein menschliches Leben allein dadurch sinnvoll sein kann, dass es ein Appell an den Mitmenschen zur Verwirklichung aufopfernder Liebe ist. *Paul Sporken, Professor für medizinische Ethik*

1. Führt anhand der Maßstäbe und Meinungen eine Diskussion zur Frage: Gibt es Fälle von Euthanasie, die aus christlicher Sicht vertretbar sind?

2. Überlegt, ob für einen Christen ein schneller und schmerzloser Tod in jedem Fall ein „guter Tod" ist.

Sterbenden helfen, menschlich zu sterben

Fachleute betonen: Die wichtigste Hilfe für den Sterbenden ist der menschliche Kontakt. Nicht die übergroßen Schmerzen, sondern Vereinsamung und Verlassenheit machen das Sterben heute immer schwerer. Immer mehr Menschen sterben in großen Kliniken und auf Intensivstationen, umgeben von komplizierten Geräten, automatischer Überwachung und wechselndem Pflegepersonal. Darum wird der Ruf nach Sterbebeistand immer deutlicher. Folgendes ist besonders wichtig:

1. Man muss mit dem Kranken über seine Gefühle der Unsicherheit, Angst, Auflehnung, Verlassenheit usw. sprechen. Allein kann er sie meistens nicht oder nur sehr schwer verarbeiten.

2. Rechtzeitig und in richtiger Form muss man ehrlich mit dem Todkranken sprechen, wenn er ernsthaft fragt und ihm so geholfen werden kann.

3. Das Wichtigste ist, eine Beziehung zum Kranken herzustellen, die solche Gespräche möglich macht. Nur aus mitmenschlicher Verbundenheit, die der Sterbende erfährt, kann er die Kraft und den Mut schöpfen, sich mit seinen Problemen auseinander zu setzen und so schließlich seinen eigenen Tod sterben.[92]

6. Todesstrafe

Wenn irgendwo in der Welt grausame Gewaltverbrechen, Terroranschläge oder Geiselnahmen verübt werden, erhebt sich der Ruf nach der Todesstrafe. Nur 53 von rund 160 UN-Mitgliedstaaten hatten sie 1989 aus ihren Strafgesetzbüchern verbannt. Obwohl das Grundgesetz in Artikel 102 festgelegt hat, dass die Todesstrafe abgeschafft ist, zeigen Meinungsumfragen, dass sehr viele Erwachsene und Jugendliche in der Bundesrepublik auch heute noch für die Todesstrafe eintreten.

PRO

- Recht und Ordnung können bei Kapitalverbrechen nur durch die Todesstrafe wiederhergestellt werden.
- Verbrecher müssen abgeschreckt werden.
- Hinrichtung ist menschlicher als lebenslange Haft.
- Mord kann nur durch den Tod des Täters gesühnt werden.
- Der Staat muss seine Bürger vor gefährlichen Verbrechern schützen.
- Jahrelange Inhaftierung kostet enorme Steuergelder.

CONTRA

- Viele Untersuchungen haben erwiesen, dass die Todesstrafe nicht abschreckend wirkt.
- Justizirrtümer können nicht mehr korrigiert werden.
- Auch Schwerverbrecher müssen die Möglichkeit haben, ihr Leben zu ändern.
- Ein Staat, der die Menschenrechte anerkennt, muss auch das Leben eines Verbrechers vor Rache schützen.
- Die Todesstrafe kann zu leicht missbraucht werden (z. B. Nazi-Zeit).
- „Du sollst nicht töten" gilt auch für den Staat.

Auch die Kirche hat bis in die jüngste Vergangenheit hinein die Todesstrafe grundsätzlich für berechtigt gehalten. In den vergangenen Jahren hat sich aber auch in der kirchlichen Lehre die Ablehnung der Todesstrafe aus christlichen Gründen immer mehr durchgesetzt. Dafür gibt es wichtige Gründe:

- Jesus hat seine Jünger gelehrt, auf jede Rache oder Vergeltung zu verzichten (*Mt 5,38–39*)
- Er ist selbst einem ungerechten Todesurteil zum Opfer gefallen.
- Wenn Christen dafür eintreten, dass jedes menschliche Leben heilig ist, müssen sie auch Vorkämpfer für die Abschaffung der Todesstrafe sein.

1. Führt eine Klassendiskussion über die Todesstrafe und achtet dabei darauf, dass alle wichtigen Gründe und Gegengründe zur Sprache kommen.
2. Überlegt, warum nach Gewaltverbrechen immer wieder der Ruf nach der Wiedereinführung der Todesstrafe laut wird.
3. Nehmt Stellung zu der Meinung: „Terroristen sind mit dem Tode zu bestrafen. Ein toter Terrorist kann nicht mehr durch weitere Terrorakte freigepresst werden und weitere Morde begehen."
4. Lest Lev 20,10 und Joh 8,3–11. Überlegt, warum Jesus die Anwendung dieses alten jüdischen Gesetzes ablehnt.

7. *Wehrdienst oder Ersatzdienst?*

Frank: Du willst dich nur vor den unbequemen Pflichten des Soldaten drücken, wenn du demnächst den Wehrdienst verweigerst.

Micha: Was bequemer ist, darüber lass uns lieber nicht streiten. Ich meine, mein Weg ist nicht leichter als deiner. Manche Leute gucken mich schon heute so an, als wäre ich ein Kommunist.

Frank: Das habe ich nicht gesagt. Aber du machst es dir leichter, weil du dir vor Gott die Hände sauber halten willst, während wir das Schießen lernen müssen. Wenn aber alle diesen Dienst verweigern würden, hättest du nicht mehr die Freiheit, den Wehrdienst zu verweigern.

Micha: Zugegeben. Aber ich habe andere, sehr persönliche Gründe. Ich habe zu viel Schreckliches vom Krieg gehört und gesehen. Ich kann das nicht mitmachen. Lange genug habe ich darüber nachgedacht. Ich bin nicht in der Lage, Menschen zu töten.

Frank: Ob ich das kann, weiß ich auch nicht. Jedenfalls werde ich nicht Soldat, um zu töten, sondern um zu helfen, einen Krieg zu verhindern. Die Bundeswehr und die NATO sind nur zur Verteidigung da. Und wenn du persönlich angegriffen wirst, wehrst du dich genau wie ich.

Micha: Mag sein. Aber sicher nicht, indem ich den anderen töte. Das kann ich mit meinem Gewissen nicht vereinbaren.

Frank: Und was ist mit denen, die sich nicht wehren können? Kinder, deine Freundin, alte Leute? Würdest du sie nicht verteidigen?

Micha: Natürlich versuche ich, sie zu schützen. Aber das geht auch anders als mit der Maschinenpistole.

Frank: In unserer jetzigen politischen Lage sehe ich keine andere Möglichkeit, unseren Staat gegenüber einem Angreifer zu schützen als durch die Bundeswehr. Ihre einzige Aufgabe ist, den Frieden zu erhalten. Und weil ich als Christ dabei mithelfen will, werde ich Soldat.

Micha: Ich glaube, dass ich als Christ mehr für den Frieden und die Allgemeinheit tun kann, wenn ich Zivildienst leiste. Ich habe schon eine Stelle in einem Altenheim . . .

Verteilung der Zivildienstleistungen:[93]	
Pflege und Betreuung	**60,5%**
Betreuung von Schwerstbehinderten	**7,3%**
Versorgung (Krankenhausküche u. a.)	**4,5%**
Handwerk (Krankenhauswerkstatt u. a.)	**12,5%**
Krankentransport, Rettungswesen	**10,2%**
Gärtnerei	**2,0%**
Umweltschutz	**2,0%**
Verwaltung	**1,0%**

1. Stellt die Gründe von Frank und Micha einander gegenüber, ergänzt sie durch eure Meinungen und nehmt Stellung dazu.

2. Was sagt ihr zu folgenden Sätzen:

a) Der Christ ist durch das Gebot der Nächstenliebe verpflichtet, den Verteidigungsdienst – notfalls auch mit der Waffe – zu leisten.

b) Der Christ ist durch das Gebot der Feindesliebe verpflichtet, den Verteidigungsdienst mit der Waffe zu verweigern.

Das *Grundgesetz der Bundesrepublik Deutschland* enthält folgende Bestimmungen:

Artikel 4

(3) Niemand darf gegen sein Gewissen zum Kriegsdienst mit der Waffe gezwungen werden.

Artikel 12a

(1) Männer können vom vollendeten achtzehnten Lebensjahr an zum Dienst in den Streitkräften, im Bundesgrenzschutz oder in einem Zivilschutzverband verpflichtet werden.

(2) Wer aus Gewissensgründen den Kriegsdienst mit der Waffe verweigert, kann zu einem Ersatzdienst verpflichtet werden. Die Dauer des Ersatzdienstes darf die Dauer des Wehrdienstes nicht übersteigen. Das Nähere regelt ein Gesetz, das die Freiheit der Gewissensentscheidung nicht beeinträchtigen darf und auch eine Möglichkeit des Ersatzdienstes vorsehen muss, die in keinem Zusammenhang mit den Verbänden der Streitkräfte und des Bundesgrenzschutzes steht.

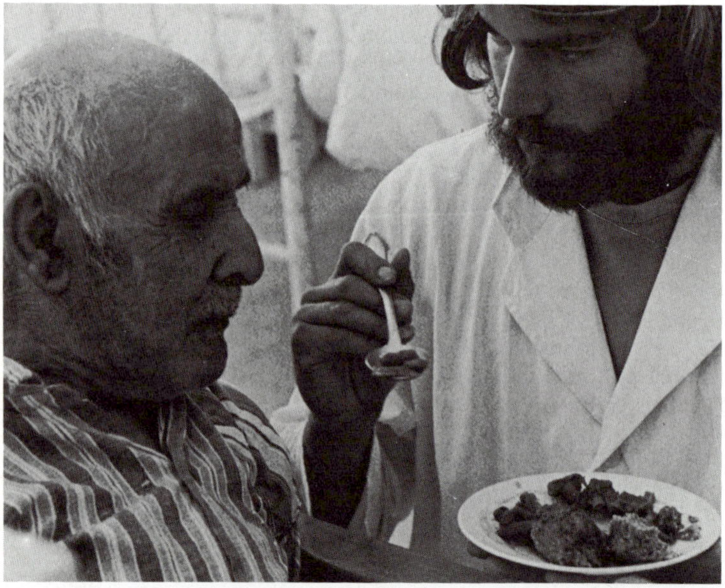

Zivildienstleistender bei der Krankenpflege, junge Soldaten beim Putzen der Gewehre.

Gott – wer ist das?

1. Nur Zahlen?

Im Jahre 1976 hat ein amerikanisches Meinungsforschungs-Institut eine weltweite Erhebung über religiöse Fragen durchgeführt, in der mehrere tausend Menschen in 75 Ländern befragt wurden. Nach den Gesetzen der Volksbefragung kann man dabei zuverlässig auf die Einstellung von ca. 2,6 Milliarden Menschen schließen. Ausgeschlossen waren kommunistische Staaten, arabische Länder (Islam) und Militärdiktaturen, die keine Befragungen zulassen.
Das Ergebnis (in Prozent der Befragten):[94]

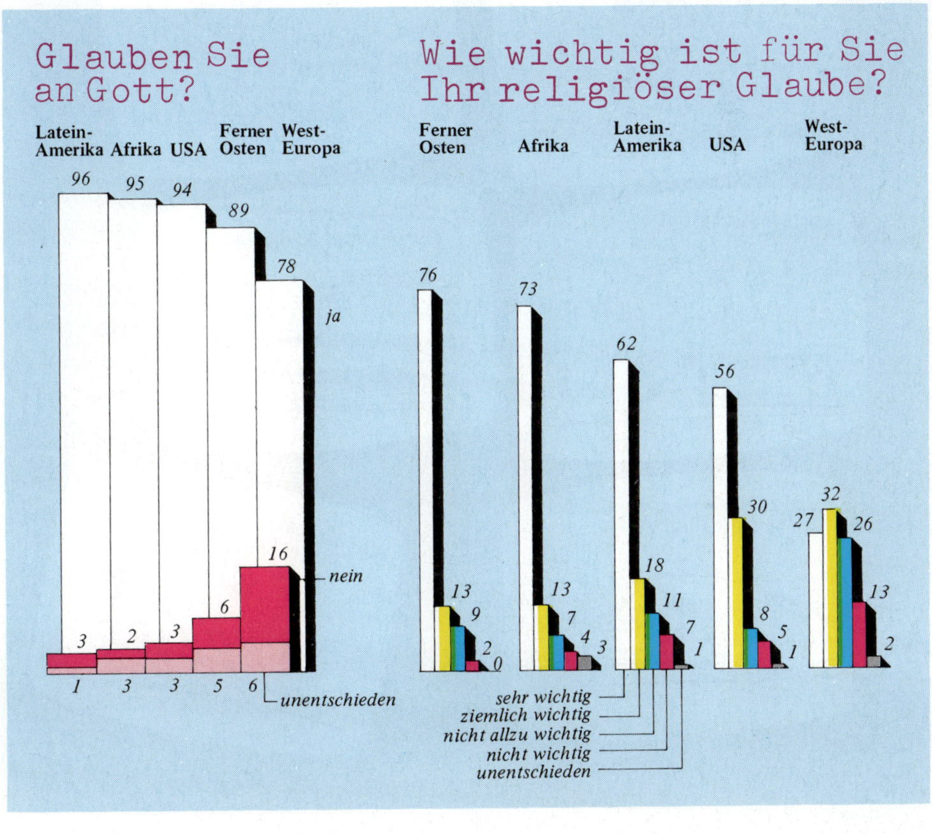

Das Emnid-Institut für Meinungs- und Sozialforschung hat 1987 folgende Zahlen für Jugendliche der Bundesrepublik Deutschland im Alter von 13 bis 17 Jahren ermittelt:[95]

„Glaubst du an Gott?“	Ja	Nein	Unentschieden, keine Antwort
	73%	26%	1%

1. Welche Zahlen hättet ihr anders geschätzt?
2. Wie würden sich die Zahlen ändern, wenn man bei der Befragung auch die nichtberücksichtigten Länder miteinbezöge?
3. Um die Zahlen in eurer Klasse/Schule/Pfarrei/Stadt zu ermitteln, könnt ihr vielleicht selbst eine ähnliche Befragung vornehmen. Entwerft dazu einen Fragebogen oder sammelt die Antworten auf Kassettenrekorder.
4. Was sagen diese Zahlen über den wirklichen Glauben der Befragten aus?
5. Wie würdest du die Frage „Glaubst du an Gott?“ beantworten, wenn sie dir gestellt wird von einem Umfrage-Institut – von einem Freund, einer Freundin – von einem Priester bei Taufe und Firmung – von dir selbst?

2. Zweifel und Ablehnung

WARUM GLAUBST DU NICHT AN GOTT?

Es gibt so viel Leid, Ungerechtigkeit und Schuld in der Welt. Ich kann mir nicht vorstellen, dass es einen Gott gibt, der das zulässt.

Gott nützt mir nichts im Leben.

Das ist unmodern. Meine Freunde glauben alle nicht.

Ich möchte frei sein. Wenn es Gott gäbe, würde er mit seinen Geboten nur meine Freiheit einschränken.

Die Wissenschaft hat längst bewiesen, dass es keinen Gott gibt. Was über ihn in der Bibel steht, ist dummes Zeug.

Ich kann mir Gott nicht vorstellen.

IN MEINEM ALLTAG KOMMT GOTT NICHT VOR.

Noch niemand hat bewiesen, dass es Gott gibt.

1. Zum Stichwort „Leid und Ungerechtigkeit" → S. 141 ff
Vorstellungen von Gott → S. 130 ff
Wissenschaft und Glaube → S. 218 ff
Gottesbeweise → S. 128
Freiheit und Gebote Gottes → S. 177 f
Lest auf den angegebenen Seiten nach, was dort zu all den genannten Problemen gesagt wird.

2. Im Religionsunterricht einer 6. Klasse (Großstadt) gibt es Unruhe. Ein Streit ist ausgebrochen, der in Handgreiflichkeiten ausartet. Nur mit Mühe gelingt es dem Lehrer, die Kampfhähne zu trennen. Wie war es zu dem Streit gekommen?
Martin: „Es gibt gar keinen Gott. Das weiß ich von meinem Vater."
Thomas: „Es gibt einen Gott. Meine Eltern haben es mir gesagt."
Wie würdet ihr euch als Augenzeugen verhalten? In welcher Weise könntet ihr nach dem Streit ein Gespräch mit Martin und Thomas führen? Überlegt, ob man einen anderen in dieser Sache allein mit Worten überzeugen kann.

■ ***Carl Zuckmayer** (1896–1977) lässt in seinem berühmten Drama „Des Teufels General" den Leutnant Hartmann seinen General fragen:*
„Glauben Sie an Gott?" Der General antwortet: „Ich weiß es nicht. Er ist mir nicht begegnet. Aber das lag an mir. Ich wollte ihm nicht begegnen. Er hätte mich vor Entscheidungen gestellt, denen ich ausweichen wollte. Ich habe an das Erdenkbare und an das Erkennbare geglaubt. An das, was man prüfen, entdecken, finden kann. Aber die größte Findung aller Zeiten habe ich nicht erkannt. Sie heißt Gott. Ich habe seine Hand nicht ergriffen. Ich habe die andere gewählt."[96]

3. Atheismus

Manche Menschen sind davon überzeugt, dass es keinen Gott gibt. Ihre Ansicht nennt man Atheismus. Es gibt unterschiedliche Formen des Atheismus.

PRO

Rolf (15) findet auf dem Flohmarkt ein sehr altes Buch, das die Rätsel der Welt zu lösen verspricht. Er blättert neugierig herum und stößt auf folgende Stelle:

IMMER NOCH GIBT ES MENSCHEN, DIE AN GOTT GLAUBEN. DABEI HAT DIE WISSENSCHAFT LÄNGST BEWIESEN, DASS ALLES, WAS IN DER WELT EXISTIERT, MATERIE IST UND SICH AUS STOFFMASSE ENTWICKELT HAT. FÜR GOTT BLEIBT KEIN PLATZ MEHR. ER IST EIN HIRNGESPINST DER VERGANGENHEIT. IN ZUKUNFT WIRD KEINER MEHR AN GOTT GLAUBEN. DER FORTSCHRITTLICHE MENSCH IST SCHON HEUTE MATERIALIST UND ATHEIST.

Bärbel (16) liest in einer Illustrierten über den Glauben an Gott:

Es ist Zeit, dass unsere Leser endlich erfahren, wie der große Psychologe Sigmund Freud (1856–1939) den Glauben an Gott erklärt. Freud geht davon aus, dass das kleine Kind seinem leiblichen Vater vertraut, weil es von ihm Schutz und Geborgenheit erhält. Bei dem Vater weiß sich das Kind sicher. Wenn das Kind erwachsen wird, verliert es entweder seinen Vater oder merkt, dass er ihm nicht in allen Gefahren helfen kann. Dann wird der Mensch ängstlich und unsicher. In seiner Hilflosigkeit wünscht er sich einen anderen mächtigeren Vater, von dem er hofft, dass er alles kann. Er wünscht ihn so lange, bis er sich einbildet, dass er auch existiert. Diesen Vater nennt er Gott. Er ist nichts anderes als eine Illusion, d. h. ein Gebilde der Phantasie.

Auf dem Schulhof wird ein rotes Flugblatt verteilt. Darauf steht zu lesen:

LASST EUCH NICHT VERDUMMEN!

Die Religion ist eine Erfindung der Mächtigen, die den Armen nur einreden wollen, dass es einen Gott gibt. Wenn die Unterdrückten an ein Jenseits glauben, ertragen sie hier im Diesseits leichter ihre Ausbeutung. Dann wehren sie sich nicht gegen das Unrecht, das den Reichen Profit bringt. Nichts anderes meint der große atheistische Revolutionär Karl Marx, wenn er sagt: „Religion ist Opium des Volkes." Sie ist wie eine Droge, die alle Sinne vernebelt und alle Kräfte zerstört. Hört endlich auf zu glauben! Bekämpft die Religion!

?

Moshe war Atheist, doch besuchte er an jedem Sabbat pünktlich die Synagoge. Dem Rabbi war das verwunderlich. Er stellte ihn zur Rede und fragte:
„Moshe, warum gehst du am Sabbat in die Synagoge, da du doch ein Atheist bist?"
Darauf Moshe: „Gewiss bin ich ein Atheist, aber weiß ich denn, ob ich habe Recht?"[97]

CONTRA

Rolf ist durch diese Zeilen beunruhigt. Er schreibt seinem Onkel, der Physik studiert hat, und fragt, was von dieser Ansicht zu halten ist. Hier die Antwort:

Auch heute gibt es viele Naturwissenschaftler, die an Gott glauben. Sie wissen, dass nicht alles, was in der Welt existiert und wichtig ist, Materie ist oder sich aus Materie entwickelt hat, z.B. Zahlen, Gedanken, Geist, Naturgesetze, Glück, Recht, Freiheit.
Darum ist der Materialismus primitiv.
Erst recht ist er nicht fortschrittlich. Für Gott bleibt kein Platz.
Ohne ihn gäbe es keine Welt.
Er ist kein Hirngespinst.

Die Klasse 10 a berät dieses Flugblatt mit ihrem Religionslehrer. Die Schüler entwerfen ein anderes Flugblatt und verteilen es ebenfalls auf dem Schulhof.

Lasst euch nicht verdummen!

Die Religion ist keine Erfindung der Mächtigen. Das Christentum ist von Jesus Christus gegründet worden, der in einer Krippe geboren wurde und sein Leben lang arm war. Er hat die Reichen und Mächtigen oft kritisiert. Auch die Propheten und Heiligen haben sich für die Menschenrechte eingesetzt wie sonst niemand in ihrer Zeit. –
Es sei zugegeben, dass die Religion zu Ausbeutung und Unterdrückung missbraucht wurde. Das kann auch heute und in Zukunft geschehen. Niemand kann das gutheißen. Aber deshalb ist Gott noch lange keine Erfindung der Mächtigen. Gerade sie würden ihn oft am liebsten abschaffen, wenn sie könnten. Wir brauchen nicht weniger, sondern mehr Religion, um das Elend in der Welt zu verringern.
Kämpft dafür!
Der Glaube an Gott gibt euch dazu Kraft.

In der nächsten Ausgabe der Illustrierten findet Bärbel zu dem Artikel folgenden Leserbrief:

Freud war gewiss ein großer Psychologe, aber was er über die Religion gesagt hat, kann niemanden überzeugen, der auch nur ein wenig darüber nachdenkt. Meistens hängt das kleine Kind an seinem Vater, aber noch mehr an seiner Mutter. Trotzdem kommt es später nicht zu dem Glauben an eine allmächtige Göttin. – Sicher ist richtig, dass der Mensch oft hilflos und ängstlich nach Schutz sucht. Aber warum muss der, den er dann anruft, eine Illusion sein? Das ist doch nur eine unbewiesene Behauptung. Viele Menschen haben im Glauben erfahren, dass es einen guten Gott gibt, der wirklich da ist und hilft. Wer glaubt, kann spüren, dass Gott kein Gebilde der Phantasie ist. Ungläubige, die alles so genau über Gott wissen wollen, sind wie Blinde, die von Farben reden.

1. Man hat oft behauptet der Atheismus lasse sich nicht beweisen. Er sei selbst eine Art von Glauben. Was haltet ihr davon?
2. Versucht, Pro und Contra abzuwägen.

4. *Erfahrungen des Glaubens*

Ein Mädchen schreibt:
Ich kann nicht sagen, dass ich nicht an Gott glaube. Irgendwie weiß ich, dass es ihn gibt. Aber er entgleitet mir immer wieder, er wird mir nicht richtig wirklich. Ich habe das Gefühl, als müsste man Gott viel direkter erleben, so direkt wie die reale Umwelt, wie einen Menschen. Es muss Menschen geben, die ihn so erleben. Es sind die, welche man Mystiker nennt. Aber das sind doch Ausnahmen und man weiß ja nie genau, ob sie nicht Hysteriker sind oder Phantasten. Aber ich werde den Gedanken nicht los, dass man Gott tatsächlich so erfahren kann, dass man mit aller Sicherheit weiß: er ist da.[98]

WARUM GLAUBST DU AN GOTT?

Religion ist in meiner Familie so üblich – Tradition.

Mit meinem Glauben kann ich Schicksalsschläge/Leiden besser ertragen.

Der Glaube ist vernünftig und entspricht dem Denken besser als der Unglaube.

Das Beispiel vieler gläubiger Menschen überzeugt mich (Freunde, Gruppe, Familie).

Ich habe Liebe und Hoffnung erfahren. Beides kommt von Gott.

Viele große Naturwissenschaftler haben geglaubt bzw. glauben heute.

Der Glaube macht mich frei. Ich lasse mich nicht mehr manipulieren von Werbung, Mode, Ideologien, Erwartungen, die man an mich stellt.

Sonst hätte das Leben keinen Sinn.

1. Vergleicht diese Antworten mit denen auf S. 123.
2. Auch in den anderen Religionen gibt es Erfahrungen Gottes. Vgl. dazu S. 201 ff, 213. Über den Gottesglauben der Juden → Wege des Glaubens S. 220 ff, der Moslems → Zeit der Freude S. 203 ff.
3. In einer Schulklasse entstand auf der Tafel eine große Sonne, in welche die Schüler das Wort „Gott" schrieben. An die Strahlen schrieben sie das, was ihnen zu „Gott" einfiel oder ihnen wichtig war, z. B. barmherzig, fern, nahe, Vater u. a. Versucht das auch einmal. Was wollt ihr an die Strahlen schreiben?
4. Die Bibel erzählt von vielen Erfahrungen mit Gott.
Wie wird er erfahren von:
Abraham: Gen 12,1–9; 15,1–21,
Jakob: Gen 32,23–32,
Mose: Ex 33,18–23,
Jesaja: Jes 6,1–13,
Ijob: 10,1–12,
den Leuten in Athen: Apg 17,22–30,
Johannes: 1 Joh 4,7–11?
Sprecht über eine dieser Erfahrungen oder denkt darüber nach.

Wie Menschen Gott erfahren haben:

Gott, du hast uns geschaffen zu dir und unruhig ist unser Herz,
bis es seine Ruhe in dir findet.
Augustinus (354–430), Bischof von Hippo in Nordafrika, Kirchenlehrer[99]

Was Gott wirklich ist, bleibt uns allezeit verborgen; und dies ist das Höchste, dass er jeden Gedanken übersteigt, den wir über ihn zu denken vermögen.
Thomas von Aquin (1225–1274),
einer der bedeutendsten mittelalterlichen Theologen und Philosophen[100]

Das Herz hat seine Gründe, die der Verstand nicht kennt. –
Es ist das Herz, das Gott fühlt, und nicht der Verstand.
Das ist der Glaube: Gott ist dem Herzen fühlbar, nicht dem Verstand.
Blaise Pascal (1623–1662), französischer Philosoph und Mathematiker[101]

Rabbi: »Ich gebe dir einen Gulden, wenn du mir sagst, wo Gott wohnt.«
Schüler: »Und ich gebe dir zwei Gulden, wenn du mir sagst, wo er nicht wohnt.«
Aus den Erzählungen der Chassidim,
einer jüdischen Frömmigkeitsbewegung aus Osteuropa im 18. Jahrhundert[102]

Jedem tiefen Naturforscher muss eine Art religiösen Gefühls nahe liegen,
weil er sich nicht vorzustellen vermag, dass die ungemein feinen Zusammenhänge,
die er erschaut, von ihm zum ersten Mal gedacht werden.
Im unbegreiflichen Weltall offenbart sich eine grenzenlose überlegene Vernunft.
Albert Einstein (1879–1955), berühmter Physiker, Nobelpreisträger

---

Gefährden unsere himmelstürmenden Weltraumfahrer
die Grundfesten der Religion?
Meine Antwort ist ein entschiedenes Nein.
Aber ich glaube, es ist im Zeitalter der Weltraumfahrt dringend nötig geworden,
Gott als einen weit größeren und mächtigeren Schöpfer und Herrn anzuerkennen,
als ihn viele von uns bisher gesehen haben.
Wernher von Braun (1912–1977), Raketenforscher[103]

ICH GLAUBE AN DIE SONNE, AUCH WENN SIE NICHT SCHEINT.
ICH GLAUBE AN DIE LIEBE, AUCH WENN ICH SIE NICHT SPÜRE.
ICH GLAUBE AN GOTT, AUCH WENN ICH IHN NICHT SEHE.
Aufschrift auf der Mauer des Warschauer Gettos,
in dem zu Beginn des Winters 1941 eine halbe Million Juden eingepfercht war

---

ICH SUCHTE MEINEN GOTT UND ER ENTZOG SICH MIR.
ICH SUCHTE MEINE SEELE UND ICH FAND SIE NICHT.
ICH SUCHTE MEINEN BRUDER UND ICH FAND SIE ALLE DREI.
Von einem Unbekannten, der viele Jahre in Sibirien in einem KZ war

---

Ein Junge schreibt:
Ich stamme aus einem frommen Elternhaus. Ich bin behütet aufgewachsen. Meine Eltern sind gute Eltern. Sie leben das, was sie glauben. Seit einiger Zeit aber denke ich, sie haben einen ganz traditionellen Glauben. Sie haben nie Zweifel gehabt. Sie haben vermutlich sich das Nachdenken darüber selbst verboten. Irgendwie beneide ich sie um diesen ungebrochenen Glauben. Andererseits kann ich einfach so nicht glauben. Ich habe oft eine Art Gewissheit, dass Gott gar nicht existiert. Ich habe mit meinem Onkel darüber geredet. Er ist Theologe und hat mir alle Gottesbeweise erklärt. Aber für mich beweisen sie gar nichts. Ich fühle mich ziemlich allein mit dieser Frage. Sagen Sie mir, ob es Gott gibt oder ob ihn nur Menschen erdacht haben.[104]

Seit mehr als 2000 Jahren haben sich Denker um den Nachweis bemüht, dass es Gott wirklich gibt. Man suchte Argumente für die Existenz Gottes, die der Vernunft standhalten konnten. Solche Gedankengänge nennt man **„Gottesbeweise“**.
Den großen Denkern war immer klar, dass ein Gottesbeweis nicht dasselbe ist wie z. B. ein Beweis in den Naturwissenschaften. Gott ist kein Ding, das sich wie ein chemisches Element oder ein Hormon nachweisen lässt. Darum sind die Gottesbeweise nicht Experimenten oder Berechnungen gleichzusetzen. Damit kommt man nur einzelnen Dingen oder Ereignissen in unserer Welt auf die Spur. Die Gottesbeweise führen viel weiter. Sie gehen an den Grund der Welt und unserer eigenen Existenz. Sie sind eher „Hinweise“ auf Gott. Dafür zwei Beispiele:

- *Der erste „Gottesbeweis“ geht von der Frage aus: Woher kommt die Welt im Ganzen?*
Die Dinge, die wir kennen, haben eine Ursache. Sie verdanken ihr Dasein nicht sich selbst. Ein Werkzeug ist von Menschen hergestellt worden, ein Baum ist aus einem Samen entstanden, ein Mensch wurde von einem Menschen geboren. Alle Dinge vergehen auch wieder. Sie verfallen, sterben, werden vernichtet. Nichts bleibt, wie es ist. Alles ist vergänglich. Auch die Welt im Ganzen hat einen Anfang gehabt. Letztlich kann die vergängliche Welt nicht von einem vergänglichen Ding hervorgebracht werden. Am Anfang und als Grund für die Welt muss eine unvergängliche Ursache stehen, von der alles Vergängliche herkommt. Diese erste Ursache nennen wir Gott.
- *Der zweite „Gottesbeweis“ geht von der Frage aus: Woher kommt die Ordnung dieser Welt, woher die Gesetze in der Natur, woher die faszinierende Schönheit vieler Dinge?*
Mit Erstaunen erkennt der Mensch, wie wunderbar der Aufbau eines Atoms, die Bahn der Sterne, die Schönheit der Berge und des Meeres, das Leben einer Pflanze, die Leistung des Auges, die Tätigkeit unseres Herzens ist. Dies alles kann nicht durch blinden Zufall entstanden sein. Es muss auf ein Wesen zurückgehen, das Macht und Intelligenz hat, die uns unendlich überlegen ist. Ein solches Wesen nennen wir Gott.

1. Was haltet ihr von diesen Überlegungen?
2. Zur Entstehung der Welt → S. 218 ff.
3. Schreibt dem Jungen auf seinen Brief eine kurze Antwort.

Auf die Frage des Jungen nach Gott kann man auch auf Folgendes hinweisen:

Eine Frage: Ist Liebe wirklich? Wer sie erlebt hat, zweifelt nicht daran, dass es sie gibt. Was ein Mensch erlebt, das ist für ihn wirklich. Wenn ein Mensch nie Liebe erlebt hat, kann er sagen, es gebe sie nicht. Andere mögen widersprechen, er bleibt bei seiner Meinung. Aber selbst so einer fühlt, dass es so etwas wie Liebe geben muss, denn seine Behauptung, es gebe Liebe nicht, entspricht seiner Enttäuschung darüber, dass er sie nicht erlebt. Tatsächlich sehnt er sich nach Liebe. Man sehnt sich aber nur nach etwas, das es gibt.[105]

5. *„Du sollst dir kein Gottesbild machen"*

Ein Mädchen (15 Jahre) schreibt:
Ich habe das Gefühl, dass meine Frage dumm ist und kindisch. Aber ich weiß, dass auch andere in meinem Alter sich damit beschäftigen. Unsere Religionslehrerin sagt, man könne sich Gott nicht vorstellen, das gehöre eben zu seinem Wesen, dass er unvorstellbar und unbegreiflich sei. Irgendwie verstehen wir das schon. Aber dadurch wird uns Gott nur fern. Natürlich wissen wir, dass Gott nicht als alter Mann mit Bart auf einem Thron sitzt. Aber wie sonst sollen wir mit ihm umgehen können, wenn er so gar nicht greifbar ist?[106]

Eines der Zehn Gebote lautet: „Du sollst dir kein Gottesbild machen" (Ex 20,4). Dieses Gebot weist uns darauf hin, dass kein Bild geeignet ist, Gott darzustellen, wie er ist. Dies gilt auch für alle Vorstellungen, die wir uns von Gott machen.

Was man mit Gott alles machen kann

Ein Mensch, der sich nicht vorstellen kann, dass Gott ist, ist keineswegs gottlos. Wohl aber, wer Gott als nützliche Sache missbraucht: mit ihm Geschäfte machen will und ihn als Vorwand seiner Interessen nimmt. Einige Beispiele dafür, „was man mit Gott machen kann":

Man kann Gott verantwortlich machen für Hunger und Elend.

Man kann Gott leugnen,
weil er sich nicht sehen lässt und Unglück nicht verhindert.

Man kann Gott mieten zu besonderen Anlässen:
Er dient der Feierlichkeit und fördert den Umsatz.

Man kann Gott nur für sich haben wollen
und besonders Andersdenkenden Gott absprechen.

Man kann Gott für die eigene Macht gebrauchen,
indem man sagt, alle Autorität komme von Gott.

Man kann im Namen Gottes Kriege führen,
Menschen verdammen und töten und sagen, das sei Gottes Wille.

Man kann mit dem Ruf „Gott will es!" Angriffe als „Kreuzzüge" tarnen
und auf Soldatenuniformen „Gott mit uns" schreiben.

Das alles ist gott-los. Man kann mit Gott nichts „machen", weder ihn gebrauchen noch ausnutzen, denn Gott ist Liebe und daran hat nur Anteil, wer diese Liebe in sich selbst groß werden lässt.[107]

1. Geht die Liste Punkt für Punkt durch und prüft euch, ob ihr sie aus eigener Erfahrung belegen könnt.
2. Die Schüler einer Klasse erhalten im Religionsunterricht die Aufgabe: „Malt Gott, wie ihr ihn euch vorstellt!" – Ein kleiner Junge sitzt verzweifelt vor seinem Blatt und malt nichts. Auf die Frage der Lehrerin: „Warum arbeitest du nicht?", gibt es Tränen. Er kann nur ein leeres Blatt abgeben. Welche Maßnahme der Lehrerin ist richtig?
Eine Rüge wegen Leistungsverweigerung?
Eine „1" in Religion?
Eine „5" in Religion?
3. Der russische Dichter Tolstoj sagte einmal: „Wenn ein Wilder nicht mehr an seinen hölzernen Gott glaubt, so heißt das nicht, dass Gott nicht existiert, es heißt nur, dass er nicht aus Holz ist."
4. Der katholische Theologe Karl Rahner hat einmal gesagt: „Gott sei Dank gibt es nicht, was sich 60–80 Prozent der Zeitgenossen unter Gott vorstellen." Wie ist dieser Satz zu verstehen?

Der Allzu-Bekannte

Wie viele Namen hast du eigentlich, Gott?
Und welcher ist der richtige?
Soll ich dich Vater nennen?
Väter können Tyrannen sein.
Soll ich dich Herr nennen?
Herren können Despoten[a] sein,
die Sklaven regieren.
Soll ich dich König nennen?
Aber was sind Könige heute noch:
Staatssymbole mit keep smiling für Illustrierte!

Ich weiß, ich weiß,
alle diese Namen sind nur Chiffren[b],
sind Hilfswörter für Unbegreifliches,
Unaussprechbares.
Sie sagen etwas von dir, über dich.
Sie sagen noch mehr über uns
und unsere Vorstellung von dir.

Es gibt keinen Namen für dich, der alles sagt,
für alle Zeit, für jeden.
Weil nicht alles gesagt werden kann,
weil jede Zeit und jeder Mensch
dich und deinen Namen neu finden muss.

Doch ich muss mit dir reden,
will dich ansprechen mit einem Namen.
Die alten sind mir fremd geworden.
Und ohne Namen, fürchte ich,
bist du mir fremd
wie die Stimme am Telefon,
die „Hallo“ ruft.

Paul Roth[108]

a Gewaltherrscher   b Hinweise

SYMBOLE
FÜR
GOTT

1. Warum können diese Bilder Symbole für Gott sein? (Die Figur auf S. 132 ist ein Labyrinth aus Chartres.) Kennt ihr andere Symbole für Gott?
2. Sammelt Gottesbilder und sprecht darüber, welche Vorstellung von Gott die Gestalter der Bilder jeweils hatten. Auch in diesem Buch findet ihr genug Beispiele, z. B. → S. 202 f.

Gott ist wie
das Wasser
(es durchdringt alles und gibt Leben)
Elektrizität
(unsichtbar, unfassbar,
voll Kraft und reich an Wirkung)
das Weltall
eine Fremdsprache
. . .

1. Das sind die Antworten einer Jugendgruppe. Was sagen sie euch? Könnt ihr selbst weitere Vergleiche finden?
2. Eine Bildzusammenstellung „Gott ist wie . . .“ findet ihr in Zeit der Freude S. 158.
Stellt auch selbst eine Bildfolge zu diesem Thema zusammen.

6. *Der für uns da ist*

Wer wissen will, warum Christen an Gott glauben und was Gott ihnen bedeutet, muss sich mit der Bibel beschäftigen. Dabei wird er feststellen, dass viele Aussagen der Bibel über Gott ganz anders sind als unsere üblichen Vorstellungen. Es ist erstaunlich, wie wenig der Gott der Bibel selbst unter Christen bekannt ist.
Die Bibel ist kein Lehrbuch, das Auskunft darüber gibt, wie man Gott zu verstehen habe und welche Eigenschaften er besitzt. Man findet hier keine Theorien oder Definitionen über Gott. Solche Versuche überlässt die Bibel anderen Leuten. Die Bibel ist vielmehr ein Buch, das in vielen Geschichten davon erzählt, was Gott den Menschen sagt, was er einmal getan hat und was er noch tun wird. Sie lädt uns dazu ein, ihm zu glauben und seine Wege zu gehen.
Im **Alten Testament** tritt uns Gott in unvergleichlicher Lebendigkeit vor Augen. Er hat die Welt geschaffen, das Volk Israel erwählt, die Propheten berufen und den Menschen gesagt, was sie tun sollen, um Glück und Heil zu erlangen. Ein paar Beispiele:

● Gott hat Israel seinen *Namen* gesagt. Er heißt „Jahwe". Das bedeutet: „Ich bin der Ich-bin-da", oder einfacher ausgedrückt: Gott ist der, *der für uns da ist*". Schon sein Name sagt, dass es ihm nicht genügt, in einem fernen Jenseits nur für sich zu leben.

Wie Mose den Namen Gottes erfährt,
könnt ihr nachlesen Ex 3,13–15.

● Gott hat sich seinem Volk vor allem als *Befreier* gezeigt. Seine erste Tat war die Herausführung seines Volkes aus Ägypten.

Lest dazu das Kapitel
„Exodus – Aufbruch zur Freiheit" → S. 19 ff.

● Israels Gott ist ein *Gott des Lebens*. Sein Volk und alle Menschen sollen gut und glücklich leben. Darum gibt er ihnen die Thora (Weisung, Gesetz) zum Leben.

1. Wie lauten die Zehn Gebote? Den Text findet ihr Ex 20,1–17 oder in diesem Buch → S. 177.

2. Zeigt an einem Beispiel, dass die Gebote den Menschen nicht einschränken, sondern frei und glücklich machen wollen. Vgl. auch S. 174, 178.

● Gott hat nicht nur in der Vergangenheit gewirkt. Immer weist er auch auf die *Zukunft* hin. Alles Festgefahrene hat vor ihm keinen Bestand. Wir dürfen hoffen, dass er alles neu macht. So ist er zum Gott der Hoffnung geworden.

Wie die Propheten Gottes Wort für die Zukunft
verkündet haben, könnt ihr S. 166 nachlesen.

Es ist erstaunlich, wie lebendig und unbekümmert im Alten Testament von Gott erzählt wird. Er kann lieben und zürnen, reden und schweigen, belohnen und strafen, hören und sehen, sogar gehen, schlafen und wachen. Diese Ausdrücke zeigen, wie sehr Gott mit den Menschen fühlt, wie er sie versteht und von ihnen betroffen wird. Er ist eben der, der für uns da ist.

Die Israeliten empfangen am Sinai die Thora (S. 176 f).
Kinderzeichnung von Josef Halvwa (13 Jahre), Israel

7. Vater – Sohn – Heiliger Geist

Früher hat man manchmal behauptet, der Gott des Alten Testaments sei ein Gott der Rache, des Hasses, des Gesetzes, während der Gott des **Neuen Testaments** ein Gott der Liebe, Freude und Versöhnung sei. Diese Gegenüberstellung ist falsch. Sonst hätte Jesus den Gott des Alten Testaments nicht seinen Vater nennen können. Auch Jesus will nicht exakte Definitionen von Gott geben oder Gottesbeweise liefern. Aber an seinen Worten und an seinen Werken kann man erkennen, wer Gott ist, was er für die Welt und die Menschen tut und was er für sie will.

FÜR JESUS IST GOTT DA,

- wo ein Vater seinem Sohn vergibt und ihm einen neuen Anfang ermöglicht *(Lk 15,11–32: Gleichnis vom verlorenen Sohn)*
- wo ein Mensch einem anderen hilft, auch wenn er davon keinen Nutzen hat *(Lk 10,25–37: Gleichnis vom barmherzigen Samariter)*
- wo Hungrige zu essen bekommen, Fremde und Obdachlose aufgenommen, Nackte bekleidet, Kranke und Gefangene besucht werden *(Mt 25,31–46: Bildrede vom Weltgericht)*
- wo Menschen zu sinnvollem Tun gerufen werden *(Lk 5,1–11: Berufungserzählung)*
- wo Angst überwunden wird *(Mt 10,26–33: Sturm auf dem See)*
- wo Licht in die Dunkelheit des Lebens gebracht wird *(Mk 8,22–26: Blindenheilung)*
- wo auch der Mensch etwas gilt, der nicht so viel wie andere leisten kann *(Mt 20,1–16: Gleichnis von den Arbeitern im Weinberg)*
- wo Menschen sich für Gerechtigkeit, Frieden und Versöhnung einsetzen *(Mt 5,3–12: Seligpreisungen der Bergpredigt)*
- wo die Angst vor der Zukunft und vor allem vor dem Tod aufgehoben und die Hoffnung auf eine bessere Zukunft und das ewige Leben geweckt wird *(Lk 24,13–35: Auferstehung, Emmausjünger).*

Manche Leute bewundern Jesus heute nur deshalb, weil er eine menschenfreundliche Lehre verkündet und viel Gutes getan hat. Sie meinen, dass auch wir seinem Beispiel folgen sollen. Dann würden wir schon wie er Gott nahe kommen. Daran ist sicher vieles richtig, aber es genügt nicht. Jesus ist für uns nicht nur Lehrer und gutes Beispiel. Er ist viel mehr. In ihm wird Gott selbst für uns gegenwärtig. Wenn wir ihn sehen, sehen wir Gott. Wenn wir ihn hören, hören wir Gott. In ihm ist Gott Mensch geworden.

Dieser unerhörte Satz steht in der Mitte unseres Glaubens. Auch wenn wir uns ein ganzes Leben lang damit befassen, werden wir ihn nur unvollkommen verstehen. Aber wer darüber nachdenkt, wird erkennen, dass Gott uns unendlich liebt, wenn er uns als Mensch nahe sein will. In dieser Liebe zeigt sich Gottes Geist.

Gott – wer ist das? Auf diese Frage haben Christen darum eine eigene Antwort.

Christian Rohlfs (1849–1938), Heimkehr des verlorenen Sohnes

Gott – das ist der Vater und der Sohn und deren Heiliger Geist.
Gott ist der Vater, der die Welt und die Menschen geschaffen hat. Er ist die Liebe, die keine Grenzen kennt.
Gott ist der Sohn, der Mensch wurde, wie wir Menschen sind. Er hat zu uns gesprochen, für uns gelebt, gelitten und ist auferstanden. Er ist zum Vater zurückgekehrt und wird wiederkommen, um sein Werk der Liebe zu vollenden und das Reich Gottes zu errichten.
Gott ist der Heilige Geist, der durch den Sohn gesprochen hat. Er macht die Welt und die Menschen neu. Durch sein machtvolles Wirken erhalten die Menschen Anteil am Leben und an der Liebe Gottes. Er ist es, der uns tröstet und beisteht, wenn wir uns für die Sache Gottes einsetzen.
Gott – das ist die Einheit dieser Drei – ein Gott in drei Personen.

Man hat oft gefragt, wie diese Drei eine Einheit bilden können. Viele Antworten wurden versucht, aber letztlich gilt auch von der Dreifaltigkeit (lat.: Trinität), dass man sich von ihr kein Bild machen soll. Wohl aber lässt sich zeigen, was es für Christen bedeutet, dass sie auf den Dreifaltigen Gott getauft sind und an ihn glauben.
Der *Glaube an den Vater* bedeutet, dass wir uns in der Welt wohlfühlen dürfen, weil sie seine Schöpfung ist. Wir sollen sie schön und für uns nutzbar machen, aber wir dürfen sie nicht zerstören.
Der *Glaube an den Sohn* bedeutet, dass wir alle Menschen lieben dürfen, auch wenn wir manchmal von ihnen enttäuscht werden. In ihm haben wir die Vergebung unserer Schuld und die Hoffnung auf unsere Auferstehung.
Der *Glaube an den Heiligen Geist* bedeutet, dass wir uns selbst von der Kraft Gottes begeistern und mitreißen lassen, wenn er alles neu macht und vollendet. Er schenkt uns Trost und Freude, Hoffnung und Liebe.

Der Glaube an den Dreifaltigen Gott bildet auch den Maßstab, an dem wir erkennen können, wie sich Christen von Nichtchristen unterscheiden.
Der *Glaube an den Vater* bedeutet eine Absage an alle falschen Götter und Mächte, die den Menschen unfrei machen.
Der *Glaube an den Sohn* bedeutet eine Absage an alle falschen Führer und Heilsbringer, die ein Paradies auf Erden versprechen.
Der *Glaube an den Heiligen Geist* bedeutet eine Absage an den Geist der Bosheit in der Welt, durch den sich der Mensch in Leid und Schuld, in Not und Tod verstrickt.

Dieser Glaube kann das Leben der Christen verändern. Darum sprechen Christen so oft:

Im Namen des Vaters und des Sohnes und des Heiligen Geistes.

1. Was sagt das Glaubensbekenntnis über Vater, Sohn und Geist?
2. Der Glaube an den Dreifaltigen Gott bestimmt das Sakrament der Taufe und Firmung sowie viele Gebete. → Zeit der Freude S. 163 ff.
3. Um die Einheit von Vater, Sohn und Geist besser zu verstehen, hat man manche Erklärung versucht, z. B.: Wenn man das Licht von drei Kerzen zusammenhält, bilden sie eine einzige Flamme. Oder: Ein einziges Dreieck hat drei Seiten. Oder: Die Liebe von Mann und Frau zeigt sich im Kind. Eine Liebe - drei Personen. – Alle diese Erklärungen haben einen guten Sinn, aber auch Schwächen. Könnt ihr das zeigen?

Darstellung der Heiligen Dreifaltigkeit.
Der Vater zeigt das Kreuz Jesu.
Zwischen ihnen der Hl. Geist als Taube.
In den Ecken die vier Evangelistensymbole: Engel (Mt), Löwe (Mk), Stier (Lk) und Adler (Joh).

Der Gnadenstuhl, Landgrafenpsalter, 1211/13

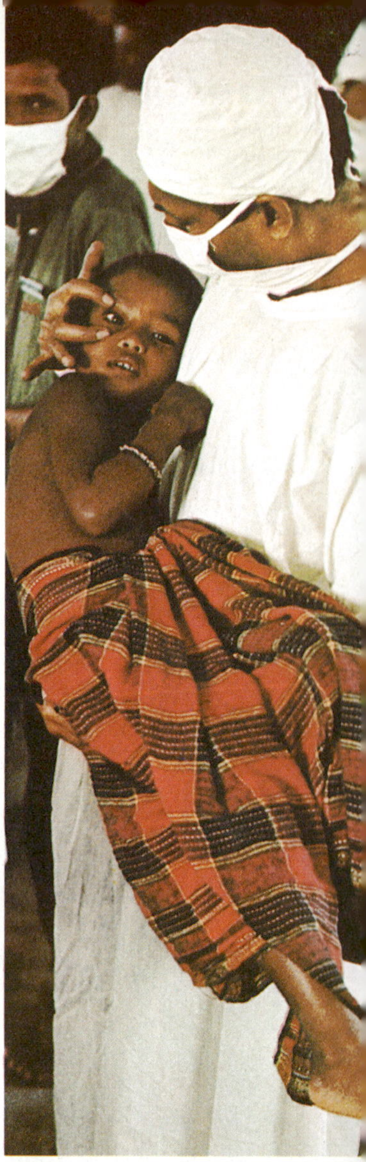

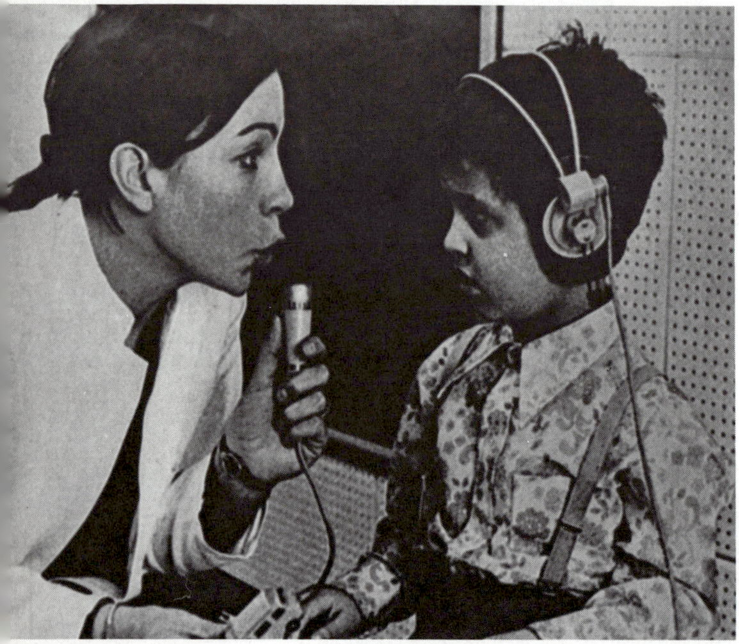

Wenn jemand sagt:
Ich liebe Gott,
aber seinen Bruder hasst,
ist er ein Lügner,
denn wer seinen Bruder,
den er sieht, nicht liebt,
kann Gott nicht lieben,
den er nicht sieht.

1 Joh 4,20

8. *Die schwierigste Frage*

*Der Dichter **Wolfgang Borchert** (1921–47) schildert unmittelbar nach dem 2. Weltkrieg in seinem Drama „Draußen vor der Tür", wie ein Soldat aus dem Kriege heimkehrt und keinen Sinn mehr im Leben finden kann. Daraus entsteht eine heftige Anklage gegen Gott, der in dem Stück als armer alter Mann erscheint:*

Beckmann: Wann bist du eigentlich lieb, lieber Gott? Warst du lieb, als du meinen Jungen, der gerade ein Jahr alt war, als du meinen kleinen Jungen von einer brüllenden Bombe zerreißen ließt? Warst du da lieb, als du ihn ermorden ließt, lieber Gott, ja?

Gott: Ich habe ihn nicht ermorden lassen.

Beckmann: Nein, richtig. Du hast es nur zugelassen. Du hast hingehört, als er schrie und die Bomben brüllten. Wo warst du da eigentlich, als die Bomben brüllten, lieber Gott? Oder warst du lieb, als von meinem Spähtrupp elf Mann fehlten? Elf Mann zu wenig, lieber Gott, und du warst gar nicht da, lieber Gott. Die elf Mann haben gewiss laut geschrien in dem einsamen Wald, aber du warst nicht da, einfach nicht da, lieber Gott. Warst du in Stalingrad lieb, lieber Gott, warst du da lieb, wie? Ja? Wann warst du denn eigentlich lieb, Gott, wann? Wann hast du dich jemals um uns gekümmert, Gott?[109]

Aus einer Zeitungsmeldung im Winter 1980

Ein schweres Erdbeben hat gestern Süditalien heimgesucht. Nach ersten Schätzungen sind Hunderte Menschen ums Leben gekommen. Viele Dörfer wurden völlig zerstört. Die Überlebenden fanden in der Nacht kaum einen Raum, der ihnen Schutz vor der Kälte bot.

Aus einer Todesanzeige im November 1981

Gestern starb unser einziges Kind, unsere liebe Tochter Gisela, im Alter von 15 Jahren. Der Tod hat sie von einer schweren Krankheit erlöst, die sie seit Monaten mit großer Geduld ertragen hat.

Ihr kennt sicher andere bedrückende Ereignisse, die für Menschen schwer zu verstehen sind. Könnt ihr vielleicht von dem einen oder anderen Beispiel erzählen? (→ S. 108, 232)

Zu allen Zeiten haben sich die Menschen die Frage gestellt:

Wie kann Gott so viele Leiden in der Welt zulassen?

Immer haben sich Menschen die Mühe gemacht, diese schwierigste Frage unseres Glaubens zu beantworten. Einige Versuche:

- Manches Leid ist unvermeidbar, weil der Mensch von den Gesetzen der *Natur* bestimmt wird. Schmerz, Krankheit und Tod gehören zum Leben. Der Mensch kann sich auch nicht gegen alle Naturkatastrophen wehren (Lawinen, Erdbeben, Überschwemmungen, Trockenheit, Missernten). Immerhin könnte die Menschheit wirkungsvoller gegen die Gefahren der Natur kämpfen.
- Viel Leid wird von den *Menschen* selbst verursacht, indem sie die Gebote Gottes übertreten. Darum sind sie für Krieg, Verbrechen, Mord, soziale Ungerechtigkeit, Hunger, Armut, Einsamkeit u. a. verantwortlich.
- Manche haben auch gemeint, *Gott* wolle den Menschen prüfen oder gar für seine Schuld strafen.

Mit diesen Antworten kann man einen Menschen, der leidet, meist nicht trösten. Denn diese Antworten werfen neue Fragen auf, z. B.: Warum hat Gott die Natur so eingerichtet? Warum hat er dem Menschen eine Verantwortung gegeben, die er so furchtbar missbrauchen kann? Warum will Gott uns so hart prüfen oder strafen, wenn er doch die Liebe selbst ist?
Obwohl wir diese Frage mit unserer Vernunft nicht beantworten können, haben viele Christen in ihrem Glauben Wege gefunden, mit dem Leiden zu leben, es zu ertragen und sogar zu überwinden. Vielleicht überzeugen uns Beispiele mehr als alle Überlegungen.

Lieber Peter!

Du fragst in deinem letzten Brief, wie es mir geht und wie ich mit meinen Sorgen fertig werde. Ich habe qualvolle Wochen hinter mir. Die Schmerzen nach dem Unfall waren groß. Noch schlimmer die Angst, was aus mir werden soll. Nun habe ich Sicherheit. Die Ärzte haben mir gesagt, dass ich nie mehr richtig laufen kann. Aber ich werde mich mit einem Rollstuhl fortbewegen können. Wie ich diesen Gedanken ertrage? Ich will dir keine frommen Sprüche aufsagen, aber ich denke oft an das Lied „Was Gott tut, das ist wohlgetan, es bleibt gerecht sein Wille". Ich hoffe, dass ich auch vom Rollstuhl aus manches tun kann, was mir Freude macht und anderen nützlich ist. Auch so wird mein Leben einen guten Sinn bekommen. Weiß ich jetzt schon, wozu das alles gut ist? Eines weiß ich sicher: Er ist bei mir. – Schreib mir mal wieder. Deine Freundschaft bedeutet mir jetzt mehr denn je.[110]

Dein Rudolf

■ Ich bin achtzehn Jahre alt; in diesem Alter gibt man gern damit an, dass man auch recht gut ohne Gott auskommt. Jedenfalls ist das so in meiner „Band". Die „Band" besteht aus fünf Kumpels, alles prima Kerle; wir machen zusammen Musik. Der Gitarrist heißt Pierre; weil er aber so klein und dürr und eigensinnig ist, nennen wir ihn „pépin", was ungefähr so viel bedeutet wie „kleiner Ärger".
Ausgerechnet pépin geriet eines Abends in eine Schlägerei. Bis wir ihm zu Hilfe kommen konnten, war er schon windelweich geprügelt. Er lag am Boden vor den Garderobenständern, blutete und hatte sich nicht gewehrt. Vor ihm stand ein uns unbekannter Junge und heulte. Zunächst verstanden wir überhaupt nichts und am wenigsten die Tatsache, dass unser kleiner pépin trotz seiner Schmerzen lachte und der unverletzte Junge neben ihm weinte.
Ich begleitete Pierre ins Krankenhaus. Auf seiner Bahre festgeschnallt, sah er erbärmlich aus. Und trotzdem irgendwie vergnügt. Ich fragte: „Warum grinst du so komisch?" – „Weil sich etwas in mir freut", sagte er einfach. Erst als ich ihn drängte, erzählte er, dass er die Prügel eingesteckt habe, die für einen anderen, eben jenen heulenden Jungen, bestimmt waren. „So blöd kannst auch nur du sein", meinte ich, war aber doch beeindruckt. Wie das Gespräch dann weiterging, weiß ich heute nicht mehr. Jedenfalls sagte pépin mir im Krankenwagen, dass er an Gott glaube, dass „einer des anderen Last" zu tragen habe und dass ihm zwar jeder Knochen weh tut, aber auf eine merkwürdig gedämpfte Weise, „so als habe jemand bereits die Verbände angelegt".
Ich bin dann vom Krankenhaus zu Fuß heimgegangen. Mir war zumute wie meinem Freund pépin – elend und vergnügt zugleich. Und plötzlich fiel mir ein, dass ich ja eigentlich getauft war. Ein ganz idiotischer Einfall, denn wie kann man so etwas vergessen? Ich überlegte: „Wenn ich getauft war, dann war ich also Christ. Und wenn ich Christ war, dann musste ich es auch wirklich sein; so wie Pierre." Das schien mir auf einmal ganz logisch. Als ich schließlich im Bett lag, dachte ich noch immer, erstaunt und glücklich: „Du bist ein Christ, Martin!" Dieses Geschenk der Freude verdanke ich Pierre, der heute gelähmt ist.[111] *Martin, Schüler*

Jesus hat kurz vor seinem Tod gebetet: „Mein Vater, wenn es möglich ist, gehe dieser Kelch an mir vorüber. Aber nicht wie ich will, sondern wie du willst“ (Mt 26,39). Sterbend schrie er am Kreuz: „Mein Gott, mein Gott, warum hast du mich verlassen?“ (Mt 27,46). Gott hat ihn in diesem Moment nicht getröstet. Sein Sohn musste das Leiden tragen wie wir. So wurde er im Leiden mit uns solidarisch. Aber er hat uns das Leiden nicht erklärt. – Daran hat wohl auch der große deutsche Maler Matthias Grünewald (1475–1528) gedacht, als er den Gekreuzigten so qualvoll leidend dargestellt hat wie bis dahin niemand. Das Bild sollte wohl den Pestkranken der damaligen Zeit zeigen, dass Jesus ein ähnlich schweres Leiden zu tragen hatte wie sie. Sein Körper ist von Wunden zerrissen. Die Hände lehnen sich gegen den Schmerz auf. Das Antlitz ist zerschunden. Rechts steht Johannes der Täufer mit dem Lamm Gottes. Über ihm die Inschrift: „Er muss wachsen, ich aber muss abnehmen.“ Links stützt Johannes, der Lieblingsjünger Jesu, die fast zusammenbrechende Gottesmutter. Am Fuß des Kreuzes kniet Maria Magdalena, der Jesus die Sünden vergeben hatte.

„Ich bin überzeugt, dass die Leiden der gegenwärtigen Zeit nichts bedeuten im Vergleich zu der Herrlichkeit, die an uns offenbar werden soll. . . Die Schöpfung soll von der Sklaverei und Verlorenheit befreit werden zur Freiheit und Herrlichkeit der Kinder Gottes. . . Denn wir sind gerettet, doch in der Hoffnung.“ *Röm 8,18.21.24*

---

1. Manche Christen nehmen das Leiden geduldig an, andere versuchen, es zu lindern, wo sie nur können. Kennt ihr dafür Beispiele?

2. Ihr findet in diesem Buch viele Gestalten, die aus ihrem Glauben die Frage nach dem Leiden beantwortet haben, z. B. Thomas Morus → S. 14 f, Mutter Teresa → S. 17 f, Severina → S. 152, Amos und Jesaja → S. 163, 166.

3. Ein wichtiges Bibelwort:
Offb 21,4–5 (→ S. 230). Kennt ihr andere?

Beten – warum und wie?

1. Eine sehr persönliche Frage

Betest du?

Auf diese Frage
haben Jugendliche geantwortet:

- Nein, weil ich gemerkt habe, dass Beten mir nichts nützt. Früher habe ich oft um etwas gebetet, z. B. dass eine Arbeit gut ausfällt. Aber dann bekam ich doch eine „Fünf". Oder dass meine Mutter gesund wird, aber sie ist immer noch krank. Wenn ich bete, komme ich mir vor wie einer, der telefoniert, und am anderen Ende der Leitung nimmt keiner ab.
- Ich weiß es selber nicht genau. Die paar Gebete, die ich so kenne, wie z. B. das Vaterunser, spreche ich nur ganz selten. Wann sollte ich es auch aufsagen? Aber ich denke oft über mich nach, z. B. was ich soll oder wer ich bin. Nachher habe ich dann das Gefühl: Das könnte so etwas wie ein Gebet gewesen sein. Ähnlich geht es mir manchmal, wenn ich einem anderen geholfen habe.
- Nein, weil ich fast nur noch so komische Kindergebete im Kopf habe, die ich nicht mehr mag, z. B. „Abends, wenn ich schlafen geh, 14 Englein um mich stehn" oder „Jesukindchen klein, mach mein Herze rein". Meine Welt kommt in diesen Gebeten nicht vor.
- Ja, zusammen mit meinen Eltern am Mittagstisch und sonntags in der Messe. Im Grunde tue ich das aber mehr gezwungen. Wenn ich da nicht mitmache, bekomme ich nur Schwierigkeiten, besonders mit meiner Mutter.
- Ich bete gelegentlich mit meinen Eltern und in der Kirche. Gezwungen werde ich von ihnen zwar nicht, aber ich könnte auch nicht sagen, warum ich es noch tue. Manchmal denke ich: Es hat keinen Zweck; manchmal fühle ich mich aber auch beim Beten erleichtert. Warum das so unterschiedlich ist, kann ich selbst nicht sagen.
- Am leichtesten fällt mir das Beten, wenn ich in einer schönen Umgebung bin, z. B. wenn ich die Sterne über mir sehe oder in einem Gebirge bin. Dann fühle ich mich in einem großen Zusammenhang. Dabei brauche ich dann gar keine Worte an Gott zu richten. Trotzdem fühle ich mich ihm nahe. Das ist für mich Gebet.

● Nein, warum sollte ich beten? Ich glaube zwar an Gott, aber der ist doch allwissend. Dem brauche ich nichts zu sagen, weil er doch schon alles weiß. Darum lasse ich es gleich.

● Nein. Ich glaube nicht an Gott. Also kann ich auch nicht mit ihm sprechen.

● Ich weiß es nicht. Wenn ich es versuche, habe ich immer den Eindruck, ich spreche mit mir selbst.

● Manchmal habe ich Angst, vor den Mitmenschen, vor der Zukunft, vor mir selbst. Oder wenn ich etwas getan habe, was nicht richtig war. Dann beginne ich zu beten. Ich kann mich dann an einen klammern, der die Macht hat, mir zu helfen.

● Wen ich glücklich bin und mit niemandem darüber sprechen kann, muss ich einfach danken. Ich glaube, dass mein Dankgefühl Gott erreicht. Vielleicht nimmt er es als Gebet.

● Allein zu beten fällt mir schwer. Aber wenn ich so mit anderen im Gottesdienst zusammen bin, wenn ich eine gute Predigt gehört habe und wenn wir dann singen, dann komme ich in die richtige Stimmung. Dann kann ich auch beten.

1. Mit welchen Schüleraussagen kannst du dich einverstanden erklären? Warum? Suche für dich eine Antwort, warum du betest oder nicht betest, auch wenn du im Unterricht darüber nicht sprechen möchtest.

2. Wie erklären sich die Scheu und die Abwehr vieler Schüler gegenüber dem Thema „Gebet" im Religionsunterricht? Versucht, darüber miteinander zu sprechen.

3. Meint ihr, dass die Behandlung dieses Themas in der Schule überhaupt etwas nützen kann? Kann man beten „lernen"? Vgl. dazu Lk 11,1.

2. *Der Weg, der weiterführt*

Schüler: Zeige mir, wie ich beten kann.
Lehrer: Kann ich es dir zeigen? Ich kann es nicht.
Schüler: Bist du denn nicht ein Lehrer der Religion?
Lehrer: Eben deswegen! Beten lernt niemand durch Wissen und Können, sondern durch Erfahren und Leben. Was immer ich weiß, kann dir nicht ersparen, dich selbst zu suchen. Selbst musst du in den Brunnen springen.[112]

Beten ist leicht, wenn es spontan aus unserem Herzen kommt. Beten ist schwer, wenn unser Herz an unwichtigen Dingen hängt und sich daran verliert. Dann können wir leicht vergessen, wie wichtig das Gebet ist. Menschen, die Erfahrungen mit dem Beten haben, sehen im Gebet einen Weg, der uns weiterführt: zu uns selbst –zu anderen Menschen – zu Gott. Solche Erfahrungen kann man so beschreiben:

● Zu beten braucht man nicht. Beten darf man, wenn es geht. Beten ist ein Wellenschlag des Glaubens: Es ist eigentlich immer da, aber es geht auf und ab, es hat Höhe- und Tiefpunkte.

● Beten kommt in fast allen Religionen vor. Es gehört offensichtlich zu den Bedürfnissen des gläubigen Menschen. Man kann sich ihm nicht entziehen, es ist so etwas wie ein Naturgesetz. Es braucht nicht immer mit Worten zu geschehen; es gibt auch schweigende Gebete und große Beter der Geschichte haben immer bezeugt, dass das höchste Gebet wortlos und schauend ist. Beten hat immer etwas mit diesem Unaussprechlichen zu tun, mit diesem Anderen hinter den Worten und Dingen, mit Ihm, der in allem spricht und doch über alles hinausgeht. Beten ist eine Beziehung zu Ihm. Der Mensch, der betet, geht aus sich selbst heraus, auf Ihn zu. Er verschließt sozusagen sich selbst, die Läden um sich herum, Augen und Ohren – und öffnet sich zugleich für Ihn. Menschen, die viel gebetet haben, haben immer gesagt, Beten sei so etwas wie aufsteigen, sich selbst erheben, Geist und Herz und Seele außerhalb seiner selbst bringen.

● Beten ist nicht dasselbe wie Reden, denn man braucht im Gebet weder sich selbst noch den anderen zu hören. Beten ist so etwas wie um Gott herumfliegen, seine Aufmerksamkeit auf Ihn verlegen, um Ihn kreisen. Es ist vielleicht doch mehr ein Bei-Ihm-Sein als ein Zu-Ihm-Sprechen. Es sind nicht die Worte, die das Beten zum Beten machen, sondern das, was vor diesen Worten liegt: die Richtung auf Gott hin wählen, etwas an Ihn adressieren, sich selbst Ihm zuwenden.

● Beten heißt sich nach Gott recken. Das bedeutet, dass Beten an sich nichts mit Sprechen zu Gott zu tun hat, damit, dass man etwas zu Ihm sagt. Dass „Zuhören", „Lauschen" ein besonders gutes Gebet sein kann. Dass „Stille" ein Gebet sein kann: einfach irgendwo sein und wach sein für Gott, Ihm zugewandt sein. Es bedeutet auch, dass die Feststellung „ich kann nicht beten" sehr wohl Beten sein kann. Das Verlangen, beten zu können, ist selbst schon Beten. Gott wird dann in der Klage, in der Ohnmacht angebetet. Er ist darin zugegen.

● Weil Beten ein Echo meines ganzen Lebens zu Gott hin ist, kann es auf vielerlei Art geschehen. Alles kann Beten sein oder werden: preisen, sich wundern, sprachlos sein, fluchen, wachen, weinen, schimpfen, flehen, bitten, sein Herz erleichtern, Gott zur Verantwortung ziehen, sogar hassen. Beten ist: der Mensch selbst.

● Wenn es Gott gibt, dann ist es logisch, dass man mit ihm sprechen kann und dass er unsere Sprache versteht. Dann kann man seine Bitte an einem Ballon zum Himmel aufsteigen lassen, denn der Wind weht, wo er will, und Gott findet sie schon: den Namen und die Anschrift des Absenders.

● Jesus sagt, dass unser Gebet immer erhört wird *(Lk 11,5–10; Mt 18,19–20; Lk 18,1–7)*. Davon stimmt, so sagen viele Menschen, nichts. In der Tat: Wenn man unter Beten versteht, dass man „Gott um etwas bittet“, dann sagt er weder etwas, noch gibt er etwas wieder. Beten verlangt nicht von Gott, sondern von mir selbst. Beten heißt nicht: „Sagen: Herr, Herr!“, sondern tun, verwirklichen, ausführen. Wir dürfen nicht erwarten, dass Gott die Dinge gut regeln wird, ohne dass wir selbst uns innerlich dabei beteiligen lassen. Bittend beten heißt, sich selbst sagen, was man tun muss; die Erhörung dieses Gebetes bedeutet nicht, dass jetzt Dinge geschehen, die sonst nie geschehen wären, sondern: dass das Beten unser Handeln richtig macht, das heißt: dem Willen Gottes gemäß und somit der Sache gemäß, um die es geht. Beten hat also nicht zur Aufgabe, Gottes Interesse zu wecken für etwas, für das er noch kein Interesse hatte, sondern die Tatsache dieses Interesses immer wieder neu in uns zu realisieren. Deshalb ist es sehr sinnvoll, um die kleinen, alltäglichen Dinge zu beten: um das Brot auf dem Tisch, tagtäglich, und um die Ruhe der Nacht. Jesus hat das selbst getan und uns gelehrt, so zu handeln. Denn wir sind in Gottes Handfläche geschrieben. Für das Beten ist nichts zu gering. Kein Brot und kein Fisch und kein Ei.

● „Er stieg auf den Berg, um dort zu beten“, sagt Lukas, „und während er betete, bekam sein Angesicht ein anderes Aussehen“ *(Lk 9,28–29)*. In der Tat, Beten heißt: ein anderes Gesicht bekommen. Irgendwoanders hinschauen. Das tun, was getan werden muss. Eine Verklärung. Eine Auferstehung.[113]

1. Welche Gedanken passen zu den Schülerantworten auf die Frage: „Betest du?“ (→ S. 144 f)
2. Sucht die Bildworte heraus, die hier gebraucht werden. Vergleicht sie auch mit den Abbildungen auf S. 154 f. Könnt ihr weitere Vergleiche finden: Beten ist wie . . .
3. Beten kann sein:
das Sprechen von gelernten Gebeten und Formeln
Gemeinschaftsgebet und Gesang im Gottesdienst
freies Sprechen
wortloses Schweigen
Leben in der Gegenwart Gottes
Erläutert die einzelnen Formen anhand von Beispielen und Situationen.
4. Auf was man beim Beten achten soll:
die Hände ruhig halten
mit den Augen nicht umherschweifen
die Gedanken sammeln
still werden und auf das hören, was aus dem Herzen kommt
Überlegt auch, warum man beim Beten oft die Hände faltet, ausbreitet oder öffnet, sich hinkniet, sich stellt.
5. Lest Zeit der Freude S. 145 ff.

MENSCHEN BETEN ...

Afrikanische Christen
Buddhistische Mönche
Indio
Moslems
Juden an der Klagemauer
Hindu

3. *Lallen – Leben – Leiden – Lieben*

Rabbi Levi Jizchak kam einst in eine Herberge, wo viele Kaufleute eingekehrt waren, die zu einem Markt fuhren. Der Ort war fern von seiner Heimat, so kannte ihn niemand. Am frühen Morgen wollten die Gäste beten; da sich aber im ganzen Haus nur ein einziges Paar Gebetsriemen befand, zog einer nach dem anderen sie an, sprach in Eile das Gebet und reichte sie dem Nächsten. Als alle fertig waren, rief der Rabbi zwei junge Leute zu sich heran; er wolle sie etwas fragen. Sie traten näher, er sah ihnen ernsthaft ins Angesicht und sagte: „Ma – ma – ma, wa – wa – wa." „Was wollt Ihr?", riefen die Jünglinge, erhielten aber nichts zur Antwort als die gleichen wirren Laute. Da hielten sie ihn für einen Narren. Nun aber redete er sie an: „Wie, versteht ihr die Sprache nicht und habt doch soeben zu Gott, dem Herrn, in ihr gesprochen?"

Einen Augenblick schwiegen die jungen Leute bestürzt, dann aber sagte der eine: „Habt Ihr nie ein Kind in der Wiege liegen sehen, das noch nicht sprechen kann? Habt Ihr nicht gehört, wie es allerlei Laute mit seinem Mund macht: Ma – ma – ma, wa – wa – wa? Alle Weisen und Gelehrten können es nicht verstehen. Wenn aber seine Mutter hinzukommt, weiß sie sogleich, was die Laute meinen."

Als der Rabbi diese Antwort vernahm, begann er zu tanzen vor Freude. Und wenn er in den folgenden Jahren mit Gott im Gebet redete, pflegte er ihm diese Antwort zu erzählen.[114]

Zur Erklärung: Ein Rabbi ist ein jüdischer Gelehrter, der sich vor allem mit den Weisungen Gottes befasst. – Wenn Juden beten, legen sie Gebetsriemen („Teffilin") an (→ Wege des Glaubens S. 201)

1. Warum kritisiert der Rabbi zuerst die beiden jungen Leute? Wie wissen sie sich zu wehren? Wie sieht der Rabbi am Ende ihr Gebet.

2. Wer hat in der Geschichte von wem gelernt? Habt ihr auch etwas Wichtiges in der Geschichte für euch entdecken können?

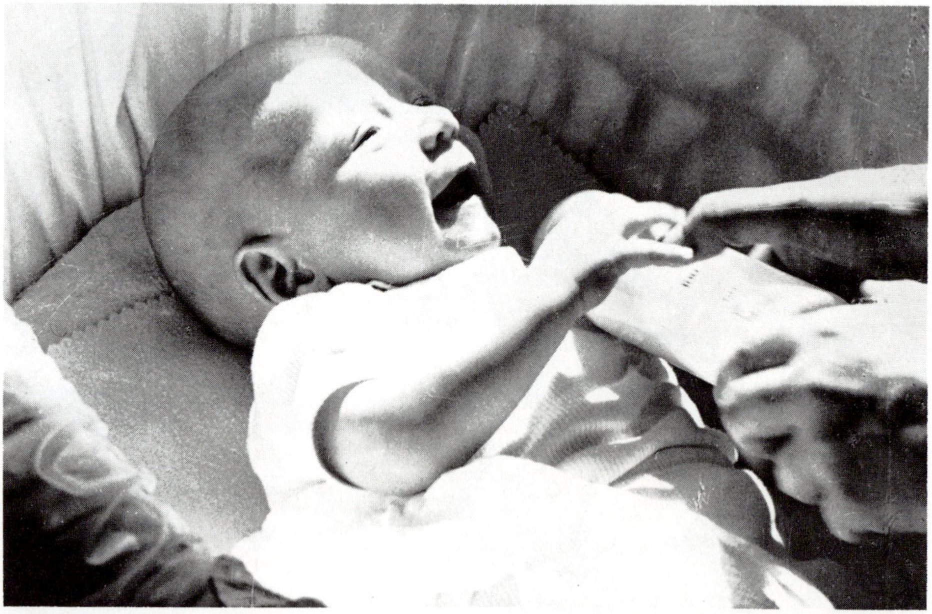

Bild rechte Seite: Georges Rouault (1871–1958), Pierrot Aristocrate (Gaukler)

Es war einmal ein Gaukler, der tanzend und springend von Ort zu Ort zog, bis er des unsteten Lebens müde war. Da gab er alle seine Habe hin und trat in ein Kloster ein. Aber weil er sein Leben bis dahin mit Springen, Tanzen und Radschlagen zugebracht hatte, war ihm das Leben der Mönche fremd und er wusste kein Gebet zu sprechen.
So ging er stumm umher, und wenn er sah, wie jedermann des Gebetes kundig schien und mit im Chor die Messe sang, stand er beschämt dabei: Ach, er allein, er konnte nichts. „Was tu ich hier?“, sprach er zu sich, „ich weiß nicht zu beten. Ich bin hier unnütz und der Kutte nicht wert, in die man mich kleidete.“
In seinem Gram flüchtete er eines Tages, als die Glocke zum Chorgebet rief, in eine abgelegene Kapelle. „Wenn ich schon nicht mitbeten kann im Kreis der Mönche“, sagte er vor sich hin, „so will ich doch tun, was ich kann.“ Rasch streifte er das Mönchsgewand ab und stand da in seinem bunten Röckchen, in dem er als Gaukler umhergezogen war. Und während vom hohen Chor die Psalmgesänge herüberwehen, beginnt er mit Leib und Seele zu tanzen, vor- und rückwärts, links herum und rechts herum. Mal geht er auf seinen Händen durch die Kapelle, mal überschlägt er sich in der Luft und springt die kühnsten Tänze, um Gott zu loben. Wie lange auch das Chorgebet der Mönche dauert, er tanzt ununterbrochen, bis ihm der Atem verschlägt und die Glieder ihren Dienst versagen.
Ein Mönch war ihm aber gefolgt und hatte durch ein Fenster seine Tanzsprünge mitangesehen und heimlich den Abt geholt. Am anderen Tag ließ dieser den Bruder zu sich rufen. Der Arme erschrak zutiefst und glaubte, er solle gestraft werden.
Also fiel er vor dem Abt nieder und sprach: „Ich weiß, Herr, dass hier meines Bleibens nicht ist. So will ich aus freien Stücken ausziehen und in Geduld die Unrast der Straße wieder ertragen.“ Doch der Abt neigte sich vor ihm, küsste ihn und bat ihn, für ihn und alle Mönche bei Gott einzustehen: „In deinem Tanze hast du Gott mit Leib und Seele geehrt. Uns aber möge er alle Worte verzeihen, die über die Lippen kommen, ohne dass unser Herz sie sendet.“[115]

1. Wie gefällt euch der Gaukler, wie der Abt?
2. Welche Einstellung zum Gebet spricht aus dieser Erzählung? Könnt ihr sie auf Situationen in eurem Leben beziehen?
3. Könnt ihr euch vorstellen, dass auch ihr nicht nur mit eurem Herzen und Mund, sondern mit dem ganzen Körper (Bewegung, Tanz, Pantomime) betet?

Dom Helder Camara, (→ S. 167) *der Erzbischof von Olinda und Recife (Brasilien) erzählt:*

■ Eine wohlhabende Frau aus Frankreich hatte gewünscht, ein Elendsviertel (Favela) in Brasilien zu besuchen. Als wir in einer Favela ankamen, die den schrecklichen Namen „untermenschlich“ verdient, bat ich Severina, eine brave Alte, um ihre Hilfe während des Besuchs. Am Ende der Besichtigung und beim Abschied fasste die Französin ihren Eindruck zusammen: „Welches Elend!“

Severina fing das Wort auf und fragte mich: „Ich glaube, sie hat von Elend gesprochen. Haben Sie doch die Güte, ihr zu sagen, dass ich zwar den entsetzlichen Zustand unserer Favela kenne. Vielleicht verdient unsere Favela wirklich die Bezeichnung ‚Elendsviertel‘. Aber ich halte mich durchaus nicht für elend. Ich habe Reichtümer, die alles Geld der Welt nicht kaufen kann: meine Augen, meine Ohren, meine Nase, meinen Mund, meine Hände, meine Arme, meine Füße, meine Beine, meinen Kopf, mein Herz! Und vor allem meinen Glauben: den tausche ich nicht, den verkaufe ich nicht, nicht um alles Gold aller Banken der Welt!“[116]

Severinas Worte sind kein Gebet, aber ein Hinweis darauf, wie man auch im Leiden beten kann.

Kennt ihr andere Beispiele?

■ Einmal, am Vorabend des größten jüdischen Feiertages, versammelte sich die ganze Gemeinde des Rabbi Mosche Löb im Bethaus. Er hatte aber ein für allemal befohlen, dass man auf ihn niemals mit dem Beten warten solle. Darum stimmte man das Gebet ohne ihn an. Später erschien der Rabbi doch. Die Leute forschten nach, warum er so spät gekommen war und das so wichtige Gebet versäumt hatte, und erfuhren Folgendes: Als der Rabbi zum Beten ging, hörte er unterwegs in einem Haus ein Kind weinen. Er ging hinein und sah, dass die Mutter zum Beten weggegangen war und das Kind allein gelassen hatte. Der Rabbi hatte Mitleid mit dem Kind und spielte mit ihm so lange, bis es müde wurde und einschlief. Erst dann ging er in die Synagoge, um das Gebet zu sprechen.[117]

Vergleicht das Tun des Rabbi mit dem Wort Jesu Mt 5,23f.

4. So dürft ihr beten

Aus der Bibel

Die Bibel kennt viele Arten des Betens: das Bitten und Danken, Loben und Klagen, das Gebet, das sich in der Tat äußert, und das Gebet der Stille.

1. Lest im Alten Testament die Psalmen 8, 104, 130, 139.
Beantwortet dazu folgende Fragen:
Was bewegt den Beter?
Was trägt er Gott vor?
Wann könnte man heute diese Psalmen beten?

2. Lest und deutet folgende Gebete Jesu aus dem Neuen Testament:
Mt 6,9–13/Lk 11,2–4 (Vaterunser),
Lk 22,39–42 (Getsemani).

3. Die Bibel sagt über das Beten vieles, was uns nachdenklich machen kann. Manches entspricht nicht unseren gängigen Meinungen und Erwartungen. Was sagen z. B. folgende Stellen über Gott, den Beter und das Gebet?
Ijob 19,6–12
Jer 15,10–18 (zu Jeremia → S. 160)
Mt 5,23f; 6,5–7; 7,7–11 (→ S. 190)
Röm 8,26ff
1 Thess 5,17.

Aus Vergangenheit und Gegenwart

GOTT,
schenke uns
Gelassenheit,
das hinzunehmen,
was wir nicht ändern
können.
Gott, schenke uns Mut,
das zu ändern,
was wir ändern können.
Gott, schenke uns
Weisheit,
das eine vom andern
zu unterscheiden.

Altes englisches Pilgergebet

Du sendest mir Gewissheit

Wie leicht ist es für mich,
mit dir zu leben, Herr!
An dich zu glauben,
wie leicht ist das für mich!
Wenn ich zweifelnd nicht
mehr weiter weiß
und meine Vernunft aufgibt,
wenn die klügsten Leute
nicht weitersehen
als bis zum heutigen Abend
und nicht wissen,
was man morgen tun muss –
dann sendest du mir eine
unumstößliche Gewissheit,
dass du da bist
und dafür sorgen wirst,
dass nicht alle Wege zum
Guten gesperrt werden.

Alexander Solschenizyn,
russischer Dichter[118]

BETEN IST WIE . . .

Jesus-Gebete

Was immer ich bin und habe,
Freiheit,
Gedächtnis, Verstand, Wille,
Leib und Besitz,
gehört dir;
von dir stammt es,
dir gebe ich es zurück.
Verwalte es
jenseits meiner selbst in dir
und lasse dafür in mir
nur deine Liebe und Gnade leben,
so ist es genug.

Ignatius von Loyola (1491–1556)[119]

**Was Jesus
für mich ist?
Einer, der
für mich ist.
Was ich
von Jesus halte?
Dass er
mich hält.**[120]

*Du bist mir fremd geworden, Herr.
Wenn ich bete, ist es,
als spräche ich in einen leeren Raum.
Ich erwarte keine Hochstimmung des Gefühls,
aber erweise dich mir als lebendiger Gott, Herr.
Ich kann diese Ferne nicht ertragen,
denn dann wird alles fragwürdig,
dann scheine ich an eine Phantasie zu glauben.
Herr, sei mir wieder nahe.
Ich kann so nicht leben. Hilf mir.*[121]

Endlich einer, der sagt:
Selig die Armen!
und nicht:
Wer Geld hat, ist glücklich!
Endlich einer, der sagt:
Liebe deine Feinde!
und nicht:
Nieder mit den Konkurrenten!
Endlich einer, der sagt:
Selig, wenn man euch verfolgt!
und nicht:
Passt euch jeder Lage an!
Endlich einer, der sagt:
Wer an mich glaubt, wird leben
in Ewigkeit!
und nicht:
Was tot ist, ist tot.[122]

*Georges Rouault
(1871–1958),
Sainte Face
(Antlitz Christi)*

Gebet eines Afrikaners

**O Herr, ich bitte dich für alle Leute,
die eine Maschine fahren: Eine Lokomotive,
ein Flugzeug, ein Auto, ein Motorrad,
ein Moped. Du weißt, dass diese Leute oft
leichtsinnig und müde sind. Und da waren
ganz üble Unfälle, die Betrunkene
verursacht haben. Diese Toten, diese
Verletzten, diese Umgeworfenen, wie viel
Elend und Not haben sie
ihren Familien gebracht.
Mach diese Fahrer verantwortlicher.
Nimm du sie dir einmal vor.
Dein Wort ist die einzige Sache,
die diese Burschen noch ändern kann.**[123]

Gebet um Humor

Schenke mir eine gute Verdauung, Herr, und auch etwas zum Verdauen. Schenke mir Gesundheit des Leibes mit dem nötigen Sinn dafür, ihn möglichst gut zu erhalten. Schenke mir eine heilige Seele, Herr, die das im Auge behält, was gut ist und rein, damit sie im Anblick der Sünde nicht erschrecke, sondern das Mittel finde, die Dinge wieder in Ordnung zu bringen.
Schenke mir eine Seele, der die Langeweile fremd ist, die kein Murren kennt und kein Seufzen und Klagen, und lass nicht zu, dass ich mir allzu viel Sorgen mache um dieses sich breit machende Etwas, das sich „ich“ nennt.
Herr, schenke mir Sinn für Humor, gib mir die Gnade, einen Scherz zu verstehen, damit ich ein wenig Glück kenne im Leben und anderen davon mitteile.[124]

Lieber Gott, die Musik

*hat uns Spaß gemacht; richtig munter sind wir davon geworden.
Findest du nicht auch, dass es eine Sensation ist,
wenn man dich mit Schlagzeug und Jazzmelodien lobt?
Wir brauchen manchmal solche kleinen Überraschungen,
damit wir aus unserer Langeweile und Gleichgültigkeit aufgeweckt werden.
Verzeih uns darum, wenn wir mit dem Herzen
mehr bei der Musik waren als bei dir!
Lass uns begreifen, dass du noch viel überraschender bist.*[121]

1. Welches von diesen Gebeten könntest du auch sprechen?
Welches der Beispiele gefällt dir nicht oder bleibt dir fremd? (Vielleicht möchtest du über die Antworten nicht im Unterricht sprechen. Überlege sie dann nur für dich.)
2. Suche in deinem Gebetbuch je ein Gebet (bzw. Lied), das dir gefällt, und eins, das dir nicht gefällt.
3. Versucht selber, ein Gebet frei zu formulieren. Wer will, kann dieses Gebet vortragen und darüber sprechen. Mögliche Anlässe:
Dank vor oder nach einem normalen Tag
vor einer wichtigen Begegnung
beim Verlust eines Menschen
als Beginn des nächsten ökumenischen Gottesdienstes
zu einer Taufe
wenn du schuldig geworden bist
wenn du glücklich bist.

4. Man kann mehrere Arten des Betens unterscheiden, so z. B. die Anbetung, das Bittgebet, das Dankgebet, das Lobgebet.
Suche oder erfinde Beispiele dafür.

5. Verwandt mit dem Gebet ist die *Meditation*. Beim meditierenden Gebet spricht man keine Worte, sondern denkt nach, sammelt sich, überlegt in Ruhe. Die Meditation kann sich auf Gegenstände der Natur (Wasser, Sonne, → S. 60) oder Situationen des Lebens richten. Sie kann sich auch auf biblische Texte oder Gebete beziehen. Einige der hier abgedruckten Gebete eignen sich gut zur Meditation, z. B. der Sonnengesang des Franziskus (→ S. 12), das Gebet des Ignatius oder die Jesus-Gebete. Vielleicht machst du, wenn du Zeit zu Ruhe und Sammlung hast, einen Versuch.

6. In diesem Buch kommen noch andere Gebete vor: → S. z. B. S. 19 oder 233.

Propheten

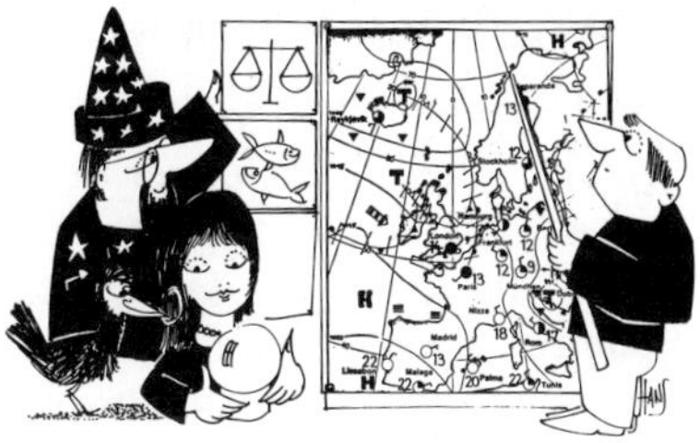

1. Hellseher oder Wahrsager?

- Manche Zigeunerinnen deuten unser zukünftiges Los aus den Linien unserer Hand.
- Wahrsager auf der Kirmes finden überall viel Anklang.
- In jeder Illustrierten können sich „Fische“, „Löwen“, „Zwillinge“, „Wassermänner“ und „Jungfrauen“ Ratschläge für die nächste Woche holen. Die Sterne lügen nicht.
- Ein Meinungsforschungsinstitut sagt das Ergebnis einer Wahl ziemlich genau voraus.
- Die Wetterfrösche des Fernsehens wissen, wie das Wetter morgen wird.
- Der Papst weist auf die Folgen des Wettrüstens für die Zukunft hin.
- Durch Kartenlegen erfährt man etwas über die Zukunft.
- Ein Ölkonzern schätzt den Verbrauch für die nächsten Jahre.
- Die Mutter meint, dass die Entwicklung der Tochter ein böses Ende nehmen wird.

1. Warum möchten die Menschen gern einen Blick in die Zukunft tun?

2. Was haltet ihr von den einzelnen Sätzen?

2. *Von Gott gerufen*

Die Propheten haben manchmal den Blick des Volkes Israel auf die Zukunft gelenkt. Aber viel häufiger deuteten sie den Königen und Priestern, den Reichen und Armen die Gegenwart. Meist traten sie ganz unerwartet auf und sagten etwas, an das die Leute bis dahin nicht gedacht hatten. Sie waren weder Priester noch Beamte. Darum meinten viele Israeliten, sie hätten kein Recht, sich in alles einzumischen. Aber die Propheten bestanden darauf, das zu sagen, was ihnen wichtig war. Ihre Botschaft verkündeten sie nicht aus eigenem Antrieb oder zu eigenem Nutzen. Sie fühlten sich vom Geist Gottes dazu getrieben. Ihr Wort war das Wort Gottes. „So spricht Gott", „das Wort Gottes erging an mich", „Spruch Gottes" – das sind die Wendungen, mit denen die Propheten oft ihre Reden einleiteten.
Das hebräische Wort für Prophet („nabi") kann Gerufener oder Rufer bedeuten. Es drückt aus, dass der Prophet von Gott gerufen ist und dass er selbst andere im Namen Gottes ruft. Obwohl man oft vor der Kraft, mit der die Propheten sprachen, erschrak, fanden sie zu ihren Lebzeiten kaum Gehör. Sie redeten, warnten, litten, verstummten. Meist erkannte Israel erst nach ihrem Tod, was die Prophetenworte bedeuteten. Dann wurden diese in die heiligen Schriften aufgenommen.

1. Welche biblischen Propheten kennt ihr? Sucht aus der Bibel die „prophetischen" Bücher heraus.
2. Von welchem Propheten könnt ihr etwas erzählen? Welches Prophetenwort kennt ihr? (→ Zeit der Freude S. 52 und Wege des Glaubens S. 79)
3. Im Glaubensbekenntnis kommt ein Satz über die Propheten vor. Wie lautet er?

Der Prophet **Jeremia** wurde um 645 v.Chr. in der Nähe von Jerusalem geboren. Sein Name bedeutet: „Gott richtet aus Not und Elend auf." Er war kaum 20 Jahre alt, als er zum Propheten berufen wurde. Gegen seine Berufung hat er sich heftig gewehrt. Er fühlte sich zu schwach und fürchtete, die Anforderungen Gottes nicht erfüllen zu können. Aber Gottes Ruf war stärker als die Bedenken des Jeremia.

Lest Jer 1,4–19. Gliedert den Text in drei Abschnitte (4–10; 11–16; 17–19) und sucht Überschriften dafür. Deutet die Bildworte des Textes. Was sagt der Text von Jeremia, was von Gott?

Jeremia wirkte fast 40 Jahre in Jerusalem. Ständig mahnte er sein Volk, den Weisungen Gottes zu folgen und nicht hartherzig zu werden. In seine Lebenszeit fallen große Katastrophen. Der Babylonierkönig Nebukadnezzar eroberte 598 das Reich Juda, 587 zerstörte er Jerusalem völlig und führte viele Juden nach Babylon in die Verbannung. Diese Katastrophen hat Jeremia kommen sehen und seinen Landsleuten angekündigt. Aber sie wollten nicht auf ihn hören, ließen ihn mehrfach festnehmen, in einen Block legen und sogar in eine Zisterne werfen. Er erhielt Redeverbot und stand zeitweilig unter der Aufsicht der Behörden. Am Ende seines Lebens wurde Jeremia von seinen Landsleuten nach Ägypten verschleppt. Dort verliert sich seine Spur im Elend. Sein ganzes Leben lang hat er in Gottes Auftrag gesprochen. Aber Gottes Pläne blieben auch für ihn unerforschlich.

Wer sich im Einzelnen für das Leben des Propheten interessiert, findet im Buch Jeremia viele Angaben, z. B. Jer 7 (Tempelrede), 27 (Das Joch), 28 (Im Streit mit einem falschen Propheten), 31, 31–34 (Der Neue Bund), 36 (Verbrennung der Buchrolle), 38,1—6 (In der Zisterne).

Marc Chagall (1887–1985), Der Prophet Jeremia mit Schriftrolle, im Hintergrund das brennende Jerusalem (587 v. Chr.)

3. *Kritiker der Mächtigen*

Der bedeutendste König in Israel war David (1000–961). In seiner Jugend war er ein Hirtenjunge gewesen. Samuel, der letzte Richter Israels, holte ihn von seiner Herde und salbte ihn zum König. Am Anfang seiner Regierungszeit hatte David große Erfolge. Er einigte die zerstrittenen Stämme Israels und besiegte die Feinde seines Volkes. Mit einem abenteuerlichen Handstreich eroberte er die schon damals alte Stadt Jerusalem und machte sie zur Hauptstadt seines Reiches. David war nicht nur ein großer Staatsmann und Feldherr. Er hat auch herrliche Gedichte (Psalmen) verfasst. Der Segen Gottes lag ganz offensichtlich auf ihm. Beim Volk war er beliebt und selbst seine Feinde hatten vor ihm Respekt. Sein Lebensweg war glücklich.

Alle Könige des Orients bestimmten damals allein, was Recht und Gesetz war. Sie beanspruchten für sich, über Recht und Gesetz zu stehen. Was sie anderen vorschrieben, brauchten sie selbst nicht zu halten. Viele Könige maßten sich fast göttliche Rechte an.

Im Unterschied zu ihnen wusste David, dass die wichtigsten Gesetze in Israel von Gott kamen. Aber auch David versuchte einmal, sich über diese Gesetze hinwegzusetzen. Wie andere orientalische Könige nahm er sich Rechte, die ihm kein Mensch streitig machen konnte. Außerhalb von Israel wäre dies nicht offen getadelt und erst recht nicht in den offiziellen Schriften aufgezeichnet worden. In Israel aber wurde der König öffentlich kritisiert, weil er es gewagt hatte, die Gottesgebote, die zugleich Menschenrechte sind, zu verletzen. Der Mann, der dazu den Mut hatte, war ein Prophet: **Natan**.

1. Was wisst ihr von David?
(→ Zeit der Freude S. 97 f)
2. Lest 2 Sam 11,1–12,5: Die Schuld des Königs – der Tadel des Propheten.
a) Gliedert den Text und sucht Überschriften.
b) Worin liegt die Schuld des Königs? Wie macht Natan dem König seine Schuld klar? Wie reagiert David?

Die Kritik des Propheten am König ist auch für spätere Zeiten bedeutsam geworden. Sie hat den Menschen gezeigt, dass sie Unrecht nicht zulassen dürfen, besonders dann, wenn es von mächtigen Leuten verübt wird. Der Glaube an Gott lässt nicht zu, dass man schweigt, wenn Menschenrechte verletzt werden. Wo sie verletzt werden, muss man im Namen Gottes protestieren. Dazu gehört Mut. Die Propheten haben diesen Mut gezeigt. Ihre Grundideen haben auch die moderne Demokratie beeinflusst.

4. Anwalt der Armen

Ungefähr 200 Jahre nach dem Tod König Davids schien wieder eine glückliche Zeit für Israel gekommen zu sein. Damals war Jerobeam II. (782–747) der König. Seine Kriege hatte er siegreich beendet. Im Land wuchsen Wohlstand und Reichtum. Die Leute konnten in Ruhe auf ihren Feldern arbeiten und Handel mit anderen treiben. Man baute schönere Häuser als je zuvor und schuf viele Kunstwerke aus Gold und Elfenbein. Die Leute waren glücklich, dass sie schon viele Jahre im Frieden leben konnten.

Auch das religiöse Leben schien in Ordnung zu sein. Die Religion Baals war zurückgedrängt. An den heiligen Stätten wurde nur Gott geopfert. Die Israeliten hatten nicht vergessen, dass Gott sie als Volk zu seinem Eigentum erwählt hatte.

Allerdings hatten viele bei Wohlstand und Frömmigkeit die Armen und Schwachen vergessen. Rücksichtslosigkeit und Ausbeutung waren weit verbreitet. Man dachte nicht mehr daran, dass der Gott Israels immer aufseiten der Armen und Unterdrückten gestanden hatte und nicht aufseiten der Mächtigen. Seine Forderung nach Gerechtigkeit für alle wurde nicht mehr beachtet.

Damals erwählte Gott wieder einen Propheten. Sein Ruf ging an einen wohlhabenden Maulbeerfeigenzüchter. Er hieß **Amos**. Der Name bedeutet wahrscheinlich „Last Gottes".

1. Lest Am 2,6–7. Welche Vorwürfe erhebt der Prophet hier gegen das Volk Israel?
2. Gegen welche Leute wendet sich Amos in den folgenden Stellen? Was wirft er ihnen vor?
5, 7.10–12; 8,4–8; 6,4–6; 4,1–3.
3. Man hat behauptet, dass Amos einer der ersten Verkünder der Menschenrechte gewesen sei.
Was haltet ihr von dieser Behauptung?
4. Wie verhält sich Jesus gegenüber den Armen und Schwachen? Könnt ihr ein Beispiel erzählen?
5. Stellt euch vor, Amos käme heute in die Bundesrepublik. Entwerft eine Predigt, die er halten könnte.

Hört dieses Wort,

die ihr die Schwachen verfolgt und die Armen
im Land unterdrückt.
Seht, es kommen Tage,
da schicke ich den Hunger ins Land,
nicht den Hunger nach Brot,
nicht den Durst nach Wasser,
sondern nach einem Wort des Herrn.

Amos 8,4.11

5. *Kämpfer gegen falsche Götter*

In alten Zeiten wurde der Gott Baal im Vorderen Orient von vielen Menschen verehrt. Im Frühling fanden zu seinen Ehren rauschende Feste statt, bei denen die Menschen oft in wilde Ekstase gerieten. Sie gaben sich rückhaltlos dem Essen und Trinken, Tanz und Gesang, den Freuden der Liebe hin. In der Baalsreligion wurden die Fruchtbarkeit des Bodens und der Reichtum der Natur gefeiert.
Dem Gott Israels waren Recht, Frieden und Hilfe für die Schwachen wichtiger als großartige Feste zu seinen Ehren. So war die Religion der Israeliten viel nüchterner als die der anderen Landesbewohner. Von ihm durfte man sich nicht einmal ein Bild machen (→ S. 130). Erst recht hatte er von seinem Volk im ersten Gebot verlangt:

Du sollst neben mir keine anderen Götter haben!

Ex 20, 3

Manche Israeliten fühlten sich aber von den Bräuchen zu Ehren Baals mehr angezogen als von den Weisungen, die sie von ihrem Gott erhalten hatten. Der Baalskult sprach ihr Gefühl mehr an. Einige dachten auch: Unser Gott hat die ganze Natur geschaffen. Warum sollen wir nicht auch in unserem Gottesdienst Geburt und Tod, Fruchtbarkeit und Schönheit der Natur feiern? – So richtig auch dieser Gedanke war, so gefährlich wurde er damals, weil auf diese Weise langsam die Baalsreligion in den Gottesglauben Israels eindrang. Gott und Götzen (falsche Götter) waren kaum mehr zu unterscheiden. Diese Entwicklung erreichte zur Zeit des Königs Ahab (873–853) ihren Höhepunkt. Seine Frau Isebel (in dem Namen steckt „Baal"), eine Prinzessin aus dem heidnischen Tyros, hielt auch in Israel an ihren Göttern fest. Sie machte sogar den Baalskult zur offiziellen Religion am Königshof. Auch das Volk schloss sich dieser Praxis an. Viele verstanden damals den Unterschied zwischen Baal und dem Gott Israels gar nicht mehr. Erst ein Prophet hat diesen Zustand erkannt und dem Volk klargemacht: **Elija**.
Elija war ein großartiger Mann, unnahbar, unberechenbar, gehasst und selbst vom Königshaus gefürchtet, ein Kämpfer für Gott, voll Leidenschaft, aber auch tief einsam. Sein Name ist ein Programm. Elija heißt „Mein Gott ist Jahwe" (→ S. 134). In einer dramatischen Situation stellt Elija das Volk Israel am Berg Karmel vor die Entscheidung: Gott oder Baal?

1. Lest 1 Kön 18,17–40.
a) Erzählt den Text so, dass die einzelnen Abschnitte deutlich hervortreten.
b) Zum Verständnis der Stelle: In der Tötung der Baalspriester lag aus damaliger Sicht nichts Verwerfliches. Hier wurde die gesetzliche Strafe für Götzendienst vollzogen (Dtn 13,7–12). Manche Deuter des Textes meinen, Elija habe die Priester nicht töten lassen. Der Text sei eine Bildgeschichte, die sagen wolle, dass die Macht der Baalspriester durch das Gottesurteil des Elija endgültig gebrochen wurde.
2. Wo gibt es auch heute die Gefahr, dass man Götzen nachläuft, ohne es zu merken? – Was sagen euch die Bilder auf S. 165?

GÖTZEN?

6. Künder der Hoffnung

Die Propheten traten nicht nur auf, wenn durch Wohlstand und Reichtum der Glaube in Gefahr geriet. Noch häufiger wurden sie in Krisenzeiten gerufen.
Im 8. Jahrhundert v.Chr. hatten die Assyrer fast alle Länder erobert, die an Juda mit seiner Hauptstadt Jerusalem grenzten. Das Gebiet im Norden von Juda, wo die Nachfahren der 10 Stämme Israels wohnten, war von ihnen gewaltsam besetzt worden. Juda selbst war damals im Vergleich zur assyrischen Weltmacht ein kleiner, fast ohnmächtiger Staat, der den übermächtigen Feinden kaum Widerstand leisten konnte. Den eisernen Streitwagen der Assyrer, den „Panzern der Antike", hatten sie nichts entgegenzusetzen. Darum hatten die Juden eine furchtbare Angst vor den Assyrern, zumal man sich von diesen schlimme Dinge erzählte. Rücksichtslos töteten die assyrischen Soldaten in den eroberten Gebieten Männer, Frauen und Kinder. Nicht selten spießten sie die armen Unterworfenen auf angespitzten Holzpfählen auf. Sie vertrieben viele Bewohner aus ihrem Land und verschleppten sie in die assyrischen Provinzen. In Jerusalem breitete sich Panikstimmung aus.
Da trat ein Mann auf, der schon früher dem Volk das Wort Gottes verkündet hatte. Er stammte aus einer adligen Familie. Der König hatte gelegentlich auf ihn gehört, aber die Priester sahen in ihm einen lästigen Konkurrenten. Seine gewaltigen Reden und Gedichte beeindruckten das Volk tief. Der Name des Propheten **Jesaja** bedeutet „Gott ist Heil". In dieser dunklen Zeit verkündete er eine große Hoffnung.

1. Lest Jes 9,1–6 und überlegt, was die Verse damals für das Volk und den König bedeuten mussten.

2. Sucht die einzelnen Bildworte im Text heraus und versucht, sie zu deuten.

Nur wenige Leute in Jerusalem glaubten dem Wort des Propheten. Die meisten ängstigten sich weiter. Tatsächlich haben die Assyrer jedoch Juda und Jerusalem nicht erobert.
Aber einen so großartigen Herrscher, wie er von Jesaja verheißen wurde, gab es damals in Jerusalem nicht. Auf die schwächlichen Könige passte nicht, was der Prophet gesagt hatte. Darum haben sich die Juden gefragt, wen der Prophet gemeint haben könne. Sie begannen allmählich zu begreifen, dass das Prophetenwort noch nicht in Erfüllung gegangen war, sondern auf die Zukunft hinwies. Da Gott treu zu seinem Wort stand, musste das „Kind, der starke Gott, der Vater in Ewigkeit", von dem Jesaja gesprochen hatte, einmal kommen.

1. Mit welchem anderen Ausdruck bezeichnen wir die Gestalt, die hier verheißen wird?
2. Lest Mt 4,13–16 und erklärt, was das Neue Testament zu dieser Stelle sagt. Vgl. auch → S. 74. An welchem großen christlichen Fest wird dieser Text des Jesaja im Gottesdienst verlesen?

3. Juden warten noch immer auf den, der hier vom Propheten verheißen wurde. (→ Wege des Glaubens S. 202 und 212)
4. Andere Texte der Hoffnung bei Jesaja: 2,1–5; 11,1–10 (vgl. dazu das Lied „Es ist ein Reis = Ros entsprungen").

Dom Helder Camara (geb. 1909), Erzbischof von Olinda und Recife, Brasilien (→ S. 92, 152)

7. Propheten kommen immer wieder

Das Prophetentum ist mit dem Alten Bund nicht zu Ende gegangen. Auch das Neue Testament kennt Propheten und glaubt, dass auch unter den Christen prophetische Gaben vorhanden sind. Selbst Jesus wird als ein Prophet bezeichnet. Im Laufe der Kirchengeschichte sind immer wieder Frauen und Männer hervorgetreten, die von prophetischem Geist erfüllt waren. Auch in unserem Jahrhundert gibt es prophetische Gestalten.

1. Es gibt viele Gestalten in der Geschichte der Kirche, die man als Propheten ansehen kann, z. B. Ambrosius,
Elisabeth von Thüringen (→ Zeit der Freude S. 9),
Franz von Assisi (→ S. 8 ff),
Vincenz von Paul (→ Wege des Glaubens S. 248).
Erzählt von einer dieser Gestalten und zeigt, wo sie prophetische Züge aufweist.

2. Es gibt auch in unserer Zeit Christen, die man als Propheten verstehen könnte, z. B. Mutter Teresa (→ S. 16 ff), Dom Helder Camara, den Erzbischof von Olinda und Recife (Brasilien) (→ S. 92, 152, 167), Frère Roger Schutz aus Taizé (→ S. 91). Was wisst ihr von diesen Gestalten? Überlegt, ob man ihr Tun prophetisch nennen soll. Kennt ihr andere Beispiele?

3. Auch der Islam kennt Propheten. Ihm gilt Mohammed als der letzte und wichtigste Gesandte Gottes. Was wisst ihr darüber? (→ Zeit der Freude S. 204)

Propheten gehören also nicht nur der Vergangenheit an. Propheten kommen immer wieder. Von ihrem Mut und von ihrer Hoffnung lebt die Christenheit auch heute.

Papst Johannes XXIII. *(1881–1963). Als der schon alte Kardinal Angelo Roncalli 1958 ganz unerwartet zum Papst gewählt wurde, meinte alle Welt, er werde nur ein unbedeutender Übergangspapst. In Wirklichkeit gab dieser Papst der Kirche viele neue Anregungen. Vom Geist Gottes fühlte er sich gedrängt, das 2. Vatikanische Konzil (1962–65) einzuberufen, das die ganze Kirche erneuern sollte. Er sorgte auch dafür, dass sich das Verhältnis der Katholiken zu den anderen Christen entscheidend besserte. (→ Wege des Glaubens S. 194)*

Kardinal Clemens August Graf von Galen *(1878–1946) war während der Nazi-Zeit Bischof von Münster. Während des Krieges klagte er mutig die Verbrechen Hitlers und seiner Partei an. In berühmten Predigten wandte er sich vor allem gegen die Tötung „lebensunwerter Menschen“ (z. B. Geisteskranke). Tatsächlich wurde die Aktion gestoppt. Die Christen in Deutschland fühlten sich durch seine Worte ermutigt. Nach dem Krieg sollte er von den Nazis gehängt werden. Der Papst machte ihn 1946 zum Kardinal.*

Ich träume davon ...

dass eines Tages die Menschen sich erheben und einsehen werden, dass sie geschaffen sind, um als Brüder miteinander zu leben. Ich träume ... davon, dass eines Tages jeder Schwarze in diesem Lande, jeder Farbige in der Welt aufgrund seines Charakters anstatt seiner Hautfarbe beurteilt werden und dass jeder Mensch die Würde und den Wert der menschlichen Persönlichkeit achten wird. Ich träume ... davon, dass Brüderlichkeit mehr sein wird als ein paar Worte am Ende eines Gebets, vielmehr das vordringliche Geschäft in dem Handeln jedes Gesetzgebers. Ich träume auch heute noch davon, dass in all unsere Parlamentsgebäude und Rathäuser Männer gewählt und einziehen werden, die Gerechtigkeit und Gnade üben und demütig sind vor ihrem Gott. Ich träume auch heute noch davon, dass eines Tages der Krieg ein Ende nehmen wird, dass die Männer ihre Schwerter zu Pflugscharen und ihre Spieße zu Sicheln machen, dass kein Volk wider das andere das Schwert aufheben und nicht mehr töten lernen wird. Ich träume auch heute davon, dass eines Tages das Lamm und der Löwe sich miteinander niederlegen werden und ein jeglicher unter seinem Weinstock und Feigenbaum wohnen wird ohne Scheu. Ich träume auch heute noch davon, dass eines Tages alle Täler erhöht und alle Berge und Hügel erniedrigt werden und was ungleich ist, eben und was höckerig ist, schlicht werden wird, und dass die Herrlichkeit des Herrn offenbart werden und alles Fleisch miteinander es sehen wird ...[126] *Eine Vision von Martin Luther King*

Martin Luther King (1929–1968), Protestmarsch

1. Was wisst ihr von Martin Luther King? Welche seiner Worte, welche Taten erinnern an das Wirken der Propheten? (→ S. 20 f). Sucht in dem Text prophetische Motive, indem ihr ihn mit Jes 2,1–5; 40,3–5 und Micha 6,8 vergleicht.

2. Der deutsche Gelehrte Karl Jaspers hat 1958 in seinem Buch „Die Atombombe und die Zukunft des Menschen" geschrieben:
„Eine schlechthin neue Situation ist durch die Atombombe geschaffen. Entweder wird die gesamte Menschheit physisch zugrunde gehen oder der Mensch wird sich in seinem sittlich-politischen Zustand wandeln . . .Vielleicht können Rettung bringen Propheten, wenn sie es vermögen, höchststehende Menschen und Massen gleicherweise in ihren Bann zu ziehen und zu überzeugen durch Beispiel und Glaubenskraft und Bußforderung. Sie würden ihren Ruf erheben, der jene Umkehr erwirkt, ohne die der Mensch heute verloren erscheint."
Warum hält Jaspers in unserer Situation gerade nach Propheten Ausschau?

SILBEN RÄTSEL

Der erste Buchstabe jedes Wortes ergibt den Namen des Propheten auf dem Bild, das ein Schüler aus Israel gemalt hat.

a – a – e – el – hab – han – li – ja – jo – jo – mos – mu – na – nes – sa

1. Größter Prophet im Neuen Testament ____________
2. Prophet, der dem heidnischen Baalkult in Israel ein Ende bereitete ____________
3. Name des biblischen Buches, in dem von David und Natan erzählt wird ____________
4. Prophet, der sich für die Armen und Schwachen besonders einsetzte ____________
5. Titelfigur einer Erzählung: Zaghafter Prophet, der vor Gott weglaufen will, aber sich dann doch fügt und die Stadt Ninive bekehrt („Walfisch"!) ____________
6. König, gegen den Elija sich wandte ____________

Fremdbestimmung – Selbstbestimmung

1. Erfahrungen von Fremdbestimmung

Überall stoßen wir auf Grenzen:

- Wir möchten das tun, wozu wir gerade Lust haben. Aber der Alltag blockiert mehr als die Hälfte des Tages mit Pflichten.
- Wir möchten den Beruf wählen, der unseren Neigungen und Fähigkeiten am meisten entspricht. Aber dafür ist kein Arbeits- oder Studienplatz frei.
- Wir möchten wenigstens über unsere Freizeit selbst verfügen. Aber häusliche Pflichten und Rücksichten auf andere hindern uns daran.
- Wir möchten selbst bestimmen, wie wir zur Kirche stehen und unser religiöses Leben führen. Aber es wird verlangt, dass wir kirchliche Gebote und Traditionen beachten.
- Wir möchten einmal richtig über die Stränge schlagen. Aber überall gibt es Vorschriften und Gebote, die das verbieten.
- Wir möchten unser Leben leben. Aber überall erfahren wir, dass andere über unser Leben bestimmen.
- Wir möchten . . . Aber . . .

Der Skispringer scheint wie ein Vogel frei und schwerelos zu fliegen.
In Wirklichkeit aber muss er jahrelang und äußerst hart trainieren, bis er so springen kann.
Er würde sonst wie ein Stein von der Sprungschanze herunterfallen.
Wie sagt Wilhelm Busch: „Wenn einer, der mit Mühe kaum geklettert ist auf einen Baum, schon glaubt, dass er ein Vogel wär', so irrt sich der."

2. Begrenzte Freiheit

Unsere Freiheit wird durch vieles eingeschränkt, das wir nicht ändern können:

- Wir sind bestimmten physikalischen und bio-chemischen Gesetzen unterworfen.
- Erbfaktoren (z. B. Neigung zu bestimmten Verhaltensweisen, Anfälligkeit für Krankheiten) bestimmen manches, was wir tun oder nicht tun.
- Die Umwelt, in die wir hineingeboren wurden (Kultur, Religion, Gesellschaft, Staat, Familie) hat großen Einfluss darauf, wie weit wir uns entfalten können.
- Erfahrungen unserer Kindheit, die uns weithin unbewusst sind, haben großen Einfluss auf spätere Entscheidungen.
- Unsere Freiheit wird durch früher gefällte Entscheidungen eingeschränkt. Manche kann man zwar korrigieren, aber nicht ungeschehen machen.

Trotz dieser Grenzen bleibt jedem Menschen ein Spielraum für eigene Entscheidungen. Wie groß oder wie klein er ist, hängt auch davon ab, wie weit es dem Einzelnen gelingt, Hindernisse zu überwinden und seine Fähigkeiten zu entfalten.
Freiheit wird allerdings auch durch die Freiheit der anderen begrenzt. Meine Freiheit muss dort ihre Grenze finden, wo die Rechte anderer anfangen.
Freiheit besteht also nicht darin, dass wir alles tun können, was wir wollen („*Freiheit von* . . ."), sondern dass uns bestimmte Entscheidungsmöglichkeiten offen stehen. Freiheit ist die Fähigkeit, das zu tun, was sinnvoll und gut erscheint („*Freiheit für* . . ."). Fremdbestimmung und Selbstbestimmung sind keine absoluten Gegensätze, sondern bezeichnen das Spannungsfeld, in dem wir leben und handeln.

1. Jeder Mensch muss mit seinen Grenzen leben. Erklärt das, indem ihr Beispiele zu den einzelnen Faktoren (→ S. 172) sucht, die unsere Freiheit begrenzen.

2. Nehmt Stellung zu der Behauptung, dass Zügellosigkeit den Menschen nicht befreit, sondern versklavt.

3. Ehe Hans Scholl seinen Kopf auf den Block legte, rief er laut, dass es durch das große Gefängnis hallte: „Es lebe die Freiheit!"[127] Kennt ihr andere Beispiele dafür, dass es Freiheit auch unter politischen Verhältnissen gibt, die Menschen Freiheitsrechte vorenthalten? (→ S. 48)

Menschensilo – Bienenwabe

3. Gesetz und Freiheit

Lieber Reinhard,

vieles von dem, was wir vorgestern bei meinem Besuch in der Haftanstalt besprochen haben, ist mir nachgegangen. Ich schreibe dir, damit du noch mal in Ruhe über einiges nachdenken kannst.

Du siehst nicht ein, warum es Gesetze geben muss, die eine gefährliche Körperverletzung mit Gefängnis bestrafen. „Der Mann in der Kneipe hat mich gereizt, da habe ich eben zurückgeschlagen“, sagst du. Hast du schon einmal überlegt, was dabei herauskommt, wenn jeder so handeln würde wie du in dieser Situation? Meinungsverschiedenheiten, Konflikte und Streit gibt es überall, wo Menschen zusammen leben und arbeiten. Aber wenn es kein Gesetz gäbe, das es jedem verbietet, seinen Standpunkt mit Fäusten durchzusetzen, würden die Schwächeren immer den Kürzeren ziehen. Es ginge bei uns zu wie im Dschungel: Nur der Stärkere würde Recht bekommen. Da wir aber davon überzeugt sind, dass alle Menschen vor Gott gleich sind und darum auch gleiche Rechte haben sollen, müssen solche Gesetze den Schwächeren schützen.

Ein vernünftiges, friedliches Zusammenleben von Menschen ist nicht möglich ohne vernünftige Gesetze. Du sagtest, der Richter habe nur nach den Paragraphen geurteilt. Du weißt aber auch, dass er zunächst sehr genau die Umstände geklärt und geprüft hat, warum es zu dieser Schlägerei gekommen ist. Darum hat er dir ja auch mildernde Umstände zugebilligt, weil dich der andere provoziert hatte. Aber an dem Tatbestand der gefährlichen Körperverletzung war nichts zu ändern. Und deshalb musste er „im Namen des Volkes“ diese Strafe verhängen. Du erinnerst dich vielleicht.

Diese und andere Gesetze sind einfach notwendig, um Grenzen zu ziehen, auch wenn man sie wie du nur als „blöde Paragraphen“ ansieht, die deine Freiheit einschränken. Diese Grenze zeigt dir an: So weit darfst du nicht gehen. Und darum sind Gesetze für jeden von uns auch eine Hilfe. Man kann ja nicht in jeder Situation genau übersehen, was für Folgen bestimmte Handlungen haben können. Denke z. B. daran, was ein angetrunkener Autofahrer alles anrichten kann. Das Gesetz und die Androhung einer empfindlichen Strafe helfen ihm, den Wagen stehen zu lassen. Diese Einschränkung seiner Freiheit sichert also die Freiheit, das Leben und das Wohlergehen der anderen Menschen, auch deine Freiheit.

Vielleicht lässt du dir das alles noch einmal durch den Kopf gehen. Ich meine, es ist wichtig für dich, dass du deine Auffassung überprüfst. Das hilft dir, dich nach deiner baldige Entlassung besser als bisher in unserer Gesellschaft zurechtzufinden.

Ich habe übrigens mit deinem Chef gesprochen. Er hat mir versprochen, dass dir dei Arbeitsplatz erhalten bleibt.

Ich denke oft an dich und grüße dich herzlich, dein Patenonkel Hermann

1. Erklärt an Beispielen aus dem Bereich von Arbeit und Beruf, wie

a) Gesetze Freiheit einschränken;
b) Gesetze Freiheit gewähren;
c) Gesetze den Menschen helfen.

Unser Grundgesetz enthält einige entscheidende Sätze über die Freiheit:

Artikel 2: Jeder hat das Recht auf die freie Entfaltung seiner Persönlichkeit, soweit er nicht die Rechte anderer verletzt und nicht gegen die verfassungsmäßige Ordnung oder das Sittengesetz verstößt.
Artikel 3: Alle Menschen sind vor dem Gesetz gleich.
Artikel 4: Die Freiheit des Glaubens, des Gewissens und die Freiheit des religiösen und weltanschaulichen Bekenntnisses sind unverletzlich.
Artikel 5: Jeder hat das Recht, seine Meinung in Wort, Schrift und Bild frei zu äußern und zu verbreiten . . .

1. *a)* Welche Freiheiten werden in diesen Artikeln ausdrücklich *garantiert*?
b) Erläutert an Beispielen, was dem Staat, bestimmten gesellschaftlichen Gruppen (z. B. Parteien, Kirchen, Gewerkschaften) und jedem Einzelnen damit ausdrücklich untersagt wird.
2. Wodurch werden in diesen Artikeln Freiheitsrechte des Einzelnen *eingeschränkt*?

1. Nach dem Maßstab der Menschenrechte und des Grundgesetzes gibt es gerechte und ungerechte Gesetze. Versucht, an einem Beispiel zu zeigen, wann ein Gesetz ungerecht ist und man für seine Abschaffung oder Änderung eintreten muss.
2. „Man muss Gott mehr gehorchen als den Menschen." (Apg 5,29) Erläutert an diesem Bibelwort, wann ein Christ einem Gesetz oder einem Befehl nicht Folge leisten darf.

Die Ehrlichen sind immer die Dummen...
Erlaubt ist, was gefällt.
DIE WELT WILL BETROGEN SEIN.
Wie du mir, so ich dir.
Du sollst dich nicht erwischen lassen!
Man lebt nur einmal!
Der Mensch ist des anderen Wolf.
Das Hemd ist mir näher als der Rock.
GELD REGIERT DIE WELT
EINMAL IST KEINMAL.
Jeder ist sich selbst der Nächste.
NACH MIR DIE SINTFLUT!
Bin ich der Hüter meines Bruders?

1. Viele Menschen gebrauchen solche Sprichwörter oder Redensarten als Entschuldigung für bestimmte Handlungen. Was haltet ihr davon?

2. Diskutiert anhand von Beispielen über die Folgen, die sich aus der Anwendung solcher Regeln ergeben (→ S. 190 ff).

4. Die Freiheit des Christen und die Gebote

Alle Religionen der Welt kennen Gebote, Regeln, Gesetze – oft mit sehr genauen Anweisungen, was der Einzelne tun oder lassen soll.
Im Mittelpunkt des Judentums steht seit alters her die Thora, die „Weisung", das Gesetz Gottes. So nennen die Juden bis heute die fünf Mose-Bücher, deren Kern der Exodus (→ S. 19 ff), der Bundesschluss und der Dekalog (die „Zehn Worte") ist, den wir „die Zehn Gebote" nennen.

Ich bin der Herr, dein Gott,
der dich aus Ägypten herausgeführt hat,
aus dem Sklavenhaus.

I. Du sollst neben mir
keine anderen Götter haben.
Du sollst dir kein Gottesbild machen.

II. Du sollst den Namen des Herrn,
deines Gottes, nicht missbrauchen.

III. Denk an den Sabbat: Halte ihn heilig!

IV. Ehre deinen Vater und deine Mutter;
damit du lange lebst in dem Land,
das der Herr, dein Gott, dir gibt.

V. Du sollst nicht morden.

VI. Du sollst nicht die Ehe brechen.

VII. Du sollst nicht stehlen.

VIII. Du sollst nicht falsch
gegen einen anderen aussagen.

IX. Du sollst nicht nach dem Hab und Gut
deines Nächsten verlangen.

X. Du sollst nicht nach der Frau
eines anderen verlangen.

Kurzfassung nach Ex 20,2–17

Marc Chagall (1887–1985), Mose empfängt die Tafel mit den Zehn Geboten.

Christa: Wenn das stimmt, was wir neulich im Religionsunterricht gehört haben, dann habt ihr Juden mit uns Christen nicht nur den Glauben an den einen Gott gemeinsam, sondern auch die Zehn Gebote.

Judith: Richtig. Wir nennen sie nur meistens die ZEHN WORTE. Jeder Jude hält sie heilig, weil sie Gottes Worte sind. Nicht als Verbote, sondern als Lebensregeln für den Bund, den Gott mit unserem Volk am Sinai geschlossen hat.

Christa: Dann müssten wir ja eigentlich auch in allen wichtigen Lebensfragen übereinstimmen, wenn wir die gleichen Maßstäbe haben. Ich verstehe überhaupt nicht, wie dann Christen Juden verfolgen konnten.

Judith: Lass uns nicht von diesem traurigen Kapitel reden. Ich hoffe, das ist nun endgültig vorbei.

Christa: Jesus hat aber die Gebote anders ausgelegt als eure Schriftgelehrten damals. Wir haben das neulich im Matthäus-Evangelium gelesen. Aber von Jesus wollt ihr ja nichts wissen.

Judith: Das stimmt überhaupt nicht. Jesus war ein Jude, vielleicht einer der besten, die es je gab. Und er hat die ZEHN WORTE ganz ernst genommen. Niemand durfte daran auch nur eine Kleinigkeit ändern, hat er doch gesagt, stimmt's?

Christa: Ja, so ähnlich steht's im Evangelium. Aber er hat auch gesagt, dass die Liebe das höchste aller Gebote ist und dass darin alle Zehn Gebote enthalten sind.

Judith: Das steht auch schon in unseren heiligen Büchern. Du siehst: Jesus hat sich ganz genau daran gehalten.

Christa: Aber er hat auch gesagt, dass man das Liebesgebot und auch die Zehn Gebote umfassender verstehen müsse, als es damals die Rabbiner taten. Für ihn ist ein Fluchwort so schlimm wie ein Mord, der Wille, einen anderen Mann zu besitzen, schon ein Ehebruch, eine Lüge so schlimm wie ein Meineid. Und die Liebe zum Nächsten heißt für ihn, auch seine Feinde zu lieben.

Judith: Mag sein. Aber haben sich denn die Christen daran gehalten? Schöne Worte sind das bei euch, nicht mehr.

Christa: Du hast völlig Recht. Christen sind nicht besser als Juden. Aber wenn wir uns nach ihm nennen, müssten wir ganz anders handeln, als wir es oft tun. Vor allem verstehe ich nicht, warum viele von uns meinen – und ich manchmal auch –, die Gebote übten Zwang aus, machten uns unfrei und führten zur Fremdbestimmung. In Wirklichkeit tun sie das Gegenteil: Sie zeigen uns den guten Weg.

Judith: So denkt auch jeder gläubige Jude. Unser Rabbiner hat das neulich einmal ganz einfach und klar gesagt: „Die Gebote Gottes wollen Freiheit und Leben. Wer sie achtet, wird beides finden."

1. *a)* Lest noch einmal die Zehn Worte und versucht bei den einzelnen Geboten herauszufinden, warum es sich dabei um notwendige Lebensregeln handelt.
b) Fasst die einzelnen Gebote in einer Tabelle so zusammen, dass ihr jeweils „Verbot von ..." und „Verpflichtung zu ..." gegenüberstellt.
c) Vergleicht die Zehn Gebote mit staatlichen Gesetzen und mit den Zehn Worten des Buddhismus (→ S. 214).

2. Lest Mt 5,21–37 und zeigt im Einzelnen auf, wie Jesus hier die Weisungen der Zehn Worte weiterführt und vertieft (→ S. 190 f).

3. Paulus hat an vielen Stellen seiner Briefe von der „Freiheit der Kinder Gottes" gesprochen. Lest dazu Gal 5,1 und versucht zu erklären, was hier mit Freiheit gemeint ist.

4. Betrachtet das Bild auf S. 176 und versucht, es zu deuten.

5. *Die letzte Instanz*

Nach christlicher Überzeugung sind nicht die Gesetze und Gebote, sondern das Gewissen „die letzte Instanz". Es gibt Situationen, in denen kein Gesetz genau sagen kann, was ich nicht tun darf oder was ich tun soll. Es gibt auch Situationen, in denen ein Christ nach gründlicher Prüfung und Überlegung zu der inneren Überzeugung kommt, dass er einem bestimmten Gesetz nicht folgen darf, sondern nur seinem Gewissen. Es gibt aber auch Situationen, in denen ein Christ im Widerstand gegen die öffentliche Meinung allein der Stimme seines Gewissens folgt, das von ihm verlangt, ein Gebot Gottes auf keinen Fall zu übertreten.

■ **Martin Luther** auf dem Reichstag zu Worms (1521):
Wenn ich nicht überwunden werde durch die Zeugnisse der Schrift oder mit klaren Vernunftgründen, so bleibe ich von den Schriftstellen besiegt, die ich angeführt habe, und mein Gewissen ist im Wort Gottes gefangen . . . Widerrufen kann und will ich nichts, weil es weder gefahrlos noch heilsam ist, gegen das Gewissen zu handeln. Gott helfe mir. Amen.[128]

■ **Franz Jägerstätter**, österreichischer Bauer, Ehemann und Vater von drei kleinen Kindern, weigerte sich, für Hitler-Deutschland in den Krieg zu ziehen. Er erklärte, dass der Christ niemals in einem Krieg dienen dürfe, den er als ungerecht erkannt hätte. Alle katholischen Freunde in seinem kleinen Dorf, die Priester, an die er sich wandte, selbst sein Bischof sagten ihm, dass es seine Pflicht sei, Militärdienst zu leisten, wie man ihn aufgefordert habe, und nicht seine Aufgabe, zu beurteilen, ob der Krieg seiner Nation gerecht oder ungerecht sei. Aber sein Gewissen sagte ihm, dass er es nicht dem Staat überlassen könne, ihm klarzumachen, wozu er moralisch verpflichtet sei . . . Er wurde am 9. August 1943 in Berlin hingerichtet.[129]

■ **Oberst Claus Graf Schenk von Stauffenberg** versuchte als einer der führenden Männer der Widerstandsbewegung am 20. Juli 1944 Hitler durch eine Bombe zu töten und durch einen Staatsstreich den Nazis die Macht zu entreißen. Als beides misslang, wurde er zusammen mit einigen Mitverschwörern noch am gleichen Tag hingerichtet. Vor dem Attentat hatte er einem Freund gesagt: „Wir haben uns vor Gott und unserem Gewissen geprüft, es muss geschehen; denn dieser Mann ist das Böse an sich."[130] Zur Frau eines Kameraden sagte er: „Es ist Zeit, dass jetzt etwas getan wird. Derjenige allerdings, der etwas zu tun wagt, muss sich bewusst sein, dass er wohl als Verräter in die deutsche Geschichte eingehen wird. Unterlässt er jedoch die Tat, dann wäre er ein Verräter vor seinem eigenen Gewissen."[131]

Martin Luther (1483–1546)

Oberst Claus Graf Schenk von Stauffenberg(1907–1944)

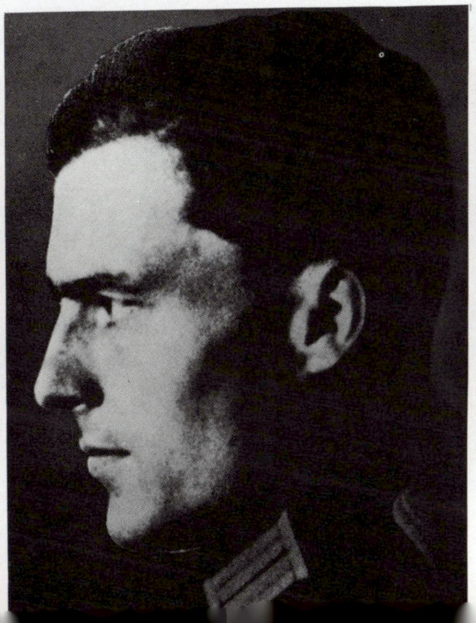

Franz Jägerstätter (1907–1943)

DAS GEWISSEN
IST WIE . . .

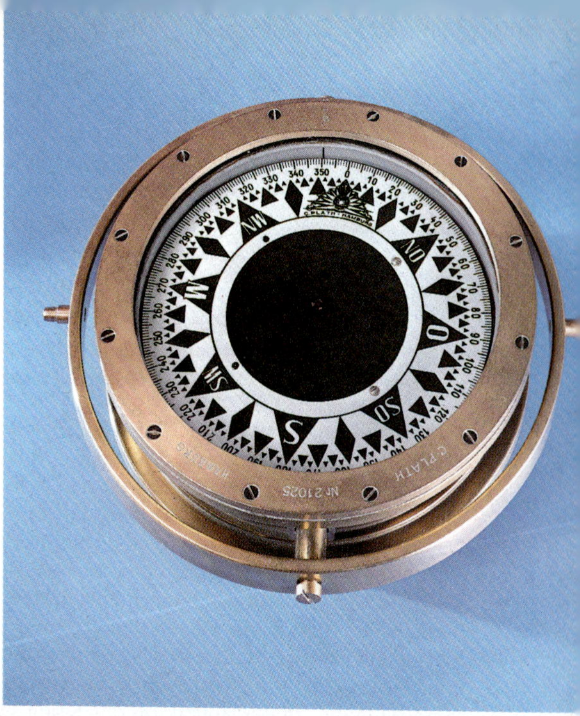

Ballymurphy ist der ärmste Stadtteil von Belfast, der Hauptstadt Nordirlands. Seit 1969 herrscht dort wegen jahrhundertealter politischer, sozialer und konfessioneller Gegensätze ein bürgerkriegsähnlicher Zustand. Terror und blutige Ausschreitungen haben ganze Stadtteile zerstört und die Menschen verbittert. In B. sind 47% aller Familienväter arbeitslos; es gibt nur wenige Verkehrsmittel, keine Straßenbeleuchtung, nur eine Hand voll Läden, keine Kinderspielplätze, keine Sporthallen, keine geöffneten Lokale mehr – Bombenanschläge haben sie verwüstet. Die meisten Menschen kapitulieren vor der Not und resignieren vor dem Terror.

Frauen und Jugendliche von Ballymurphy waren die ersten, die sich entschlossen, die Gewalttätigkeiten nicht mehr mitzumachen und angesichts der katastrophalen Zustände Selbsthilfe zu organisieren. In monatelanger Arbeit entstand ein Gemeinschaftszentrum; mit Hunderten von Kindern wurde ein vollständiges Sommerprogramm auf die Beine gestellt. Langsam wurden auch Männer „angesteckt". Sie fingen an, ihre zerstörten Häuser wieder in Stand zu setzen, Handwerksbetriebe einzurichten und Theater zu spielen.

Aber am 9.8.1971 schien alles umsonst gewesen zu sein: Bei Terroranschlägen im Viertel wurden einer der Geistlichen und der Leiter des Gemeinschaftszentrums erschossen und eine Reihe von Männern verhaftet. Die Menschen in B. versanken wieder in Angst und Hoffnungslosigkeit. Keiner traute sich, die Aufbauarbeit weiterzutun. Da entschloss sich die junge Lehrerin Mary D., ihren sicheren Beruf aufzugeben und die Leitung des Gemeinschaftszentrums zu übernehmen, obwohl ihr die meisten Kollegen und Freunde abgeraten hatten mit der Begründung, es werde ihr nicht anders ergehen als ihrem Vorgänger.

Kerstin (16) ist schwanger. Ihr Freund reagiert entsetzt, als sie es ihm sagt. Kerstins Eltern sind zunächst schockiert, dann wütend und schließlich vor allem um ihren guten Ruf besorgt Eine Freundin spricht aus, was alle anderen denken: „Das lässt du natürlich wegmachen. Ist doch heute kein Problem mehr!"

Kerstin denkt an ihre Ausbildung – sie hatte sich so gefreut, dass sie die Stelle bekommen hatte. Sie denkt an ihren Freund, der kein Vater sein will, sie denkt an die Eltern und Nachbarn . . . und natürlich immer wieder an das Kind. Und dann sagt sie: „Nein, ich kann das nicht tun, was ihr alle erwartet. Ich hätte nie mehr ein gutes Gewissen. Auch wenn ihr mich nicht versteht: Ich behalte mein Kind."

Nehmt Stellung zu den einzelnen Gewissensentscheidungen und vergleicht sie miteinander.

Könnt ihr weitere Beispiele finden? Informiert euch auch über Thomas Morus (→ S. 14 f).

Meinungen über das Gewissen

■ Das Gewissen ist etwas Göttliches, eine Stimme, die dem Menschen von Jugend an innewohnt und ihn vom Schlechten abhält.
Sokrates, griechischer Philosoph, 470–399 v. Chr.

■ Wenn jemand den Glauben an Christus oder die Kirche bekennt, obwohl er zu der Einsicht gekommen ist, dass dies falsch sei, so sündigt er gegen sein Gewissen. Das Gewissen ist für den Christen höchste Instanz, die sein Handeln bestimmt.
Thomas von Aquin, Kirchenlehrer, 1225–1274[132]

■ Ich leiste niemand einen absoluten Gehorsam. Eine solche Instanz kennt die Kirche und folglich auch der Papst nicht . . . Wenn ich bei einem Trinkspruch der Religion gedenken müsste, so würde ich mein Glas auf das Wohl des Papstes leeren; mit Verlaub – aber zuerst auf das Gewissen – und dann auf den Papst.
John Henry Newman, englischer Theologe, Kardinal, 1801–1890[133]

■ Jeder Mensch hat Gewissen und findet sich durch einen inneren Richter beobachtet, bedroht und überhaupt im Respekt gehalten, und diese über die Gesetze in ihm wachende Instanz ist nicht etwas, was er sich selbst macht, sondern es gehört zu seiner Person.
Immanuel Kant, Philosoph, 1724–1804[134]

■ Einen einzigen Tyrannen kenne ich in der Welt, die leise innere Stimme.
Mahatma Gandhi, indischer Staatsmann und Politiker, 1869–1948 *(→ S. 200)*

Manche reden von „Gewissen“; genauer besehen ist das aber nur ihre eigene Meinung. Das Gewissen reicht viel tiefer als das, was jemand aus flüchtiger Überlegung für richtig hält. Es ist auch kein Organ, das in jedem Fall unfehlbar richtig funktioniert. Schlechte Einflüsse aus Erziehung und Umwelt, Unwissenheit, Gleichgültigkeit und Egoismus können das Gewissen verdunkeln oder ganz zum Schweigen bringen. Darum kann das Gewissen die Gebote nicht ersetzen. Zu einer verantwortlichen Gewissensentscheidung kann ein Christ nur kommen, wenn er sein Gewissen an den Gesetzen und Geboten, an der Botschaft Jesu und an der Lehre der Kirche selbstkritisch überprüft. Aber alle Gebote und Weisungen können nur den Rahmen abstecken und damit Orientierungshilfe geben. Die letzte Instanz bleibt das persönliche Gewissen des Einzelnen, selbst dann, wenn es irren sollte.

Das 2. Vatikanische Konzil erklärte 1965:

Das Gewissen ist die verborgenste Mitte und das Heiligtum im Menschen,
wo er allein ist mit Gott,
dessen Stimme in diesem seinem Innersten zu hören ist.[135]

Kein Mensch darf gezwungen werden, gegen sein Gewissen zu handeln.
Er darf auch nicht daran gehindert werden, gemäß seinem Gewissen zu handeln.[136]

1. Man kann sein Gewissen schwächen, abstumpfen, töten, festigen, bilden, schärfen. Sucht Beispiele dafür.

2. Sucht Beispiele für Gewissenskonflikte und untersucht, wie man sie lösen könnte. Ihr findet auch in diesem Buch Anregungen dafür: → S. 14 f, 37, 111, 115, 119 f.

Reich Gottes – Programm des Christseins

1. Christsein – was man so dafür hält

Christen verstehen nicht richtig zu leben.

Das Gebot der Nächstenliebe ist ganz gut.

Christen müssen viele Gebote halten. Manche sind völlig überflüssig, andere unmöglich.

Christen erkennt man an frommen Bräuchen, z.B. Taufe, Messe, Beichte, kirchliche Trauung und Beerdigung mit Pfarrer.

Christen glauben, dass sie nach dem Tod in den Himmel (das Jenseits) kommen, wenn sie nach den Geboten gelebt haben. Wenn nicht, kommen sie in die Hölle.

CHRISTEN HELFEN ANDEREN UND SAMMELN OFT DAFÜR.

Für die Zukunft der Welt hat das Christentum keine Bedeutung.

Mit dem Christentum lassen sich die heutigen Probleme nicht lösen.

Jesus war ja ganz gut! – Aber was haben die Christen aus ihm und seiner Lehre alles gemacht!

Christsein ist Privatsache.

1. Wie kommen solche Meinungen zustande?
2. Vielleicht könnt ihr (in eurer Klasse oder bei einer anderen Gruppe) eine Befragung über das Thema „Christsein" durchführen. Auf dem Fragebogen könnten z. B. die o.a. Meinungen über das Christsein stehen. Die Leute sollten dann ankreuzen: richtig – teils richtig, teils falsch – falsch. Überlegt mit eurem Lehrer, wie ihr die Fragebögen dann sinnvoll auswerten könnt.
3. Wie würdet ihr einem nicht christlichen oder gleichgültigen Mitschüler zu erklären versuchen, was Christsein ist?

ROM EXPRESS

ROM · 808 *nach Gründung der Stadt* 1/4 Denar

EIN NEUES REICH?

***Jerusalem, 1. März LV** Seit einigen Jahren breitet sich im Römischen Reich eine neue Religion aus, die in Judäa ihren Ursprung hat. Ihre Anhänger nennen sich „Christen". Auch in Rom gibt es schon eine christliche Gemeinde. Viele unserer Leser interessieren sich dafür und wollen wissen, was davon zu halten ist. Darum haben wir unseren Nahostkorrespondenten Aurelius nach Jerusalem geschickt, um dort genauere Informationen zu sammeln. Er konnte ein längeres Gespräch mit einem Christen namens Natanael führen, der der neuen Gemeinschaft von Anfang an nahe stand. Einen Auszug aus dem Gespräch veröffentlichen wir in unserer heutigen Ausgabe. Weitere Einzelheiten können unsere Leser demnächst von einem bestens informierten Christen namens Paulus erfahren, der in Kürze in Rom erwartet wird. Eine erste zusammenfassende Darstellung des ganzen Fragekomplexes wird von einem gewissen Markus vorbereitet.*

Aurelius: Sie sind ein „Christ". Können Sie sagen, was am Christsein wichtig ist?

Natanael: Das sagt schon der Name. Wir folgen nicht irgendeiner Idee, sondern einer lebendigen Person: Jesus Christus.

Aurelius: Was meinen Sie damit?

Natanael: Wir richten unser Leben nach Jesus Christus aus, der vor zwei Jahrzehnten hier im Lande lebte, lehrte und mächtige Taten vollbrachte. Er geriet bei den Behörden, übrigens auch den römischen, in den Verdacht, Unruhe zu stiften, und wurde zum Tod am Kreuz verurteilt. Aber Gott hat ihn auferweckt und uns seinen Geist gesandt. Wir versuchen nun, so zu leben, wie er es gewollt hat.

Aurelius: Wie sieht das praktisch aus? Haben Sie ein Programm?

Natanael: Ja, das schon. Aber es ist nicht ganz einfach, das anderen klarzumachen.

Aurelius: Versuchen Sie es trotzdem.

Natanael: Wenn ich es auf eine kurze Formel bringen sollte, könnte ich sagen: Was Jesus vom Reich Gottes gesagt hat, ist das Programm des Christseins.

Aurelius: Das verstehe ich nicht. Wollen Sie etwa mit Hilfe Ihres Gottes das Römische Reich ablösen durch ein anderes Reich? Das wird Ihnen nicht gelingen. Wie viele Soldaten haben Sie?

Natanael: Daran denken wir nicht. Und Soldaten brauchen wir nicht für das Reich Gottes, wohl aber tapfere Männer und Frauen.

Aurelius: Was ist das denn für ein merkwürdiges Reich?

Natanael: Jesus meint nicht ein Reich von dieser Welt, so wie es früher die Ägypter oder Perser hatten, wie es heute die Römer haben und wie es später andere Völker errichten werden.

Aurelius: Aha, ich verstehe. Es handelt sich um ein Reich weit weg von uns im Jenseits?

Natanael: So kann man das auf keinen Fall sagen. Das Reich Gottes ist nicht im Himmel über der

Wolken. Gewiss sprechen unsere jüdischen Freunde manchmal vom „Himmelreich“ statt vom Reich Gottes. Das tun sie aus alter Gewohnheit. Juden dürfen bekanntlich den Namen Gottes nicht aussprechen. Aber sie meinen mit dem Wort „Himmelreich“ dasselbe wie „Gottes Reich“. Das kann bei anderen zu Missverständnissen führen.

Aurelius: Hat das Reich Gottes denn etwas mit unserer Welt und mit Politik zu tun?

Natanael: Das Reich Gottes wird auf die Welt einwirken und auch Einfluss auf die Politik nehmen, aber nicht, wie es politische Parteien tun.

Aurelius: Aber wie denn?

Natanael: Im Reich Gottes ändern sich zunächst einmal die einzelnen Menschen. Sie tun, was Gott will – nicht nur in ihrem Privatbereich, sondern auch für die Welt. Sie setzen sich dafür ein, dass Gewalt und Ungerechtigkeit, Hunger und Hass, Unfreiheit und Leiden zurückgedrängt werden – wie es Jesus getan hat. Dann geschieht das, was Gott mit der Welt vorhatte, als er sie schuf.

Aurelius: So allmählich beginne ich zu verstehen. Reich Gottes ist also ein Zustand, wo nicht mehr die mächtigen Herrscher unserer Welt bestimmen, was geschehen soll, und wo nicht jeder Einzelne sich mit seinen Wünschen durchzusetzen versucht. Reich Gottes ist der Zustand, wo Gott herrscht.

Natanael: Ja! Nur ist Gottes Herrschaft keine Unterdrückung. Gott will für die Menschen Freiheit und Frieden, Vergebung der Schuld und ewiges Leben.

Aurelius: Das hört sich ja gut an. Aber ich verstehe das noch nicht ganz. Sehe ich richtig, dass das Reich Gottes Gegensätze umfasst? Es fängt im Herzen des einzelnen Menschen an, aber es hat größte Auswirkungen nach außen, auf das soziale und politische Leben.

Natanael: Noch mehr. Es verändert die Welt, aber mit Impulsen, die nicht von dieser Welt kommen, sondern von Gott.

Aurelius: Glaubt ihr Christen denn, dass das Reich Gottes schon angefangen habe?

Natanael: Ja, in den heiligen Schriften der Juden war schon lange davon die Rede. Jesus hat verkündet, dass es nahe ist. Es ist schon Gegenwart. Aber es steht erst an seinem Anfang. Noch ist es klein wie ein Samenkorn. Es wird aber wachsen. Was es eigentlich ist, werden wir erst in Zukunft sehen, wenn es vollendet ist.

Aurelius: Das könnte ja eine großartige Sache werden, wenn ihr Christen es schafft, das Reich Gottes auszubreiten. Dann sähe die Welt anders aus. Ich bin gespannt, wie lange ihr dafür braucht.

Heute, um die IX. Stunde, im Circus Maximus

Natanael: Vielleicht wird es lange dauern. Aber wir haben Mut und Zuversicht für die Zukunft. Denn es hängt nicht von uns allein ab. Menschen könnten es auch nicht schaffen, selbst wenn sie sich die größte Mühe geben. Gott selbst wird sein Reich vollenden, wann er will. Deshalb beten wir täglich „Dein Reich komme“.

Aurelius: Ich glaube, ich muss mich mit der Sache Jesu weiter beschäftigen. Sein Programm ist ungewöhnlich. Demnächst möchte ich von Ihnen noch mehr erfahren. Für heute danke ich Ihnen für dieses Gespräch.

Fortsetzung folgt

1. Vergleicht das, was Natanael gesagt hat, mit den Meinungen über das Christsein S. 183. Über Natanael vgl. Joh 1,45–51.

2. Sprecht darüber, inwieweit das Reich Gottes *schon* da, aber *noch nicht* vollendet ist.

3. „Die Kirche ist nicht das Reich Gottes, aber ihre Aufgabe ist es, sich mit allen Kräften dafür einzusetzen.“ Versucht, diesen Satz zu erklären.

Perikopenbuch Heinrich II. (Reichenau um 1010): Jesus verkündet das Reich Gottes.

Die Ankündigung – Das Reich Gottes ist nahe

> Die Zeit ist erfüllt,
> das Reich Gottes ist nahe.
> Kehrt um
> und glaubt an das Evangelium! *Mk 1,15*

Markus hat das zentrale Thema vom Reich Gottes an den Anfang seines Evangeliums gestellt. Der Inhalt dieser Botschaft wird hier noch nicht erzählt, sondern wie ein Programm in vier Schwerpunkten zusammengefasst. Das ganze weitere Evangelium zeigt anschaulich, was diese Frohe Botschaft Jesu vom Reich Gottes bedeutet.

1. Erklärt die vier Aussagen des Textes.
2. Vergleicht sie mit den Hoffnungen des Alten Bundes, z. B. Jes 2, 1–5; 35, 1; 61, 1.
3. Versucht, den Spruch Jesu so zu formulieren, dass sich auch heutige Menschen davon angesprochen fühlen.

Die Wunder Jesu – Zeichen des Reiches Gottes

Unterwegs sah Jesus einen Mann, der seit seiner Geburt blind war. Da fragten ihn seine Jünger: Rabbi, wer hat gesündigt? Er selbst? Oder haben seine Eltern gesündigt, sodass er blind geboren wurde? Jesus antwortete: Weder er noch seine Eltern haben gesündigt, sondern das Wirken Gottes soll an ihm offenbar werden. Wir müssen, solange es Tag ist, die Werke dessen vollbringen, der mich gesandt hat; es kommt die Nacht, in der niemand mehr etwas tun kann. Solange ich in der Welt bin, bin ich das Licht der Welt. Als er dies gesagt hatte, spuckte er auf die Erde; dann machte er mit dem Speichel einen Teig, strich ihn dem Blinden auf die Augen und sagte zu ihm: Geh und wasch dich in dem Teich Schiloach! Schiloach heißt übersetzt: Der Gesandte. Der Mann ging fort und wusch sich. Und als er zurückkam, konnte er sehen.

Joh 9, 1–7

Auch in den Wundern Jesu können wir Zeichen des Reiches Gottes sehen. Jesus selbst hat sie so gedeutet. Was die Gleichnisse in Worten veranschaulichen, das machen die Wunder als Taten gegenwärtig. In den Dämonenaustreibungen wird die Macht des Bösen gebrochen. Krankheiten werden geheilt, Hungrige gesättigt, der Tod ist besiegt und die Welt auf Gott hin geordnet. All das ist noch nicht in endgültiger Vollendung da. Denn noch müssen wir mit Hunger, Krankheit, Leiden und Tod leben. Aber die Wunder Jesu sind Hoffnungszeichen dafür, dass menschliches Leid und selbst der Tod einmal völlig besiegt werden. Dann ist das Reich Gottes endgültig da.

1. Warum ist die Heilung des Blinden ein Zeichen des Reiches Gottes? Was sagt der Text über Gott – Jesus – die Menschen?

2. Wie deutet Jesus seine Wunder (Mt 12,27f)?

3. Erzählt von ein paar Wundern Jesu und zeigt, warum sie Zeichen des Reiches Gottes sind. Eine Wundersammlung findet ihr z. B. Mk 4, 35 – 5, 43.

4. Über die Wunder Jesu habt ihr schon Wichtiges gehört (→ Wege des Glaubens S. 125 f).

5. Könnt ihr Taten nennen, mit denen auch wir heute das Reich Gottes nahe bringen können. Die Wundererzählungen des Neuen Testaments könnten euch dabei anregen (vgl. die Bilder S. 140 und S. 191!).

Egbert-Codex, 10. Jahrhundert, Trier: Jesus rettet Petrus, der in den Fluten zu ertrinken droht – ein Zeichen des Reiches Gottes

Die Gleichnisse Jesu – Bilder vom Gottesreich

Mit dem Himmelreich ist es wie mit einem Schatz, der in einem Acker vergraben war. Ein Mann entdeckte ihn, grub ihn aber wieder ein. Und in seiner Freude verkaufte er alles, was er besaß, und kaufte den Acker.

Mt 13, 44

Jesus hat die Botschaft vom nahe gekommenen Reich Gottes bis zu seinem Tod ständig erläutert und vertieft. Er hat davon in zahlreichen Bildworten und Gleichnissen erzählt, weil er wusste, dass die Leute lieber gute Geschichten hören als trockene Belehrungen. So vergleicht er das Reich Gottes mit einem Schatz im Acker, einer kostbaren Perle, einer aufgehenden Saat, einer reichen Ernte, einem brennenden Licht, einem großen Gastmahl, einer glücklichen Hochzeit, einem herrlichen Fest, einem gütigen Vater.

Man würde die zahlreichen Gleichnisse Jesu allerdings gründlich missverstehen, wenn man sie nur als anschauliche Bilder für einen unanschaulichen Sachverhalt deuten würde. Jesu Gleichnisse wollen mehr. Indem sie in den Hörern Bereitschaft zu Umkehr, Trost, Freude, Vertrauen, Hoffnung, Hilfsbereitschaft, Frieden, Versöhnung und Liebe bewirken, bringen sie das Reich Gottes selber nahe.

DAS
REICH GOTTES
IST WIE ...

1. Warum vergleicht Jesus das Himmelreich (= Reich Gottes, vgl. S. 184) mit einem Mann, der auf abenteuerliche Weise entdeckt, ausgräbt, vergräbt, verkauft, kauft?

2. Erzählt ein anderes Gleichnis Jesu und zeigt, wie es auf das Reich Gottes hinweist und es nahe bringt.

3. Erinnert ihr euch noch, was ihr früher einmal über die Gleichnisse gelernt habt? Schaut einmal nach in dem Band Zeit der Freude S. 172 ff.

4. Könnt ihr selber ein neues Gleichnis erfinden, das Menschen unserer Zeit auf das Reich Gottes aufmerksam machen kann?

5. Man hat versucht, die Gleichnisse Jesu vom Reich Gottes in unsere Lebenswelt zu übersetzen. Dafür ein Beispiel:

Da war ein cleverer Geschäftsmann, der unter anderem einen Großversand mit Edelsteinen betrieb. Er hatte Kunden, ob Sie es glauben oder nicht, er hatte Kunden in der ganzen Welt. Eines Tages wurde ein Diamant angeboten, dessen Kostbarkeit nicht zu beschreiben ist. Um ihn zu bezahlen, hätte er alle seine Geschäfte, nicht nur den Edelstein-Großhandel, als Sicherheit verbürgen müssen. Da dachte er: Das ist Unsinn, das Risiko ist zu groß. Am Ende bleibe ich auf diesem Diamanten sitzen. So erlesen er ist, unverkauft nützt er mir nichts.
Dennoch erwarb er den Stein.[137]

Erscheint euch dieser Versuch gelungen? Vergleicht den Text mit Mt 13, 44 (oben).

Die Bergpredigt – ein unerhörtes Programm

In der Bergpredigt (Mt 5–7) ist das Thema vom Reich Gottes breit entfaltet. Hier hat der Evangelist Matthäus wichtige Worte Jesu zusammengestellt und daraus ein Programm des christlichen Lebens gemacht. Was Jesus an verschiedenen Orten und zu verschiedenen Zeiten lehrte, ist von Matthäus wirkungsvoll zu einer einzigen Rede komponiert. Dabei erscheint Jesus als der neue Mose, der wie der Mose des Alten Bundes auf dem Berg (Sinai) lehrt. Doch erhält er die neuen Weisungen nicht von Gott, sondern lehrt sie aus eigener Vollmacht.

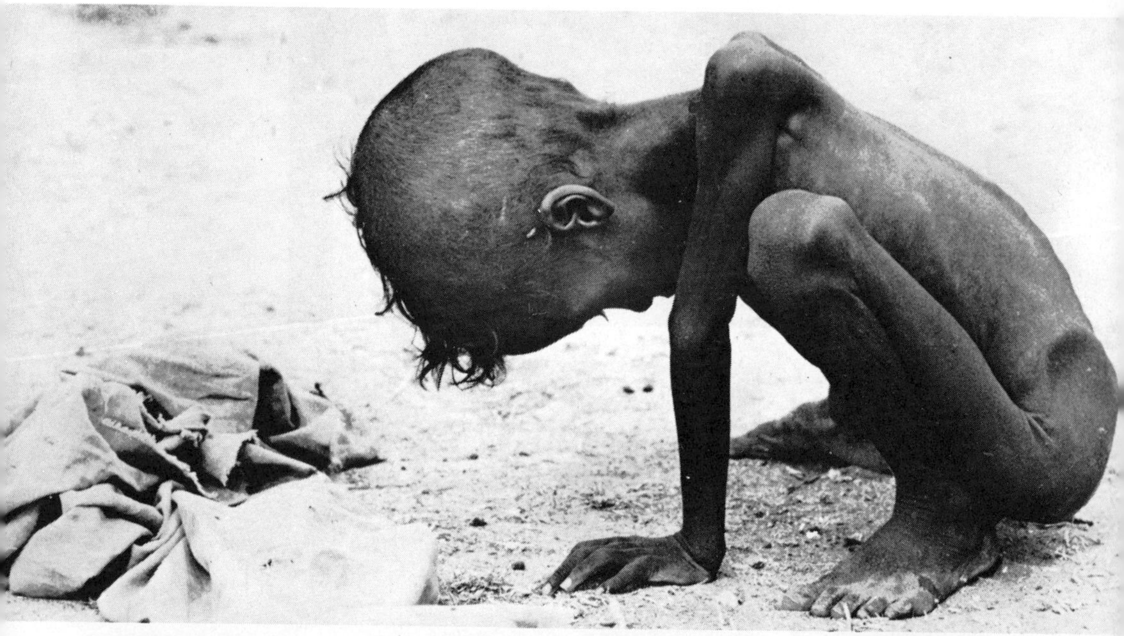

Wozu die Bergpredigt auffordert

Nicht töten und nicht beleidigen *(Mt 5, 21–26)*
Die Ehe nicht brechen und sich nicht scheiden lassen *(5, 27–32)*
Die Wahrheit sagen und zuverlässig sein *(5, 33–37)*
Auf Gewalt und Rache verzichten *(5, 38–42)*
Den Nächsten und sogar den Feind lieben *(5, 43–48)*
Mit anderen teilen – ohne damit anzugeben *(6, 1–4)*
Vertrauensvoll beten *(6, 5–15; 7, 7–11)*
Fröhlich fasten und verzichten *(6, 16–18)*
Keine Schätze auf Erden sammeln *(6, 19–21)*
Für Gott leben und nicht für das Geldverdienen *(6, 24)*
Sich keine falschen Sorgen um die Zukunft machen *(6, 25–34)*
Andere auf keinen Fall verurteilen *(7, 1–5)*
Die goldene Regel beachten *(7, 12)*

1. Wie würde unsere Welt, wie unsere Zukunft aussehen, wenn sich die Menschen nach diesem Programm richteten? Zeigt das an ein paar Beispielen.
2. Man hat behauptet, kein Mensch könne sich ganz nach der Bergpredigt richten. Was meint ihr dazu?
3. Vergleicht die Anforderungen der Bergpredigt mit den Sprüchen S. 175.
4. Warum ist das Vaterunser (Mt 6, 9–15) die Mitte der Botschaft Jesu vom Reich Gottes? (→ Zeit der Freude S. 146).
5. Was haben die Bilder mit der Bergpredigt zu tun?

Aus unserer Gesellschaft:

Verraten sind die Armen,
denn sie haben nichts einzubringen.

Verraten sind die Leidtragenden,
denn sie sind ausgeschlossen aus der Gesellschaft.

Verraten sind die Sanftmütigen,
denn sie werden an die Wand gedrückt werden.

Verraten sind, die hungern und dürsten
nach der Gerechtigkeit,
denn Macht geht vor Recht
und Geld regiert die Welt.

Verraten sind die Barmherzigen,
denn Undank ist der Welt Lohn.

Verraten sind, die reinen Herzens sind,
denn sie werden übers Ohr gehauen.

Verraten sind die Friedfertigen,
denn sie werden zwischen die Fronten geraten.

Verraten sind, die um der Gerechtigkeit willen
verfolgt werden,
denn am Ende ist doch alles umsonst.[138]

Aus der Bergpredigt:

Selig, die vor Gott arm sind,
denn ihnen gehört das Himmelreich.

Selig, die trauern,
denn sie werden getröstet werden.

Selig, die keine Gewalt anwenden,
denn sie werden das Land erben.

Selig, die hungern und dürsten
nach der Gerechtigkeit,
denn sie werden satt werden.

Selig, die barmherzig sind,
denn sie werden Erbarmen finden.

Selig, die ein reines Herz haben,
denn sie werden Gott sehen.

Selig, die Frieden stiften,
denn sie werden Söhne Gottes genannt werden.

Selig, die um der Gerechtigkeit willen
verfolgt werden,
denn ihnen gehört das Himmelreich. *(Mt 5, 3–10)*

4. *Hoffnung für die Welt*

Wer an das Reich Gottes glaubt und sich dafür einsetzt,

- will keine gewaltsame Revolution, die angeblich zu einem Paradies auf Erden führt,
- fürchtet nicht, dass eine große Katastrophe kommt, die allem Leben ein Ende setzt und die Welt zerstört,
- hat eine Hoffnung, die stärker ist als billiger Optimismus, weil sie sich auf Gottes Verheißung stützt,
- kämpft gegen Gewalt und Leid mit allen Kräften, die er hat.

Schaut euch die Collage auf der ersten Seite an und deutet die „Zeichen der Hoffnung".

Ein Schriftsteller unserer Zeit hat einen Text verfasst, dessen Überschrift „Evangelium" bedeutet. Er drückt aus, was das Reich Gottes heute bedeuten kann.

Gute Nachrichten

Die Zeitungen rufen gute Nachrichten aus.
Der Unterhändler weigert sich, den Krieg zu erklären.
Nicht krümmt sich der Finger am Abzug des Gewehrs.
Die zornige Hand findet das Messer nicht.
Zu explodieren verlernen die Bomben.
Die Generäle haben sich zum Golfspielen entschlossen.
Das verleumderische Wort bleibt hinter die Lippen gepresst.
Diktatoren öffnen die Straflager.
Andersdenkende werden geachtet.
Die Rasse ist nichts als ein Unterschied in der Farbe der Haut.
In den Folterkammern wird Brot gebacken.
Galgen und Henkerbeil ziehen sich zurück ins Museum.
Gespräche über den Frieden haben Aussicht auf Erfolg.
Die Grenzen werden geöffnet.
Versuche, den Streit zu schlichten, gibt man nicht auf.
Man fängt an, die Wahrheit zu sagen.
Man lässt den Gegner zu Wort kommen.
Man schließt Kompromisse.
Man lächelt über sich.
Man fängt an.

Rudolf Otto Wiemer[139]

Fremde Wege zu Gott

1. Religionen in unserer Zeit

In unserer Welt gibt es viele Religionen. Einige sind schon Tausende Jahre alt, manche erst in unserer Zeit entstanden. Das Dasein vieler Menschen wird von der Geburt bis zum Tod durch ihre Religion bestimmt. Auch auf das politische und soziale Leben haben die Religionen großen Einfluss. Oft hängt es entscheidend von ihnen ab, ob es Krieg oder Frieden gibt, wie die sozialen Verhältnisse in einem Land sind, welche Kunstwerke die Menschen schaffen und um welches Wissen sie sich bemühen. Aber am wichtigsten ist den Religionen etwas anderes. Sie wollen Wege zu Gott sein. Die Religionen sind auf der Suche nach Erlösung.

Die Menschen erwarten von den verschiedenen Religionen Antwort auf die ungelösten Rätsel des menschlichen Daseins, die heute wie von je die Herzen der Menschen im tiefsten bewegen: Was ist der Mensch? Was ist Sinn und Ziel unseres Lebens? Was ist das Gute, was die Sünde? Woher kommt das Leid und welchen Sinn hat es? Was ist der Weg zum wahren Glück? Was ist der Tod, das Gericht und die Vergeltung nach dem Tod? Und schließlich: Was ist jenes letzte und unsagbare Geheimnis unserer Existenz, aus dem wir kommen und wohin wir gehen? . . .[140]

2. Vatikanisches Konzil (1962–65). Erklärung über das Verhältnis der Kirche zu den nichtchristlichen Religionen.

Ein und derselbe Mond
spiegelt sich in allen Wassern.
Alle Monde im Wasser sind eins
in dem einzigen Mond.[141]

Aus Indien

1. Welche Fernsehsendung, welcher Zeitungsartikel hat euch schon einmal auf andere Religionen aufmerksam gemacht? Um was ging es dabei?
2. Kennt ihr persönlich Menschen, die einer anderen Religion angehören (Ferienbekanntschaft, Mitschüler, ausländische Arbeiter)? Fragt sie nach ihrer Religion.
3. Warum sollen wir uns auch mit den nichtchristlichen Religionen im Religionsunterricht befassen? Warum ist dieses Thema besonders schwierig?
4. Sprecht über den Text des 2. Vatikanischen Konzils. Welche Antwort gibt das Christentum auf die eine oder andere der hier gestellten Fragen?
5. Erinnert ihr euch noch, was ihr über den Islam und das Judentum gelernt habt? Vgl. dazu Zeit der Freude S. 202 ff und Wege des Glaubens S. 199 ff.

Man kann die Religionen einteilen in

● **Natur- und Stammesreligionen:** Hier verehren die Menschen vor allem Erscheinungen der Natur, z. B. Sonne, Sterne, Flüsse, Berge, Steine, Bäume, Tiere. Ihr Einfluss erstreckt sich meist nur auf Volksgruppen oder Stämme. Sie sind heute vor allem in Afrika verbreitet.

● **Volksreligionen:** Wer zu einer solchen Religion gehört, ist zugleich Glied eines bestimmten Volkes. Nation und Religion hängen eng zusammen. Beispiele: Judentum und Hinduismus.

● **Weltreligionen:** Sie kennen keine nationalen Grenzen und wenden sich an alle Menschen in der Welt. Beispiele: Christentum, Islam, Buddhismus.

Welt-, Volks- und Stammesreligionen

Muslime	**1000 Millionen**
Hindus	**750**
Buddhisten	**330**
Taoisten u. Konfuzianer (China)	**200 (?)**
Neue Religionen	**150**
Shintoisten (Japan)	**100 (?)**
Stammesreligionen	**90 (?)**
Sonstige	**140**
Juden	**18**
	2778 Millionen = 2,778 Milliarden

Christen

Katholiken	**1050 Millionen**
Protestanten	**400**
Orthodoxe	**300**
Sonstige	**50**
	1800 Millionen = 1,8 Milliarden

Ohne Religion	**1222 Millionen = 1,222 Milliarden**

Diese Zahlen beruhen weitgehend auf Schätzungen bei der Annahme der Weltbevölkerung von ca. 5,8 Milliarden Menschen im Jahr 1999.
Zählungen werden, außer bei den christlichen Konfessionen, kaum oder gar nicht vorgenommen. Selbst bei den Zahlen für die Christen bestehen große Ungewissheiten. Unbekannt ist die Zahl der Religionsanhänger in vielen Ländern des Ostens, insbesondere im kommunistischen China.
In manchen ostasiatischen Ländern kann ein Gläubiger gleichzeitig mehreren Religionen angehören, z. B. kann ein Japaner zugleich Buddhist und Shintoist sein. Der Anteil der Christen an der Weltbevölkerung geht zurück, weil die Bevölkerungsexplosion in den nichtchristlichen Ländern größer ist als in den christlichen. Eine Ausnahme bildet Afrika, wo sich das Christentum schnell ausbreitet.

1. Was sagen euch die Zahlen über die Religionen? Wo liegen ihre Grenzen?

2. Vergleicht die Angaben hier mit den Zahlen auf S. 121.

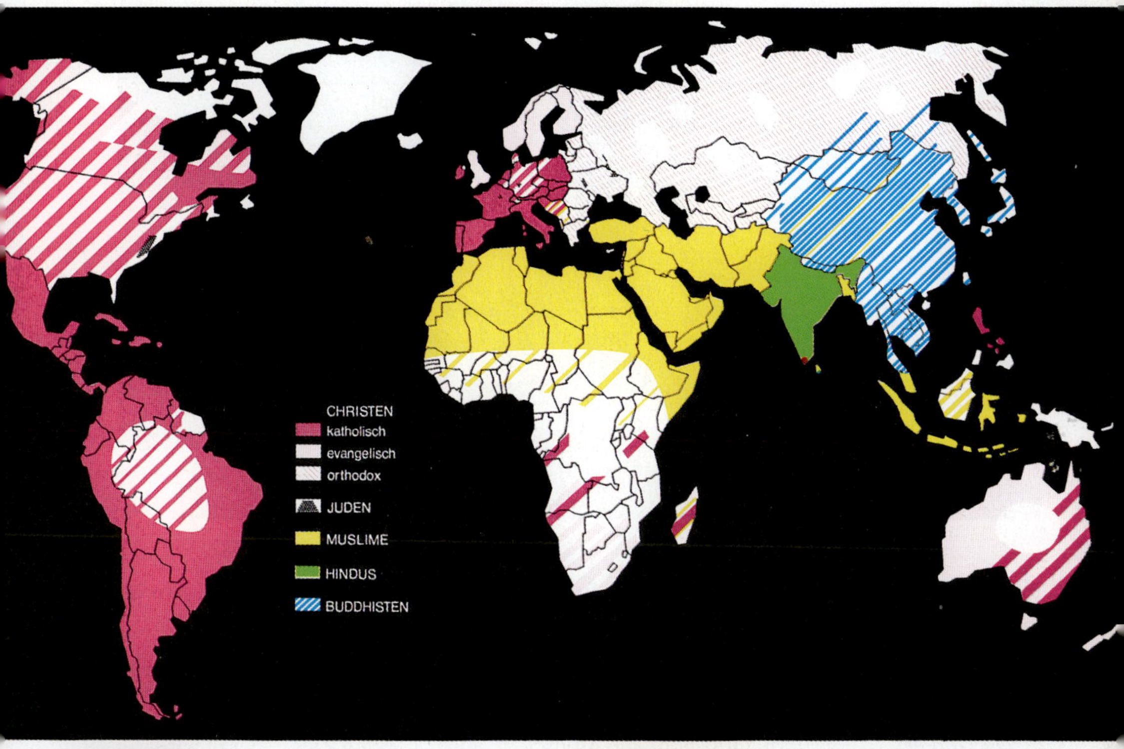

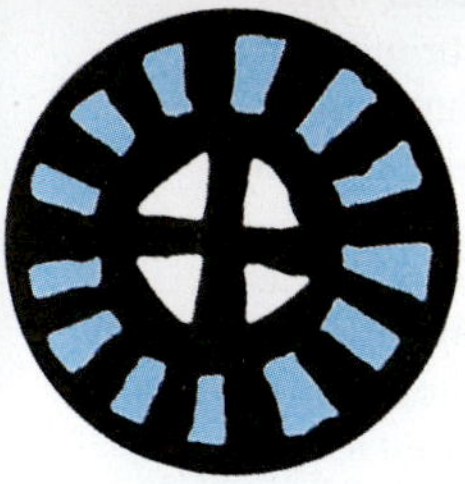

Christentum:
Das Kreuz ist das Zeichen der Erlösung. Es weist in alle Himmelsrichtungen.

Judentum:
Der Davidstern, erst seit wenigen Jahrhunderten Symbol der jüdischen Religion, heute auch auf der Flagge des Staates Israel.

Islam:
Das arabisch geschriebene Glaubensbekenntnis: „Es ist kein anderer Gott als Allah und Mohammed ist sein Prophet.“

Hinduismus:
Ein Kreis, in dessen Mitte die Silbe „OM“ geschrieben steht. Das Wort bezeichnet den Atem des Mundes, die Sonne, die Lebenskraft des Menschen und der Welt, letztlich das Göttliche.

Buddhismus:
Das Rad der Lehre, das der Buddha in Bewegung gesetzt hat (→ S. 211).

Chinesische Religionen:
Das All mit den beiden Urkräften Jang und Jin. Sie symbolisieren das aktiv-männliche und das passiv-weibliche Element. So umfasst der Kreis die Grundkräfte der Welt und weist den Weg zur Wahrheit (Tao).

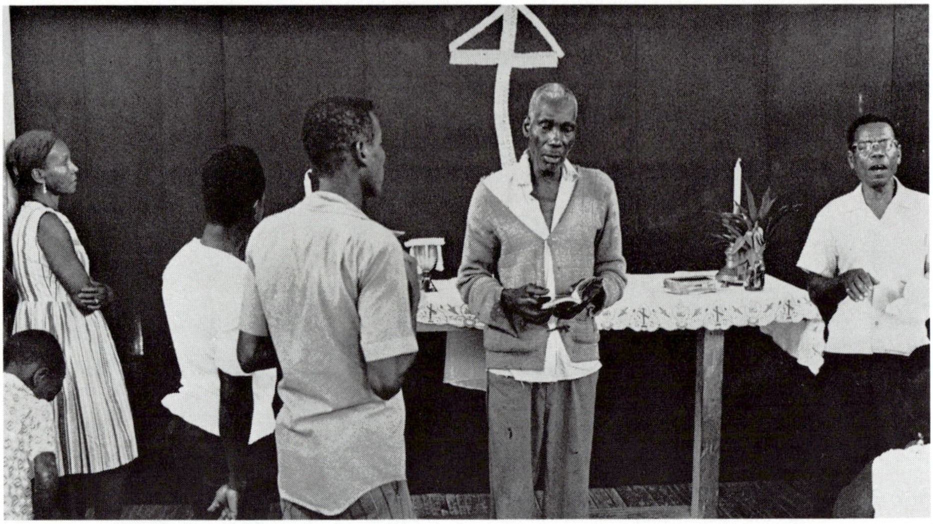

Über das Verhältnis des Christentums zu den nichtchristlichen Religionen gibt es unterschiedliche Ansichten. So kann man hören:

Alle Nichtchristen haben die falsche Religion. Wenn sie in den Himmel kommen wollen, müssen sie sich taufen lassen und Christen werden. Das Christentum ist die einzig wahre Religion. Darum ist auch die Mission so wichtig.

Christen dürfen die anderen Religionen nicht verurteilen, sollten sie aber auch nicht in allem kritiklos bewundern. Gott liebt alle Menschen, auch die, die in anderen Religionen leben. Er will auch, dass sie zu ihm kommen. Aber genauso wahr ist es, dass Christus für alle Menschen sein Evangelium verkündet hat. Für die ganze Menschheit ist er Mensch geworden. Christen haben die Aufgabe, durch ihr Leben und durch ihr Wort davon Zeugnis zu geben. Das ist der Sinn der christlichen Mission.

Alle Religionen sind gleichwertig. Sie sind nur unterschiedliche Wege zu dem einen Ziel. Überall wird derselbe Gott nur mit unterschiedlichem Namen angerufen. Es ist dasselbe, wenn man Gott, Allah, Zeus, Vishnu, Brahma, Christus oder Buddha sagt. Christen müssen gegenüber allen Religionen tolerant sein. Sie sollten endlich mit der Mission aufhören.

Die katholische Kirche lehnt nichts von alledem ab, was in diesen Religionen wahr und heilig ist. Mit aufrechtem Ernst betrachtet sie jene Handlungs- und Lebensweisen, jene Vorschriften und Lehren, die zwar in manchem von dem abweichen, was sie selber für wahr hält und lehrt, doch nicht selten einen Strahl jener Wahrheit erkennen lassen, die alle Menschen erleuchtet. Unablässig aber verkündet sie und muss sie verkündigen Christus, der ist „der Weg, die Wahrheit und das Leben“ (Joh 14, 6).[142]

2. Vatikanisches Konzil

1. Sprecht über die unterschiedlichen Aussagen. Welche haltet ihr für richtig? Was sagt der Text des Konzils?
2. Was wisst ihr über die Mission? Wichtige Auskünfte könnt ihr erhalten von „Missio“, Hermannstr. 14, 52062 Aachen. Schaut auch einmal im Stichwortverzeichnis von Zeit der Freude und Wege des Glaubens nach.

2. *Faszination asiatischer Religion*

In den letzten Jahren haben die asiatischen Religionen bei uns große Aufmerksamkeit gefunden. Vor allem Jugendliche interessieren sich für viele Erscheinungen des Hinduismus und des Buddhismus. Musicals, Schlager, Filme, Poster und Schriften haben – oft in einseitiger Verzerrung – Themen indischer Religiosität aufgenommen. Alljährlich trampen Hunderte von jungen Leuten auf der „Straße der Hippies" nach Indien. Viele glauben, in den Formen östlicher Religion neue Möglichkeiten zur Bewältigung ihrer persönlichen Probleme finden zu können. Hier erwarten sie Antwort auf die Fragen nach dem Lebenssinn. Sie hoffen, in Indien Vereinsamung, Leistungsdruck und Versagen überwinden zu können. Yoga-Übungen, Meditation und selbst der gefährliche Drogenkonsum sollen in dieser Situation helfen und Glück und neues Lebensgefühl bringen. Leider werden diese menschlichen Sehnsüchte oft von Geschäftemachern ausgenützt. Hierzulande werben manchmal indische Missionsgesellschaften mit bedenklichen Mitteln. Vor allem Jugendliche sollen ihnen folgen. Viele Hindus weisen darauf hin, dass man östliche Lebensformen wie Yoga und Meditation nicht einfach übernehmen kann. Aus ihrer Heimat und Umwelt herausgelöst, sind sie Fremdkörper, die hier nicht die gute Wirkung haben, die sie in Indien selbst erzielen können. Oft begünstigen sie eine Flucht vor der Realität und bringen nach anfänglicher Begeisterung nur tiefe Enttäuschungen.

1. Welche Lieder, Poster, Bilder, Texte usw. kennt ihr, die Beziehungen zu ostasiatischen Religionen haben? Versucht, dieses Material für die Klassenkameraden zu deuten und zu bewerten.
2. Welche Gefahren sind mit der Übernahme indischer Vorstellungen und Bräuche verbunden? Vgl. auch Wege des Glaubens S. 103.
3. Was wisst ihr über Christen in Indien (Mission, Orden, Mutter Teresa → S. 16 f, Schwester Petra → S. 30 f).

S. 198: Christliche Verkündigung in Afrika

Hare-Krishna-Jünger in Düsseldorf

3. Der Hinduismus

Der Hinduismus, die Religion Indiens, gehört zu den ältesten Religionen der Welt. Seine Anfänge liegen mehr als drei Jahrtausende zurück. Was damals in Indien geschah, wissen wir nicht mehr. Anders als bei den anderen großen Religionen ist hier nichts von einem Stifter überliefert. Der Name leitet sich vom (H)Indusfluss her. Keine andere Religion der Welt lässt bei sich so viele Unterschiede und Gegensätze zu wie der Hinduismus. Er ist in zahllose Sekten und Gruppen aufgespalten. Die Hindus haben keine einheitliche Lehre und auch keine einheitlichen Gebote und Riten. Selbst ihre Gottesvorstellungen sind außerordentlich verschieden. Darum ist es so schwer, den Hinduismus richtig zu verstehen.

Einen möglichen Weg kann uns der große indische Politiker **Gandhi** (1869–1948) weisen, der einmal folgendes Glaubensbekenntnis abgelegt hat:

> Ich nenne mich einen Hindu, weil ich an die Veden[a], die Upanishaden[b] und alles, was zu den Hindu-Schriften gehört, glaube und darum auch an die Herabkünfte der Gottheit[c] und an die Wiedergeburt[d]. Ich glaube an das Kastenwesen[e] in dem Sinn, wie es die Veden getan haben, nicht in seinem derzeitigen allgemeinen und vergröberten Sinn. Ich glaube an den Schutz der Kuh[f] in einem viel umfassenderen als dem üblichen Sinn. Ich verwerfe die Bilderverehrung[g] nicht.[143]

Erklärungen

a *Veden:* Die ältesten heiligen Schriften Indiens, die teilweise bis ins 2. vorchristliche Jahrtausend zurückreichen. In ihnen findet man Opfersprüche, Zauberformeln, altertümliche Gebete, Beschwörungen u. a.

b *Upanishaden:* Heilige Schriften aus dem ersten vorchristlichen Jahrtausend. Höhepunkt der indischen Religion.

c *Herabkünfte* der Gottheit: → S. 202 f

d *Wiedergeburt:* → S. 205

e *Kastenwesen:* → S. 206 f

f *Heilige Kuh:* → S. 205

g Manche halten es für unerlaubt, das Göttliche in *Bildern* darzustellen. Vgl. dazu auch → S. 130. Gandhi hält die Bilderverehrung, die in Indien immer eine große Rolle gespielt hat, für erlaubt. Bilder helfen den Menschen beten und glauben.

Mahatma Gandhi im Gebet

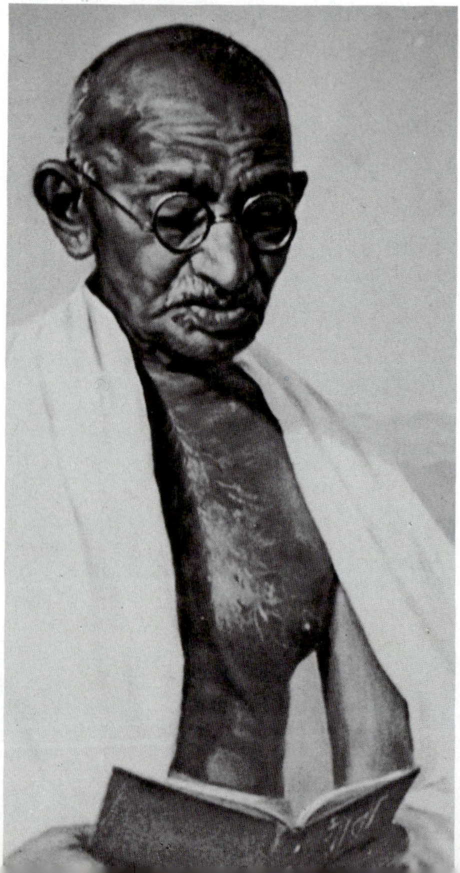

1. Was wisst ihr über Gandhi? Orientiert euch über sein Leben, seine politische Bedeutung, seine Ideen und seine Religiosität. (→ Wege des Glaubens S. 68 und 122) Welche Merkmale des Hinduismus nennt Gandhi in seinem Glaubensbekenntnis? Schreibt diese der Reihe nach auf.
2. Zahlen zum Hinduismus → S. 196
3. Versucht den Text von Gandhi so zu ändern, dass er dem christlichen Glauben entspricht: „Ich nenne mich Christ, weil ich . . .“

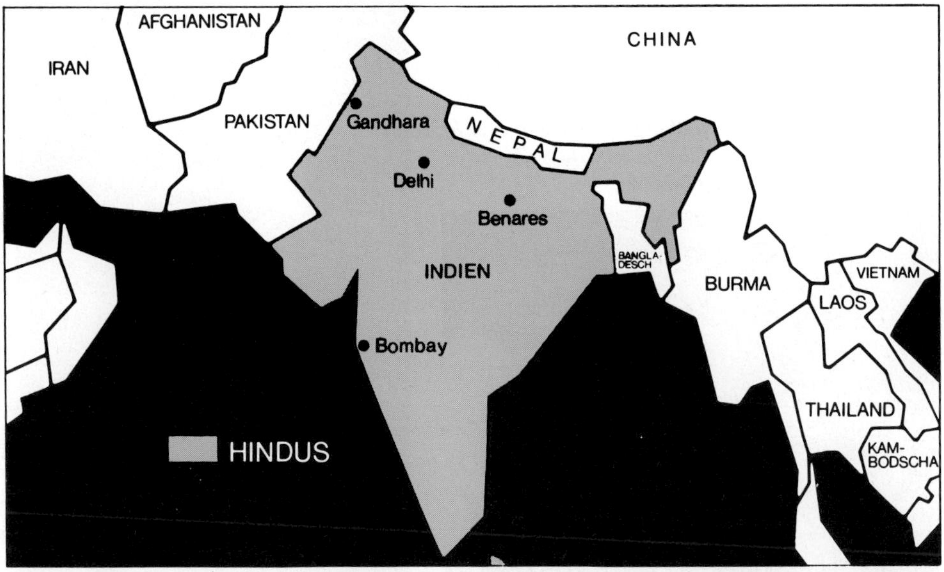

> Im Hinduismus erforschen die Menschen das göttliche Geheimnis und bringen es in einem unerschöpflichen Reichtum von Mythen und in tiefdringender Weisheit zum Ausdruck und suchen durch religiöse Lebensformen oder tiefe Meditation oder liebend-vertrauende Zuflucht zu Gott Befreiung von der Enge und Beschränktheit unserer Lage.[144]
>
> *2. Vatikanisches Konzil*

Götter und Gott

Einige Hindus glauben, es gebe 330 Millionen verschiedener Götter, andere haben den Glauben an einen einzigen Gott, manche lehnen jede Gottesvorstellung ab. Die meisten Inder verehren viele Götter.

Hinter diesem Götterglauben stecken wichtige Erfahrungen. Als Gottheit wird in Indien seit Jahrtausenden verehrt, was als Macht erfahren wird. In den Göttern begegnet der Mensch machtvollen Erscheinungen, über die er nicht voll verfügen kann. Diese können von freundlicher oder feindlicher Art sein (z. B. Fruchtbarkeit oder Unfruchtbarkeit), an Kräfte der Natur (z. B. Erdbeben, Überschwemmung) oder menschliche Handlungen (z. B. Streit oder Krieg) erinnern. So kommt es, dass die Inder auch Götter verehren, die uns böse und grausam erscheinen, wenn dahinter nur Gewalten sichtbar werden, die menschliche Kraft übersteigen.

> Der Hinduismus unterscheidet Vorstellungen von Gott nicht als richtig oder falsch. Vielmehr erkennt er die Tatsache an, dass die Menschheit ihr Ziel Gott auf verschiedenen Stufen und verschiedenen Wegen sucht, und er empfindet mit einer jeden Stufe Sympathie. Der gleiche Gott offenbart sich auf der einen Stufe als Macht, auf einer anderen als Persönlichkeit, auf einer weiteren als allumfassender Geist.[145]
>
> *Radhakrishnan (1888–1967), indischer Philosoph und Staatsmann*

1. Die indische ***„Dreifaltigkeit“***. Man hört manchmal, ***Brahman*** sei der Schöpfer, ***Vishnu*** der Erhalter und ***Shiva*** der Zerstörer allen Lebens. Aber in Wirklichkeit schreiben die Hindus diese Taten meist einer einzigen Gottheit zu. Vielleicht drückt sich in diesem Bild der Glaube aus, dass die vielen Götter doch eine Einheit bilden.

1

2

2. Hindu betet einen ***Familiengott*** an. Die einfache Holzstatue ist mit Blumen geschmückt.

3. Für die meisten Inder ist ***Vishnu*** der höchste Gott. Von Zeit zu Zeit steigt er in irdischer Gestalt auf die Welt herab, um den Guten seine Hilfe gegen die Bösen zu bringen oder um die gestörte Ordnung der Welt wiederherzustellen. Die heiligen Schriften erzählen von zehn solcher Herabkünfte. So ist Vishnu als Fisch und Schildkröte, als Eber und Zwerg auf die Welt gekommen. Das Bild zeigt den Gott als Löwen. Die Macht des Gottes erweist sich in den acht Armen und im Löwenkopf. Damals erschien Vishnu als Löwe, um einen Ungläubigen zu bestrafen, der an seiner Existenz gezweifelt hatte.

3

4

4. *In der berühmtesten Herabkunft wurde Vishnu zum vielgefeierten Helden* ***Krishna****, dem die Inder Liebesabenteuer und Kampftaten, aber auch tiefsinnige Worte über Gott zuschreiben. Das Bild zeigt ihn mit einer Hirtin unter einem Baldachin. Dienerinnen helfen, damit das Liebesfest gelingen kann.*

5

5. ***Ganesha****, der Elefantengott, ist überall im Land beliebt. Ihm zu Ehren feiern die Hindus alljährlich ausgelassene Feste.*

6

6. *Die Göttin* ***Kali*** *lässt Krieg und Seuchen, Überschwemmungen und Erdbeben über das Land kommen. In grauenhaften Bildern wird sie bluttriefend dargestellt. Sie ist ganz schwarz, ihre Zunge hängt weit heraus. Mit einer Kette von Menschenschädeln hat sie sich umgeben. Sie tanzt über ihrem Gatten Shiva* *(→ S. 204)**, der aber dafür sorgt, dass die Welt durch Kali nicht aus den Fugen gerät.*

Shiva *wird in ganz Indien verehrt. Er kann liebevoll und grausam, verführerisch und streng sein. In ihm sind viele Gegensätze vereint. So gilt er als Schöpfer und Erhalter, Zerstörer und Erlöser in einem. Oft wird er als göttlicher Tänzer in einem Flammenbogen dargestellt. Denn im Tanz schafft er die Welt. Der Flammenbogen weist darauf hin, dass sich die Geschicke der Welt wie in einem Rad drehen, unaufhörlich wiederholen und immer wieder von Flammen zerstört werden. So ist die Welt nicht einmalig. Sie ist einem ewigen Kreislauf (Samsara) unterworfen. Shiva hat hier vier Hände – ein Zeichen seiner göttlichen Macht. Mit der Trommel (hinten links) ruft er die Schöpfung ins Dasein, mit dem Feuer (hinten rechts) zerstört er sie wieder zu neuem Beginn. Die beiden vorderen Hände (links) sind Symbole des Bewahrens und Schützens. Mit dem rechten Fuß hält er einen bösen Zwerg, Symbol der Selbstsucht und Unwissenheit, nieder. Der andere Fuß, vom Tanzen bewegt (links), verheißt Erlösung.*

Glaube und Leben der Hindus

Nicht nur die Welt, auch der Mensch ist einem ewigen Kreislauf unterworfen. Er wird geboren, lebt, stirbt und wird wieder geboren. Und wieder lebt er, stirbt und kommt zu neuer Geburt. Aber jedes Dasein ist für ihn anders. Es richtet sich danach, wie er sich in seinem früheren Leben verhalten hat. Sein neues Leben ist der Lohn für seine früheren Taten (Karma). Wer seine Sinne zügelt, die heiligen Schriften studiert, sich um Wahrheit müht, kann als ein Gott wieder geboren werden. Aber wer grausam, gierig, unbesonnen lebt, wird im nächsten Leben ein Tier (Fliege, Geier, Hund u. a.). Auch liegt es an einem selbst, in welche Kaste (→ S. 206 f) man hineingeboren wird oder ob man als Kastenloser leben muss.
Die Aussicht, immer neu wieder geboren zu werden, hat für viele Inder etwas Schreckliches. Denn mit dem neuen Leben beginnt auch neues Leiden. Darum suchen die Hindus **Erlösung** (Moksha), die ihnen entweder eine gute Wiedergeburt sichert oder sie ganz aus dem Kreislauf des Geschehens befreit. Es gibt vor allem drei Wege:

● Erlösung durch **Taten**: Opfer und Riten, Mantras (heilige Worte) und Gebete. Beliebt sind auch Waschungen in heiligen Flüssen, etwa im Ganges bei Benares, oder die Teilnahme an festlichen Prozessionen. Auch der Schutz der heiligen Kuh gehört dazu. In ihr sehen die Inder ein Symbol des Lebens. Durch sie fühlen sie sich mit der stummen Schöpfung verbunden. Wer die Kuh achtet, achtet das Leben selbst.
● Erlösung durch **Erkenntnis**: Anstrengung des Geistes, Verzicht auf Begierde, Reichtum und Macht, Yoga-Übungen (sie beginnen bei bestimmten Sitzarten und Atemübungen, dann konzentriert man sich geistig auf einen Gegenstand und lässt Ruhe bei sich einkehren, am Ende stehen Meditation und geistige Versenkung). Diesen Weg gehen vor allem die Mönche.
● Erlösung durch **Liebe**: Manche indischen Schriften lehren die Liebe zu Gott. Sie steht höher als Opfer und Erkenntnis.

Stellt den Unterschied zwischen Hinduismus und christlichem Glauben für folgende Themen heraus: Welt und Mensch, Schöpfung und Erlösung.

Heiliges Bad im Ganges

Hindu in Meditationshaltung

Heilige Kühe in einer indischen Stadt

Kasten und Unberührbare

Das wichtigste Merkmal des Hinduismus ist die Kastenordnung. Nicht durch ein bestimmtes Glaubensbekenntnis oder durch einen festgelegten Aufnahmeritus (Taufe, Beschneidung), sondern allein durch die Zugehörigkeit zu einer Kaste wird der Hindu zum Hindu. Ursprünglich gab es nur vier Kasten:

- die **Brahmanen** = religiöse Lehrer, Priester;
- die **Kshatyras** = Krieger, Adelige, Fürsten, Könige;
- die **Vaishyas** = Bauern, Viehzüchter, Handwerker, Handelsleute;
- die **Shudras** = Arbeiter und Handwerker mit niedrigen Tätigkeiten.

Im Laufe der Jahrhunderte haben sich an die 3000 Unterkasten gebildet.
Die Kastenzugehörigkeit bestimmt weitgehend das Leben des Hindu. Sie regelt, wen man heiraten und mit wem man essen und trinken darf, welchen Beruf man ausüben soll und wie man sich zu kleiden und zu verhalten hat.
Durch die Kastenschranken wird nach unserer Auffassung eine menschliche Ungleichheit von unvorstellbarem Ausmaß begründet, die ein Entrinnen nicht zulässt. Die meisten Hindus ertragen diese Ungleichheit mit größtem Gleichmut. Sie sehen darin den Lohn ihrer Taten aus dem vergangenen Leben.
Unterhalb der Kasten leben noch etwa 80 Millionen Inder, die keiner Kaste angehören. Am bekanntesten sind die **Parias**. Die Kastenlosen leben in unvorstellbarer sozialer Verachtung und meist auch in bitterer Armut. Kein Kastenangehöriger darf mit ihnen Kontakt haben oder sie berühren. Meist wohnen diese „Unberührbaren“ in eigenen abgelegenen Siedlungen, sodass man sie leicht meiden kann. Für viele Hindus stehen sie auf einer Stufe mit Hunden und unreinen Tieren. Gandhi hat versucht, ihre Stellung zu verbessern. Zum Entsetzen vieler Frommer nahm er Kastenlose in seine Familie auf und lebte mit den Unberührbaren zusammen. Er nannte sie „Harijans“, d. h. Kinder Gottes. Die indische Verfassung hat ihre Rechtlosigkeit aufgehoben. Dennoch hat sich die uralte Verachtung der Unberührbaren noch weithin erhalten.

Wie oft habe ich Parias auf den Stationen warten sehen, bis der Zug kam. Sie saßen Stunden und Stunden auf dem Bahnhof mit Weib und Kind auf Sack und Pack. Der Zug läuft ein, sie suchen ein Abteil, in dem kein Brahmane sitzt, sie gehen von Wagen zu Wagen, sie finden kein Abteil, der Zug ist fast leer, aber sie können nicht mit ihm fahren. Wie oft habe ich auch schon gesehen, dass sie ein leeres Abteil fanden, ein Brahmane steigt ein und schweigend, ohne ein Wort zu sagen, ohne zu zucken oder zu zögern, verlassen sie das Abteil.
Sie dürfen nicht mit einem Brahmanen dieselbe Luft atmen, sie dürfen nicht im gleichen Raum sein. Am schwersten ist das in der Nacht. Der Zug hält irgendwo, ein Brahmane steigt ein in das Abteil – alle Männer, alle Frauen, Kinder verlassen das Abteil, suchen ein anderes, verlassen den Zug, wenn sie in der Eile kein anderes finden können. Nun sitzen sie auf dem Bahnhof in der Nacht, die Kinder schreien, die Frauen begütigen sie – niemand schimpft oder flucht, denn das muss sein, die Gottheit will es.[146]

Wie urteilt der christliche Glaube über die Kastenordnung? Lest dazu Gal 3, 26–30.

2

3

INDISCHE KASTEN

1 Brahmane im Gebet
2 Indischer Adeliger
3 Gerber
4 Kaufmann

1

4

4. Der Buddhismus

Im Himalajagebiet des heutigen Nepal, in der Stadt Kapilavastu, wurde wahrscheinlich um das Jahr 560 v.Chr. Siddharta geboren, den seine Freunde auch Gautama nannten. Später erhielt er den Titel „Buddha“, d. h. der Erleuchtete oder der Erwachte. Er war tief durchdrungen von der Erfahrung, dass alles Leben leidvoll sei. Darum suchte er einen Weg, wie er das Leiden überwinden und Erlösung finden könnte. Eine wunderbare Erleuchtung schenkte ihm nach langem mühsamem Suchen Antwort auf seine Fragen. Was er damals erfahren hat, verkündete er in einem langen Wanderleben seinen Zeitgenossen. Viele, die in der Religion der Brahmanen (→ S. 206) keinen Halt mehr fanden, schlossen sich ihm an. So entstand die Gemeinde des Buddha, die heute zu den bedeutendsten Weltreligionen zählt. Er selbst starb nach einem Leben voll Güte und Besonnenheit im hohen Alter von 80 Jahren. In seinen letzten Lebenstagen ertrug er große Schmerzen. Bei seinem Tod umgaben ihn seine Mönche. Er fürchtete den Tod nicht, denn er hoffte, dass er in das Nirwana (→ S. 213) eingehen und kein Leid mehr empfinden werde. Seine letzten Worte lauteten:

„Alles Wesen ist der Vernichtung unterworfen.
Unermüdlich sollt ihr euch bemühen.“

> In den verschiedenen Formen des Buddhismus wird ein Weg gelehrt, auf dem die Menschen mit frommem und vertrauendem Sinn entweder den Zustand vollkommener Befreiung zu erreichen oder – sei es durch eigene Bemühung, sei es vermittels höherer Hilfe – zur höchsten Erleuchtung zu gelangen vermögen.[147] *2. Vatikanisches Konzil*

1. Zum Verständnis der Karte → S. 215
2. Zahlen zum Buddhismus → S. 196
3. Zum Symbol des Buddhismus → S. 197

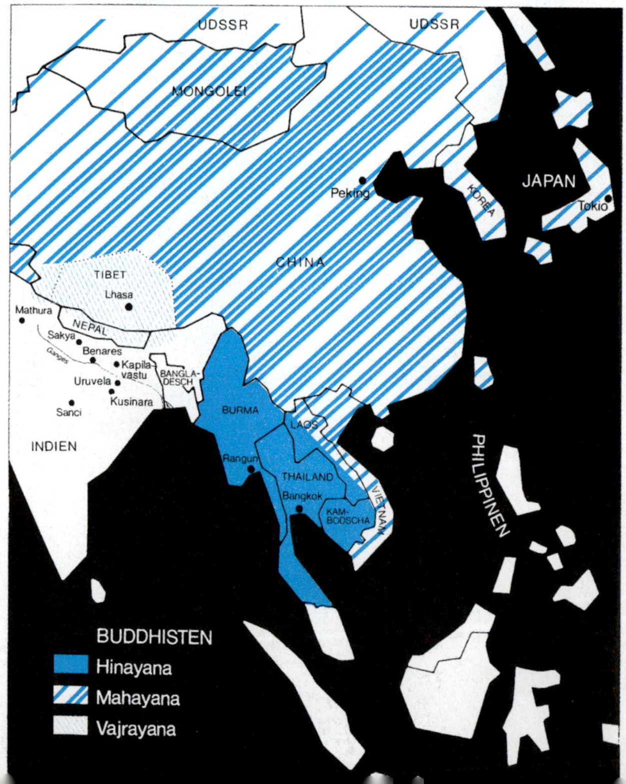

SZENEN AUS DEM LEBEN DES BUDDHA

(Tempelbilder aus Thailand)

1. ***Bogenschießen****: Die Überlieferung macht aus seinem Vater einen König, ihn selbst zum Königssohn. In Wirklichkeit war der Vater wohl Großgrundbesitzer. Er gab seinem Sohn eine vorzügliche Erziehung. Alles, was Adlige damals lernten, durfte Siddharta lernen: Sprachen und Mathematik, Reiten und Bogenschießen (hier auf dem Bild im väterlichen Palast), Fechten und Ringen. Er war sehr verwöhnt, salbte sich mit teurem Öl und kleidete sich nur in kostbare Seide. Mit dem Luxus wollte der Vater ihn der Familie erhalten. Denn er fürchtete, dass der Sohn das Vaterhaus verlassen und Mönch werden könnte. Um das zu vermeiden, bemühte er sich, alles Leiden aus dem Leben seines Sohnes zu verbannen. Als Siddharta die schöne Prinzessin Yasodara heiratete, meinte der Vater, sein Ziel erreicht zu haben.*

2. ***Ausfahrt aus dem väterlichen Palast****: Aber der Vater hatte sich getäuscht. Eines Tages fuhr Siddharta aus dem Palast weg. Er traf auf einen Greis, dessen Glieder von hervortretenden Adern überspannt und dessen Haar ergraut war. Seine Zähne zeigten Lücken. Runzeln überdeckten den Körper. Er konnte kaum noch gehen und zitterte am ganzen Körper. Siddharta war tief erschüttert. So ein Bild menschlicher Erbärmlichkeit hatte er noch nicht gesehen. Sein Wagenlenker aber erklärte ihm, dass dieser Greis keine Ausnahme darstelle. Er sagte: „Das Alter vernichtet die Jugend jedes Geschöpfes. Es gibt für niemanden einen Ausweg.“ Da erkannte Siddharta, dass er bisher unerleuchtet war und das Leiden aus seinem Leben mit Spielen und Vergnügungen verdrängt hatte. Sofort kehrte er um und fuhr nach Hause. Bei seinen nächsten drei Ausfahrten traf er auf einen Kranken, auf einen Toten und auf einen Mönch. Er wurde sich bewusst, dass auch er selbst von Krankheit und Tod bedroht sei. Nur das selbstlose Leben eines Mönchs konnte ihm innere Ruhe und Freiheit schenken. – Das Bild fasst die vier Ausfahrten zusammen.*

3. ***Gautama verlässt Frau und Kind**: So beschloss Gautama, aus der Heimat in die Heimatlosigkeit zu ziehen. In derselben Nacht, in der seine Frau ihm einen Sohn gebar, verließ er das väterliche Haus. Das Bild zeigt seinen letzten Blick auf die beiden. Dann ging er, ohne sich zu verabschieden, und ließ alles, was ihm bis dahin wertvoll war, zurück. Damals war er 29 Jahre alt.*

4. ***Belehrung bei einem Einsiedler**: Er schnitt sich die Haare ab zum Zeichen dafür, dass er ein Mönch wurde und der Welt entsagte. Sein fürstliches Gewand legte er ab. Dann ging er zu einem Einsiedler in die Schule. Er wollte von ihm erfahren, woher das Leid komme und wie er es überwinden könne. Aber die Lehre dieses Brahmanen sagte ihm nichts.*

5. ***Buddha und die fünf Mönche**: Darum machte er sich wieder auf die Wanderschaft und versuchte, in harter Selbstzucht (Askese) Antwort auf seine Frage zu finden. Fünf Mönche schlossen sich ihm an. Er aß und trank kaum, legte sich nachts auf Dornen und pflegte sich nicht mehr. Aber das alles half ihm nicht. Er wurde so geschwächt, dass er in Lebensgefahr geriet, ohne die Erleuchtung zu finden. So gab er das Fasten auf.*

6. ***Beim Bodibaum in Uruvela****: Er kam zu einem altehrwürdigen Baum zu Uruvela. Dort wollte er so lange bleiben, bis er eine Antwort auf die Frage erhielt, wie sich der Mensch vom Leid befreien könne. Durch die Kunst der Meditation hoffte er, zu seinem Ziel zu gelangen. Rasch machte er große Fortschritte. Eines Nachts erkannte er plötzlich, worum er sich jahrelang bemüht hatte. Er machte die wichtigste Erfahrung seines Lebens, die er selbst „Erleuchtung" nannte. Hier wurde er zum „Buddha". In vier Nachtwachen erkannte er die „Vier edlen Wahrheiten" (→ S. 212), die den Kern seiner Lehre ausmachen. Nun wurde er vollkommen ruhig und glücklich. Damals war er 37 Jahre alt.*

7. ***Predigt in Benares****: Nach vier Wochen entschloss er sich, auch anderen von seiner Erleuchtung zu erzählen. Er ging nach Benares und legte dort vor den fünf Mönchen zum ersten Mal seine neuen Einsichten dar. Das Bild zeigt ihn auf einem Thron, die Mönche neigen sich zu seinen Füßen vor ihm, weil sie dankbar sind, dass er ihnen den Weg der Erlösung zeigt. Damals setzte er das „Rad der Lehre" in Bewegung (→ S. 197).*

8. ***Buddha sitzt auf dem Schlangenkönig****: Die Legende erzählt, dass der Teufel sehr erzürnt war, weil sich die Menschen nun von ihm abwandten. Darum wollte er den Buddha durch Regenstürme vertreiben. Aber der Schlangenkönig kam dem Buddha zu Hilfe. Er kroch unter seinen Sitz und bewahrte ihn vor Nässe. Seine sieben Köpfe bildeten ein sicheres Dach – ein buddhistisches Sinnbild für die Harmonie von Lehre und Natur.*

Die Predigt von Benares – Von der Aufhebung des Leidens

In dieser berühmten Predigt (→ Bild S. 211) geht der Buddha davon aus, dass es zwei gegensätzliche Wege gibt, die nicht zur Erlösung führen. Der erste Weg ist ein Leben in Lust und Genuss. Es ist für ihn niedrig und gemein. Der zweite Weg ist ein Leben in völliger Entsagung. Hier verzichtet der Mensch so weit wie möglich auf alle Freuden des Lebens. Auch er führt nicht zum Ziel. Darum empfiehlt der Buddha einen **„Weg, der in der Mitte liegt“**. Er verschafft Erkenntnis, führt zum Frieden und zur Erleuchtung, am Ende auch zum Nirwana. Nur so kann er die **„vier edlen Wahrheiten“** erkennen:

> Dies, ihr Mönche, ist die *edle Wahrheit vom Leiden*: Alter ist Leiden, Krankheit ist Leiden, Tod ist Leiden, mit Unlieben vereint sein ist Leiden, von Lieben getrennt sein ist Leiden, nicht erlangen, was man begehrt, ist Leiden.
> Dies, ihr Mönche, ist die *edle Wahrheit von der Entstehung des Leidens*: Es ist der Durst, der zur Wiedergeburt führt, samt Freude und Begier, hier und dort seine Freude findend; der Lüstedurst, der Werdedurst, der Vergänglichkeitsdurst.
> Dies, ihr Mönche, ist die *edle Wahrheit von der Aufhebung des Leidens*: die Aufhebung des Durstes durch restlose Vernichtung des Begehrens, ihn bei sich nicht zulassen, sich seiner entäußern, sich von ihm lösen, ihm keine Stätte gewähren.
> Dies, ihr Mönche, ist die *edle Wahrheit vom Wege zur Aufhebung des Leidens*: Es ist dieser edle achtteilige Pfad, der da heißt: rechtes Denken, rechtes Entschließen, rechtes Wort, rechte Tat, rechtes Leben, rechtes Streben, rechtes Gedenken, rechtes Sichversenken.[148]

Überlebensgroße Buddhafigur, Kamakura (Japan, 1292 n. Chr.)

1. Auf welchen persönlichen Erfahrungen des Buddha beruht „der Weg, der in der Mitte liegt“?
Wie denkt ihr selbst über die beiden Extreme der Lebensführung?

2. In den vier „edlen Wahrheiten vom Leiden“ stellt der Buddha wie ein Arzt eine Diagnose (Untersuchung) und gibt dann eine Therapie (Heilung). Zeigt dies am Text.

3. Was sagt der christliche Glaube über Entstehung und Überwindung des Leids? Welche Aussagen der Bibel könnt ihr dazu anführen? (→ S. 141 ff)

Auszüge aus der Lehre

Das menschliche Leben ist Leid. Mit dem Tod hat es kein Ende, denn der Mensch wird wieder geboren. Auch das neue Leben wird leidvoll sein. Erst wenn es keine Wiedergeburt mehr gibt, hat der Mensch Erlösung gefunden. Diesen Zustand, in dem es keine Wiedergeburt zum Leben mehr gibt, nennt der Buddha „Nirwana". Das Wort bedeutet „Verlöschen", „Verwehen". Sein Sinn ist vieldeutig und schwer fassbar. Die Lehre vom Nirwana findet sich im folgenden Text:

> Es gibt, ihr Mönche, einen Bereich, wo weder Erde noch Wasser, noch Feuer, noch Wind ist, wo die Sphäre der Unendlichkeit des Raumes und der Unendlichkeit des Bewusstseins nicht mehr besteht. Wo nicht irgendetwas mehr ist, weder die Sphäre des Unterscheidens noch die des Nichtunterscheidens, nicht diese Welt, noch die jenseitige Welt, wo beide, Sonne und Mond, nicht mehr sind.
> Dies erfahrt ihr von uns, ihr Mönche:
> Ich verkünde euch ein Nichtkommen und Gehen, ein Nichtfeststehen und Vergehen, die Freiheit von der Wiedergeburt; ein Nichtstillstehen und ein Nichtweitergehen. Keinen Grund gibt es mehr für das Sehnen nach dem Leben. Dies ist das Ende des Leides.[149]

1. *a)* Manche Deuter sehen im Nirwana ein absolutes Nichts. Ins Nirwana einzugehen bedeutet dann: verlöschen wie eine Flamme, vergehen wie ein Wind.
b) Andere Ausleger sehen im Nirwana eher das höchste Glück oder einen Zustand, der dem Paradies entspricht. – Was sagt dazu der Text?
2. Vergleicht Jesu Botschaft vom Reich Gottes mit der Lehre des Buddha vom Nirwana. – Welche Unterschiede erkennt ihr? (→ S. 183 ff)

Und Gott?

Der Buddha hat in seinen zahlreichen Lehrreden kaum von Gott gesprochen. Wohl ist gelegentlich von den indischen Göttern die Rede, aber sie kommen nur als Bestandteile des damaligen Weltbildes vor wie Blatt und Baum, Brahmanen und Krieger. Sie entsprechen nicht dem, was wir „Gott" nennen.
Von einem Gott, der Person, Schöpfer, Vater, Ewiger, Liebe ist, ist beim Buddha keine Rede. Man hat ihn darum sogar einen Atheisten (→ S. 124) genannt. Aber dieses Urteil ist problematisch. Viele Buddhisten weisen auf Folgendes hin:

- Das Schweigen über Gott bedeutet nicht notwendigerweise Atheismus.
- Erleuchtung und Erlösung meinen etwas, das andere Religionen mit Gott in Zusammenhang bringen.

Im späteren Buddhismus ist die Gottesfrage wieder viel wichtiger geworden. In der Richtung, die man „Mahayana" = Großes Fahrzeug, → S. 215 nennt, wird sogar der Buddha selbst als Gott verehrt. Man stellt ihn in großartigen Werken der Kunst dar, errichtet ihm und anderen Göttern Tempel. Die Menschen beten zu ihm und erhoffen sich von ihm die Befreiung vom Leiden. An die Stelle der Meditation, die dem Buddha der Weg zur Erlösung war, tritt nun das große Gebot des Mitleids. „Niemandem wehe tun" wird das Lebensprogramm der Buddhisten.

Wie erklärt ihr euch diese Entwicklung?

Zehn Gebote

Abstehen von der Zerstörung von Leben.
Abstehen vom Nehmen nicht-gegebener Dinge.
Abstehen von nicht-keuschem Wandel.
Abstehen von lügnerischer Rede.
Abstehen von Berauschung durch den Genuss geistiger Getränke.

Abstehen vom Essen zu ungehöriger Zeit.
Abstehen von Tanz, Gesang, Musik und von der Betrachtung von Schauspielen.
Abstehen von Schmückung und Verschönerung (des Körpers)
durch Verwendung von Kränzen, Wohlgerüchen und Salben.
Abstehen von (der Benutzung) einer hohen und breiten Lagerstätte.
Abstehen von der Annahme von Gold und Silber.[150]

Die ersten fünf Gebote gelten für alle, also für Laien und Mönche, die letzten fünf nur für die Mönche.

1. Vergleicht die buddhistischen „Zehn Gebote" mit dem biblischen Dekalog (Ex 20 → S. 177).

2. Weitere Informationen → S. 148, 196 ff.

Buddhistische Mönche: Jugendliche beim Schreiben und Lesen; ein Alter beim Bettelgang

Gebetsmühlen im Katmandu, Nepal

Buddhistische Prozession in Thailand(ganz links)

Lama mit Gebetsmühle und „Rosenkranz“ in Tibet

Die drei Fahrzeuge

Der Buddhismus ist keine einheitliche Religion geblieben. Im Laufe der Zeit haben sich drei unterschiedliche Richtungen entwickelt.

- Das **Kleine Fahrzeug** (buddh.: Hinayana): Die älteste Form des Buddhismus, die die ursprüngliche Lehre des Buddha am reinsten bewahrt hat. Ca. 120 Millionen Anhänger.
- Das **Große Fahrzeug** (buddh.: Mahayana): eine jüngere Form, die sich etwa seit dem 2. Jahrhundert n.Chr. entwickelt hat. Die Anhänger meinen, dass das strenge „Kleine Fahrzeug“ nur wenige Menschen zum Heil führen könne. Das „Große Fahrzeug“ habe aber für viele Platz, denn seine Lehren und Gebote seien menschenfreundlicher (→ S. 213). Die meisten Buddhisten – etwa 180 Millionen – gehören dem Mahayana an.
- Das **Diamantene Fahrzeug** (buddh.: Vajrayana): eine Form des Buddhismus, die sich seit dem 7. Jahrhundert n.Chr. in Tibet und Nepal entwickelt hat. Hier haben die Priester große Macht; Dämonenfurcht und Vielgötterei, aber auch Lebensfreude und Sinneslust sind für das Vajrayana typisch. An der Spitze steht der Dalai-Lama, den die Gläubigen als göttlich verehren. Der jetzige Dalai-Lama wurde von den Rotchinesen aus Tibet vertrieben und lebt zur Zeit im Exil in Indien.

Der Buddhismus ist auch heute von großer Lebenskraft. Er bietet vielen Menschen Orientierung und Halt. Auch in der Bundesrepublik hat er einige Anhänger gewonnen.

Anfang und Ende der Welt

1. Wo komm ich her – wo geh ich hin?

Wo geh ich hin, folg ich den Wolken?
Wo ist der Weg, den ich nicht seh?
Wer weiß die Antwort auf meine Frage,
warum ich lebe und vergeh?
Wo geh ich hin?
Folg ich den Kindern?
Sehn sie den Weg, den ich nicht seh?
Gibt mir ihr Lächeln etwa die Antwort,
warum ich lebe und vergeh?
Folg ich dem Winde?
Folg ich dem Donner?
Folg ich dem Neon, das leuchtet im Blick derer, die lieben?
Tief in der Gosse, hoch unter Sternen
kann Wahrheit sein!
Wo geh ich hin?
Folg ich dem Herzen?
Weiß meine Hand, wohin ich geh?
Warum erst leben, um dann zu sterben?
Ob ich das je versteh?
Wo komm ich her?
Wo geh ich hin?
Sagt wozu?
Sagt woher?
Sagt wohin?
Sagt, worin
liegt der Sinn?

Aus dem Musical „hair"

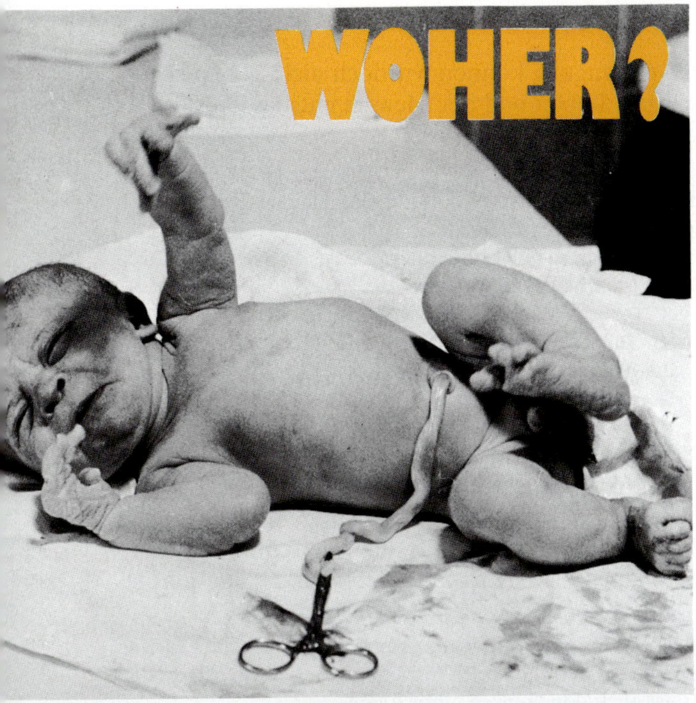

Jeder Mensch weiß: Ich habe nicht immer gelebt. Darum fragen viele: Woher komme ich? Was bedeuten meine Eltern, Großeltern und Vorfahren für mich? Welchen Sinn hat mein Leben?

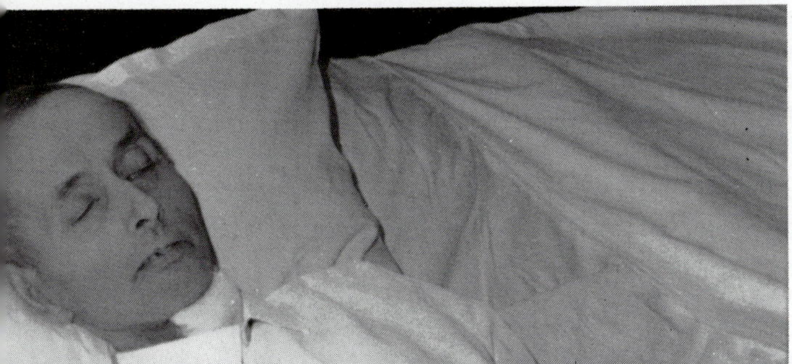

Jeder Mensch weiß: Ich werde nicht immer leben. Darum fragen viele: Was wird aus mir werden, morgen – in einer Woche – in einem Jahr? Wie wird mein Leben verlaufen, wie wird es enden? Werden meine Pläne gelingen und meine Wünsche erfüllt? Und dann – mein Tod? Wohin gehe ich? Unser gegenwärtiges Leben steht mitten zwischen Vergangenheit und Zukunft. Wir können das Heute besser verstehen, wenn wir das Gestern und Morgen bedenken. Wenn wir dabei so weit wie möglich zurückblicken und vorwärtsschauen, stoßen wir auf die Frage nach dem Anfang und dem Ende der Menschheit, nach dem Ursprung und dem Ziel der Welt.

1. Was tun Menschen, um ihre eigene *Vergangenheit* kennen zu lernen? Warum interessieren sich viele auch für die Geschichte ihrer Familie, ihrer Stadt, ihres Volkes, ihrer Religion, der Menschheit?

2. Was tun Menschen, um etwas über die *Zukunft* zu erfahren? Warum verwenden sie so viel Mühe darauf? (→ S. 159)

3. Warum fragen Menschen so oft nach Anfang und Ende der Welt und der Menschheit?

2. Ergebnisse der Wissenschaften

Trotz großer wissenschaftlicher Anstrengung können wir noch nicht genau sagen, wie das Weltall und die Erde, wie das Leben und der Mensch entstanden sind. Es gibt allerdings einige weithin anerkannte Ergebnisse der Wissenschaften über die *Entstehung der Welt*, z. B.:

- Das Weltall besteht nicht ewig. Es hat einen zeitlichen Anfang, der nach heute möglichen Schätzungen vor 10 bis 13 Milliarden Jahren anzusetzen ist.
- Die Welt ist unvorstellbar groß, aber trotzdem nicht unendlich. Sie ist ein System, das sich weiter ausdehnt wie ein explodierendes Geschoss, das immer mehr Raum einnimmt.
- Unsere Erde ist nur ein winziger Teil des Weltalls. Sie gehört zu einem von vielen Sonnensystemen. Vor ca. 5 Milliarden Jahren ist sie unter dem Einfluss der Schwerkraft (Gravitation) aus Urnebeln oder aus Weltraummaterie entstanden, die aus der Sonne hervorging.

Sicherer ist das, was wir über die *Entstehung des Menschen* wissen. Im 19. Jahrhundert hatte der englische Biologe **Charles Darwin** (1809–82) gelehrt, dass sich der Mensch aus dem Tierreich entwickelt hat. Seitdem haben zahlreiche Funde Fossilien, Knochenreste) und viele Beobachtungen, z. B. über Körperbau, Verhalten und Entwicklung des Menschen, diese Annahme gestützt. Heute gilt als gesichert:

- Die ersten Lebewesen, die auf der Welt entstanden, waren ganz einfach. In einer langen Entwicklung (Evolution) bildeten sich die heutigen hochkomplizierten Lebewesen. In diesen Prozess, der noch weitergeht, ist auch der Mensch einbezogen.
- Der Mensch hat eine auffällige biologische Ähnlichkeit mit dem Menschenaffen. Beide haben einen gemeinsamen Stammbaum und leiten sich von gemeinsamen Vorfahren ab.
- Der Evolutionsprozess des Lebens hat viele Millionen Jahre gedauert. Der Übergang vom Tier zum Vormenschen vollzog sich vor ca. 2–10 Millionen Jahren. Die Frühmenschen lebten vor ca. 500.000 Jahren, der Jetztmensch (Homo sapiens) ist erst seit 40.000 Jahren aufgetreten.

1. Was habt ihr von der Entwicklung der Welt und der Erde gelernt? Was wisst ihr vom Urknall?
2. Informiert euch im Biologieunterricht über die Entstehung und Entwicklung des Menschen. Welche wichtigen Stufen kennt man?
3. Was verbindet den Menschen mit den Tieren, was unterscheidet ihn davon?
4. Wie steht die Kirche zu den Ergebnissen der Wissenschaften von der Entstehung der Welt und des Menschen?

Zu S. 219: Schon immer haben sich die Menschen **Bilder von der Welt** *gemacht, in denen sie ihre Erfahrungen und Beobachtungen, ihre Vermutungen und ihr Wissen zusammenstellten. Oft sind in die Weltbilder auch Irrtümer eingegangen. Wenn man diese erkannte oder wenn sich Vorstellungen von der Welt änderten, wandelte sich auch das jeweilige Weltbild. Unser heutiges Weltbild ist das Ergebnis der Wissenschaften. Der Prozess der Erforschung ist noch nicht abgeschlossen. Darum ist auch unser Weltbild nicht endgültig.*

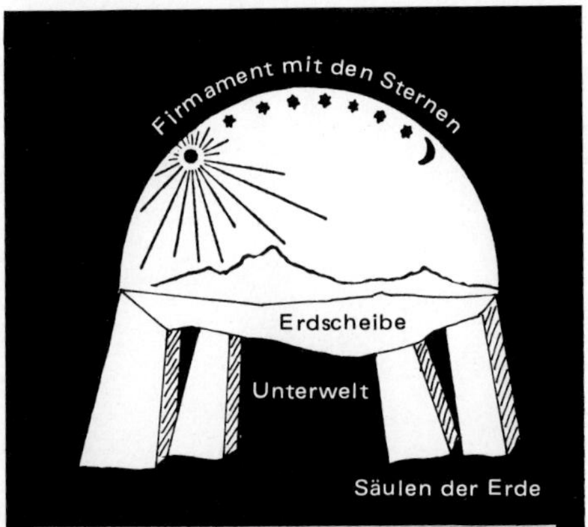

Das Weltbild Babylons und der Bibel (1. Jahrtausend v. Chr.)
Es umfasst wie in drei Stockwerken Himmel, Erde und Unterwelt. Die Erde ist eine flache Scheibe, die auf dem Weltmeer ruht und vom Himmel überwölbt wird. Am Firmament hängen die Gestirne, darüber ist in einem Feuerhimmel der Wohnsitz der Götter. Die Unterwelt ist das Reich des Todes, in dem die Verstorbenen weilen. Die Juden haben ähnliche Vorstellungen von den Babyloniern übernommen. Sie finden sich daher auch in der Bibel. *(→ Wege des Glaubens S. 128 f)*

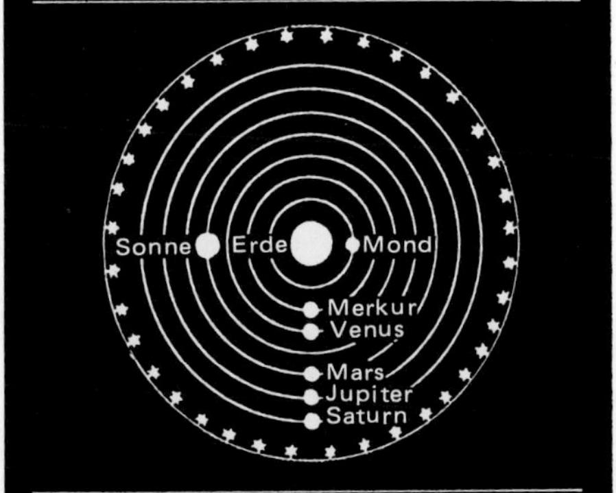

Das ptolemäische Weltbild (um 140 n. Chr.)
Ptolemäus (70–147 n.Chr. in Alexandrien), der berühmteste Astronom des Altertums, stellte in den Mittelpunkt seines Weltsystems die Erdkugel, um die der Mond, die Sonne und die Planeten kreisen. Dieses Weltbild wurde vom Mittelalter übernommen. Hier ist der Mensch und die von ihm bewohnte Erde Mittelpunkt der Schöpfung.

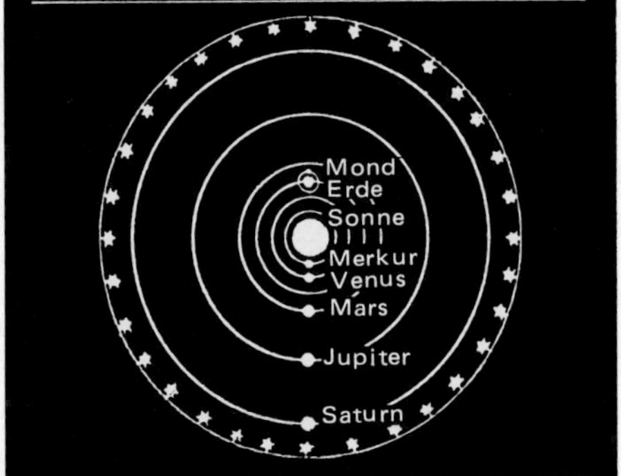

Das kopernikanische Weltbild (um 1600 n. Chr.)
1513 entdeckte der Domherr Kopernikus, dass nicht die Erde, sondern die Sonne im Mittelpunkt des Weltalls steht. Diese Auffassung wurde durch die Entdeckung der Planetenbewegungen durch Johannes Kepler (1571–1630) und durch Beobachtungen von Galilei (1564–1642) und Newton (1643–1727) bestätigt. Dieses Weltbild wurde zunächst heftig angegriffen, da es mit der zentralen Stellung, die der christliche Glaube der Erde und dem Menschen zuwies, nicht vereinbar zu sein schien.

Das heutige Weltbild
In unserem heutigen Weltbild ist die Erde einer von mehreren Planeten, die sich in elliptischen Bahnen um die Sonne bewegen. Die Sonne ihrerseits bildet zusammen mit etwa 100 Mrd. anderen Sonnen unser Milchstraßensystem. Dieses hat einen Durchmesser von 100000 Lichtjahren. Außer unserer Milchstraße gibt es viele Milliarden anderer Welteninseln.

Warum sind Weltbilder zeitgebunden und somit überholbar?

Die Entwicklung der Menschheit

Einst haben die Kerls auf den Bäumen gehockt,
behaart und mit böser Visage.
Dann hat man sie aus dem Urwald gelockt
und die Welt asphaltiert und aufgestockt,
bis zur dreißigsten Etage.

Da saßen sie nun, den Flöhen entflohn,
in zentralgeheizten Räumen.
Da sitzen sie nun am Telefon.
Und es herrscht noch genau derselbe Ton
wie seinerzeit auf den Bäumen.

Sie hören weit. Sie sehen fern.
Sie sind mit dem Weltall in Fühlung.
Sie putzen die Zähne. Sie atmen modern.
Die Erde ist ein gebildeter Stern
mit sehr viel Wasserspülung.

Sie schießen die Briefschaften durch ein Rohr.
Sie jagen und züchten Mikroben.
Sie versehn die Natur mit allem Komfort.
Sie fliegen steil in den Himmel empor
und bleiben zwei Wochen oben.

Was ihre Verdauung übrig lässt,
das verarbeiten sie zu Watte.
Sie spalten Atome. Sie heilen Inzest.
Und sie stellen durch Stiluntersuchungen fest,
dass Cäsar Plattfüße hatte.

So haben sie mit dem Kopf und dem Mund
den Fortschritt der Menschheit geschaffen.
Doch davon mal abgesehen und
bei Lichte betrachtet, sind sie im Grund
noch immer die alten Affen.

Erich Kästner[151]

1. Welche Entwicklung beschreibt der Autor? Welche vermisst er?

2. Wie müsste die Entwicklung der Menschheit aussehen bzw. weitergehen, damit der letzte Satz seine Berechtigung verliert?

Als die amerikanischen Astronauten
Borman, Lovell und Anders
1969 den Mond umkreisten,
sprachen sie beim Anblick der Erde:
IM ANFANG
SCHUF GOTT
HIMMEL
UND ERDE.

Der erste sowjetrussische
Astronaut Jurij Gagarin
sagte nach seinem Raumflug
im April 1961:
GOTT HABE ICH
NICHT GESEHEN.
DER HIMMEL WAR DUNKEL,
GENOSSEN.

3. Glaubensbilder vom Anfang

Ein großes Lehrgedicht

*Auf der ersten Seite der Bibel wird erzählt, wie Gott die Welt erschaffen hat. Obwohl der Text am weitesten in die Vergangenheit zurückschaut, gehört er nicht zu den ältesten Kapiteln der Bibel. Er ist wahrscheinlich um 500 v.Chr. von Priestern in Jerusalem zusammengestellt worden. Von Priestern stammen auch andere wichtige Texte in den Mosebüchern. Man nennt sie die **„Priesterschrift“** (Abk.: „P“). Wir können uns vorstellen, dass die damaligen Juden erstaunt waren, als sie den Text Gen 1,1–2.4a zum ersten Mal hörten. Wie wir heute, so hatten auch sie damals dazu ihre Fragen. Vielleicht hat einer der Priester einmal versucht, den Leuten im Tempel zu erklären, was mit dem Text beabsichtigt war.*

Liebe Juden!

Ihr seid gewohnt, dass wir Priester die Opfer im Tempel darbringen und euch belehren, warum ihr die Gebote halten sollt und wie der Gottesdienst verläuft. Das klingt manchmal etwas trocken, aber das ist nun einmal unsere Aufgabe.

Soeben habt ihr nun von uns einen feierlichen Text gehört. Dass es ein Gedicht war, habt ihr wahrscheinlich gleich bemerkt, z. B. an dem Strophenaufbau und an den vielen Wiederholungen, z. B. „Gott sprach: Es werde“ – „und es wurde“ und an anderen ähnlichen Wendungen. Ihr fragt euch zu Recht, warum wir gelehrten Priester auf einmal zu dichten anfangen und das nicht Leuten überlassen, die es besser können als wir. Das hat einen guten Grund. Wir haben über die Erschaffung der Welt und des Menschen nachgedacht. Was am Anfang der Zeit geschehen ist, weiß Gott allein. Kein Mensch war dabei, als er die Welt erschuf. Auch wir nicht. Gott hat uns das auch nicht in einem wunderbaren Traum gezeigt. Aber unser Glaube lehrt uns, dass Gott alles gemacht hat. Wir haben versucht, diesen Glauben in unserem Gedicht auszudrücken.

In unserem Text erschafft Gott die Welt in sechs Tagen, am siebenten Tag ruht er. Das soll für euch ein Vorbild sein. Auch ihr sollt sechs Tage arbeiten und am siebten Tag ruhen. So hat es Gott selbst unseren Vorfahren am Sinai im Dritten Gebot aufgetragen. Die anderen Völker kennen diesen Brauch nicht. Die Armen müssen da immer arbeiten und die Reichen ruhen viel länger als nur einen Tag.

Auf die sechs Tage haben wir alles verteilt, was wir in der Welt vorfinden: das Licht und das Himmelsgewölbe mit den Gestirnen, Wasser und Land, Pflanzen und Tiere, den Menschen. Das ging nicht immer ganz glatt, weil es mehr Schöpfungswerke Gottes als Wochentage gibt. Aber wer merkt das schon, dass wir vor allem den sechsten Tag etwas überfrachtet haben. Wir wollten schließlich alles unterbringen, was babylonische und jüdische Gelehrte über die Welt herausgefunden haben. Natürlich können wir nicht behaupten, dass Gott die Welt wirklich in sechs Tagen gemacht hat und dass das Weltbild, das ihr in unserem Gedicht findet, endgültig ist. Wir rechnen damit, dass spätere Zeiten zu anderen Einsichten kommen.

Aber auch wenn ganz andere Erkenntnisse über die Welt vorliegen, wird das, worauf es uns ankommt, noch wichtig sein: Unser Gott hat die Welt erschaffen. Darum ist unsere Welt gut. Sie verdankt nicht blutrünstigen Göttern ihren Ursprung, wie es die Babylonier lehren, bei denen wir noch vor kurzer Zeit gefangen waren. Die Welt ist auch nicht aus einem blinden Zufall entstanden, wie man es manchmal hören kann. Auch wir Menschen selbst sind keine Zufallsprodukte, die ohne Sinn leben und vergehen. Wir sind sogar ein „sehr gutes“ Werk Gottes. Das zeigt unser Gedicht daran, dass Gott den Menschen zuletzt schafft, als Krönung seines ganzen Werkes. Hier ist uns jedes Wort wichtig:

- Gott hat den Menschen als Mann und Frau geschaffen. Beide sind vor Gott absolut gleichwertig.
- Sie sollen Kindern das Leben schenken. So können sie Gottes Schöpfung weiterführen.

● Sie können sich die ganze Erde zu Eigen machen. Das heißt nicht, dass sie die schöne Weit zerstören dürfen. Sie sollen aus der Welt eine gute Wohnstätte machen; Pflanzen, Tiere und Menschen sollen sich da wohl fühlen. Dafür sollen die Menschen alle Kräfte anstrengen, die sie haben: Herz und Vernunft, Phantasie und Körperkraft. Sie sollen für die Welt sorgen, wie Gott für die Welt sorgt. Das haben wir gemeint in dem tollkühnen Satz: Gott schuf den Menschen als sein Abbild.
Ich komme nun zum Schluss. Vielleicht erscheint euch vieles, was auf der Erde passiert, sinnlos. Vielleicht kommt ihr euch selbst oft hilflos und einsam vor. Unser Lehrgedicht will euch Mut und Hoffnung machen. Es sagt euch, dass die Welt Gottes gutes Werk ist. Er sorgt für die Gestirne am Himmel, für Wasser und Land, für Pflanzen und Tiere, vor allem aber für die Menschen. Wir alle sollen dafür sorgen, dass die Schöpfung immer schöner wird. Amen.

1. Was könnt ihr aus der Predigt erkennen über Entstehungszeit, Verfasser, Adressaten. Welche Absicht hatten die Verfasser mit diesem Text?

2. Sucht alle Formulierungen in Gen 1,1–2,4 heraus, die öfter wiederkehren. Was könnt ihr daran erkennen?

3. An den ersten drei Tagen schafft Gott die Räume und scheidet die Elemente, an den folgenden drei Tagen schmückt er die von ihm geschaffenen Räume aus. Stellt die entsprechenden Angaben gegenüber:
1.–3. Tag: Entstehung der Räume
Scheidung der Elemente
4.–6. Tag: Ausschmückung der Räume.

4. Wie unterscheidet sich die Erschaffung des Menschen von der Schöpfung der anderen Werke? Lest dazu Gen 1,26–31. (→ S. 53).

5. In manchen Punkten setzt sich der Text kühn über die religiösen Auffassungen der damaligen Welt hinweg. So sahen z. B. die Babylonier und Ägypter in der Sonne eine Gottheit. Auch die „Mutter Erde“ und manche Tiere galten ihnen als göttlich. Lest auf diesem Hintergrund Gen 1,14–19, 20–25. Wie werden hier Sonne, Erde und alle Tiere verstanden?

6. Welche Aussagen des Textes sind überholt, welche haben auch heute ihre Bedeutung?

7. Ps 104 spricht auf andere Weise von Gottes Schöpfung. Sucht Gemeinsamkeiten und Unterschiede zu Gen 1,1–2,4.

Eine bilderreiche Erzählung

Der Text vom Paradies und Sündenfall (Gen 2,4b–3,24) ist vor ca. 3000 Jahren entstanden. Den Verfasser kennen wir nicht mit Namen. Weil er Gott oft mit dem hebräischen Wort Jahwe (→ S. 134) bezeichnet, nennt man ihn den ***„Jahwisten"*** *(Abk.: „J"). Aus seiner Schrift können wir erkennen, dass er ein gelehrter und frommer Mann war, der wahrscheinlich zur Zeit des Königs David oder Salomo lebte. Was er mit seiner Erzählung wollte, lässt sich vielleicht durch den folgenden Brief sagen, den er so oder ähnlich an den König Salomo geschrieben haben könnte.*

Hochverehrter König!

Alle Welt staunt über Eure Weisheit. Die Sprichwörter, die Ihr sammelt, die Gedichte, die Ihr verfasst, sind in aller Munde. Und Jerusalem habt Ihr einen unvergleichlich schönen Tempel geschenkt. Noch nie hat ein König von Israel so die Künste und Wissenschaften gefördert wie Ihr.

Durch Eure königliche Großzügigkeit bin ich ermutigt worden, erstmals ein ganz neuartiges Werk anzufangen. Ich möchte die Geschichte Gottes mit unserem Volk aufschreiben. Das hat noch niemand getan. Wenn wir noch lange warten, werden die Erinnerungen verblassen und die Zeugnisse der Geschichte verloren gehen. Bei unseren Priestern und Adligen habe ich schon interessante Dokumente aus alten Zeiten gefunden. Anderes haben mir Beduinen nachts am Lagerfeuer erzählt oder Hirten in alten Liedern vorgesungen. Wenn ich das alles zusammenstelle, wird sich zeigen, wie wunderbar Gott unser Volk seit den Tagen des Abraham geführt hat, wie er unsere Leute oftmals rettete, uns seine Weisung am Sinai gab und uns schließlich in das Land führte, in dem Ihr nun König seid.

Ich wollte mein Werk mit dem Anfang der Welt beginnen lassen. Denn unser Gott ist der Schöpfer nicht nur der Israeliten, sondern aller Menschen. Aber sosehr alle Israeliten das glauben, sowenig wissen sie davon zu erzählen. Darin sind uns die anderen Völker überlegen. Ihr selbst wisst, welch herrliche Geschichten die Babylonier und Ägypter vom Anfang der Welt erzählen. Sie haben darüber ganze Bücher geschrieben und vieles in Kunstwerken dargestellt. So gibt es bei ihnen einen Paradiesgarten, der von Engeln bewohnt wird, und einen Baum, der Leben spendet. Böse Schlangen kommen da ebenso vor wie Menschen, die von einer Gottheit auf einer Töpferscheibe geformt werden. Alle diese Geschichten werden nur dadurch verdorben, dass in ihnen viele Götter vorkommen, die sich auch noch gegenseitig bekämpfen. Manche sind zu den Menschen ausgesprochen böse. Sie wollen sie nur ins Verderben stürzen. Ich habe nun, verehrter König, einige von diesen uralten Geschichten für meine Darstellung übernommen, weil ich sie sehr anschaulich finde und weil man sie so gut deuten kann. Manches musste ich natürlich stark verändern. Die vielen Götter mussten verschwinden. Denn Israel bekennt, dass nur Einer Gott ist. Es musste auch klar werden, dass unser Gott gerecht und barmherzig ist. Aber sonst haben die heidnischen Dichter für mich gute Arbeit geleistet. Ich selbst habe meiner Bildererzählung folgende Schwerpunkte gegeben: Die Erschaffung des Menschen (Adam heißt nichts anderes als „der aus dem Erdreich") – der Garten und seine wunderbaren Bäume (einen Apfelbaum gibt es da allerdings nicht!) – die Erschaffung der Frau – Verführung durch die Schlange – Sündenfall der Menschen – Gottes Strafe – Vertreibung aus dem Paradies.

Marc Chagall (1887–1985), Das Paradies

Ich sehe es allerdings schon kommen, dass manche Leser meine Erzählung missverstehen. Darum möchte ich, hochverehrter König, von vorneherein auf Folgendes aufmerksam machen:

● Ich weiß natürlich, dass Gott nicht mit seinen Händen Menschen aus dem Ackerboden geformt und ihnen dann seinen Lebensatem eingeblasen hat. Das ist ein Bild, das erklärt, wie der Mensch von den Gesetzen der Natur bestimmt wird, aber letztlich sein Leben Gott verdankt.

● Nach meinem Glauben sind Mann und Frau gleichwertig. Ihre Liebe zueinander gehört zum Schönsten, was Gott uns geschenkt hat. Das habe ich dadurch gezeigt, dass Gott die Frau aus der Rippe des Mannes geschaffen hat. Die Rippe ist seinem Herzen am nächsten. So gehört die Frau zum Mann und der Mann zur Frau. In der Ehe geben sie das Leben weiter, das sie von Gott empfangen haben.

● Für unsere Nomaden, die ständig in der trockenen Wüste leben, gibt es nichts Schöneres als einen Garten mit Wasser, Früchten und Bäumen. Sie werden am ehesten verstehen, dass Gott alles gut geschaffen hat, wenn sie hören, dass Gottes erste Geschöpfe in einem solchen Paradies gelebt haben.

● Am schwierigsten ist die Sache mit dem Sündenfall. Ich bin dabei von einer Frage ausgegangen, die mich seit langem quält. Wie kommt es, dass die Menschen soviel leiden müssen? Die Männer müssen oft ihr ganzes Leben arbeiten, ohne dass sie Erfolg haben. Der Boden wird nicht fruchtbarer, das tägliche Brot bleibt knapp. Die Frauen werden oft von den Männern schlecht behandelt und müssen sich ihnen unterordnen. Die Geburt der Kinder ist für sie schmerzhaft, obwohl sie doch einem Geschöpf Gottes das Leben schenken. Warum das ganze Leid? Ich weiß nicht, wie ich diese Fragen beantworten kann. Nur eines weiß ich: Gott darf dafür nicht verantwortlich gemacht werden. Denn unser Gott ist gut. Darum habe ich meine Erzählung so angelegt, dass die Menschen selbst ihre Leiden verschuldet haben. Wenn sie wie Gott sein wollen und seinen Geboten nicht gehorchen, zerstören sie ihr Glück und fügen sich Leid zu.

Verehrter König! Meine Glaubenserzählung handelt nicht nur von den ersten Menschen. Was ich von Adam und Eva erzähle, gilt für jeden Menschen. Alle sind Gottes Geschöpfe, aber alle auch Wesen aus dem Staub der Erde. Alle haben Anteil an Schuld und Sünde, alle müssen arbeiten, leiden und sterben. Niemand lebt mehr im Paradies, aber alle dürfen auf ein glückliches Leben bei Gott hoffen.

Wenn Euch meine Geschichte gefällt, dann bewahrt sie auf und sorgt dafür, dass sie auch in Zukunft erzählt wird.

Chnum (Ägypten) formt auf der Töpferscheibe einen Menschen.

Mesopotamisches Rollsiegel (3. Jahrtausend v. Chr.): Es zeigt ähnliche Motive, wie sie in der Bibel vorkommen: Schlange, Frau und Lebensbaum, Gottheit.

Tilman Riemenschneider (um 1460–1530), Adam und Eva

1. Ihr wisst nun, dass Gen 1,1–2,4 (P) fast ein halbes Jahrtausend später entstanden ist als Gen 2,4–3, 24 (J). Zwischen beiden Texten gibt es einige wichtige Unterschiede. Sucht diese heraus, indem ihr folgende Stellen miteinander vergleicht:

	J	P
In wie viel Tagen wurde die Welt erschaffen?	2,4–7	1,1–2,4
Wie war der Urzustand?	2,4–6	1,2
Wie wird das Wasser erlebt?	2,6	1,2–7
An welchem Tag wurde der Mensch erschaffen?	2,6	1,26–31
Wie wurde die Frau geschaffen?	2,18–25	1,27
Schuf Gott den Menschen durch Wort oder Tat?	2,7.21–22	1,27
Welche Aufgabe hat der Mensch?	2,15	1,28

Könnt ihr den einen oder anderen Unterschied erklären? Was ergibt sich aus den Unterschieden?

2. Untersucht, welche auch heute gültigen Glaubensbilder Gen 2,4b–3,24 enthält. Erläutert eure Antwort an folgenden Themen:
Mensch,
Beziehung des Menschen zu den Tieren,
das Verhältnis von Mann und Frau.

3. Wie stellt man sich heute oft das Paradies vor? Wie kommt es in Märchen und Erzählungen, in der Kunst, in Witzen vor? – Was ist vor allem von folgenden Einzelzügen zu halten:
Süßes Nichtstun,
Nacktheit, Feigenblatt,
Engel,
Apfelbaum, Essen des verbotenen Apfels?
Vergleicht die Vorstellungen mit dem Text.

4. Die Naturwissenschaft sagt (→ S. 218):
Die Welt ist vor ca. 10 Milliarden Jahren vielleicht durch den „Urknall" entstanden. Der Mensch stammt aus dem Tierreich und hat gemeinsame Vorfahren mit dem Affen.
Die Bibel sagt:
Gott hat die Welt geschaffen (nach P in sieben Tagen, nach J an einem Tag).
Der Mensch ist das herausragende Schöpfungswerk Gottes, das den Tieren unendlich überlegen ist.
Wer hat Recht? Begründet eure Antworten.

4. Hoffnungsbilder von der Vollendung

Die Bibel deutet in vielen Bilderzählungen die Vergangenheit, aber sie ist noch mehr auf die Zukunft ausgerichtet. Dabei fragt sie nicht so sehr danach, was morgen, im folgenden Jahr oder im nächsten Jahrhundert wichtig ist, sondern nach der letzten Zukunft, die das Ende unserer Geschichte sein wird. Das Lebensende jedes einzelnen Menschen und das Ende der ganzen Menschheit ist zugleich der Beginn eines neuen Daseins. Am Ende steht nicht der Tod, sondern das Leben.

Im **Alten Testament** hören wir die Botschaft der Propheten von der Vollendung der Welt und vom Messias (→ S. 166). Das **Neue Testament** enthält die Verkündigung Jesu und seiner Apostel vom Reich Gottes (→ S. 183 ff) und von der Wiederkunft Christi. Es lehrt, dass Gott nach furchtbaren Katastrophen alles neu machen und vollenden wird.

Auch in den endzeitlichen („eschatologischen") Aussagen der Bibel finden wir Vorstellungen des alten Weltbildes (→ Zeichnung S. 219), z. B., dass am Ende der Tage die Sterne vom Himmel auf die Erde fallen oder dass die Fundamente der Erde erschüttert werden. Aber genauso wenig wie bei den Texten vom Anfang der Welt kommt es hier auf das Weltbild an. Die Texte sind keine Erklärungen von Wissenschaftlern oder Reportagen von Hellsehern über den Verlauf des Weltendes. Was die Bibel von den Gefahren und Katastrophen am Ende der Zeit erzählt, ist als Warnung und Mahnung zu verstehen, von Gottes Wegen nicht abzugehen. Die Erzählungen von der neuen Stadt Jerusalem, von der vollendeten Welt und vom Himmel sind Bilder, die den Christen Hoffnung und Mut machen sollen. Wie sie zu verstehen sind, zeigt ein Wort des Paulus:

> Wir verkündigen, wie in der Schrift steht,
> was kein Auge gesehen und kein Ohr gehört hat,
> was keinem Menschen in den Sinn gekommen ist:
> wie Großes Gott denen bereitet hat,
> die ihn lieben.
>
> *1 Kor 2,9*

1. Nicht alles, was Menschen geschaffen haben, vergeht. Die Stadt, das Werk seiner Hände, wird vollendet. Versucht dies und einige andere Bilder des Textes Offb 21,1–5 zu deuten. Vgl. S. 230.

2. Andere wichtige Aussagen über die Ereignisse, auf die wir hoffen dürfen, findet ihr 1 Kor 15,12–20 oder Röm 8,18–21. Stellt zusammen, was hier gesagt ist.

3. Die Bibel gebraucht viele Bilder von der Endzeit, z. B. Ez 37, Mt 22,1–4 oder Joh 14,2. Könnt ihr sie deuten?

4. Christen verbinden mit dem Gedanken an die Endzeit häufig folgende Vorstellungen: Jüngster Tag, Gericht, Fegefeuer, Hölle/Teufel, Himmel/Paradies.
Was ist an diesen Vorstellungen umweltbedingt, was ist daran für den Glauben unverzichtbar?

5. Manche Sekten meinen, man könne besonders aus den Texten der letzten Schrift des Neuen Testamentes, der Offenbarung (Apokalypse) des Johannes, das genaue Datum des Weltuntergangs berechnen. (→ Wege des Glaubens S. 97)
Vergleicht damit die Aussage Jesu über den Tag und die Stunde des Endes: Mk 13,32.

WAS KOMMT NACH DEM TOD?

Es hat mich sehr nachdenklich gemacht, als mir vor einiger Zeit ein älterer Pfarrer sagte: „Wir Theologen reden viel zu schnell vom Leben nach dem Tod, vom Jenseits, von der Auferstehung. Das alles fließt uns noch immer viel zu leicht über die Lippen. Ich habe so viele Menschen kennen gelernt, die nie vom Jenseits sprachen und die nie nach einem ewigen Leben fragten, die es aber gelernt hatten, ihr Leben still anzunehmen, und die es dann schließlich in Geduld und Tapferkeit zu Ende geführt haben. Ist nicht genau dies das eigentliche Christliche?"

Und doch konnte ich dem Gesagten in dieser Form nicht zustimmen. So menschlich es ist, das Unerforschliche schweigend anzunehmen – wir dürfen und müssen fragen: Was geschieht mit uns im Tod? Was geschieht mit unserem Leben, mit unserem Ich, mit unserem Bewusstsein, mit unserem Dasein, wenn wir gestorben sind? Sind wir dann für immer ausgelöscht – oder kommt dann erst das eigentliche, das wahre Leben? Antwort auf diese Fragen kann uns nur der Glaube geben. Allerdings bedeutet Glauben gerade nicht das, was übrig bleibt, wenn man eben nichts Genaues weiß.

Glauben meint, sich einem anderen ganz anvertrauen und gerade dadurch erkennen. In diesem Sinn wissen wir von allen großen Dingen des menschlichen Lebens nur, indem wir glauben und vertrauen. So verhält es sich auch mit unserem Wissen von dem, was uns im Tod begegnen wird. Auch hier müssen wir vertrauen. Wir müssen daran glauben, dass in unserem Tod das Ziel und das Geheimnis unseres Lebens verborgen ist, ja, dass sich uns im Tod ein unendlicher Horizont öffnen wird, da wir nicht in das Nichts, sondern in Gott hinein sterben werden: Wir werden Gott dann endgültig und für immer begegnen.

Entscheidend an diesem Satz ist das Wort „endgültig". Denn wir begegnen Gott ja schon in unserem irdischen Leben auf vielerlei Weise. Wir begegnen ihm im Glück und in der Not unseres Betens; wir begegnen ihm in unseren Gottesdiensten; wir begegnen ihm in jedem Dienst, den wir anderen erweisen, und in jedem guten Gespräch, das wir mit anderen Menschen führen.

Aber in all diesen Begegnungen ist uns Gott verborgen. Im Tode aber werden wir Gott endgültig begegnen, dem Gott unserer Gebete, unserer Hoffnung und unseres Glaubens. Wir werden dann begreifen, wie nahe er uns schon immer gewesen ist – auch in den Stunden, in denen wir dachten, er sei weit von uns weg. Wir werden dann erkennen, wie groß und wie heilig Gott ist. Zugleich aber werden uns die Augen über uns selbst aufgehen. Wir werden in einem furchtbaren Erschrecken unsere Selbstgerechtigkeit, unsere Herzenshärte und all unseren Egoismus erkennen. Alle Selbsttäuschungen, die wir unser Leben lang in uns aufgebaut haben, werden mit einem Schlag zusammenbrechen. Das wird unendlich schmerzhaft sein und uns durchfahren wie Feuer. Wir werden mit einem Mal begreifen, was wir hätten sein können und was wir in Wirklichkeit waren. Das und nichts anderes ist das Gericht und auch unser „Fegfeuer".

Gerade dann wird uns Gott begegnen wie der gütige Vater im Gleichnis, er wird nicht nach Schuld und nicht nach Gerechtigkeit fragen, sondern uns in unendlicher Freude an sich ziehen. Das wird die eigentliche Erfahrung unseres Todes sein: die Liebe, die Güte und die Barmherzigkeit Gottes.[152]

Dann sah ich einen neuen Himmel und eine neue Erde;
denn der erste Himmel und die erste Erde sind vergangen,
auch das Meer ist nicht mehr.
Ich sah die heilige Stadt, das neue Jerusalem,
von Gott her aus dem Himmel herabkommen;
sie war bereit wie eine Braut,
die sich für ihren Mann geschmückt hat.
Da hörte ich eine laute Stimme vom Thron her rufen:
Seht die Wohnung Gottes unter den Menschen!
Er wird in ihrer Mitte wohnen
und sie werden sein Volk sein;
und er, Gott, wird bei ihnen sein.
Er wird alle Tränen von ihren Augen abwischen:
Der Tod wird nicht mehr sein,
keine Trauer, keine Klage, keine Mühsal.
Denn was früher war, ist vergangen.
Er, der auf dem Thron saß, sprach:
Seht, ich mache alles neu. *Offb 21,1–5*

BILDER VOM ENDE

Rogier van der Weyden (1400–1464)
Das Jüngste Gericht (Ausschnitt)

Hieronymus Bosch (1453–1516):
Das Jüngste Gericht
(Ausschnitt aus der
Höllendarstellung)

Rechte Seite:
Thomas Zacharias (geb. 1930):
Einzug nach Jerusalem

5. *Gottes Welt in unserer Verantwortung*

Gott ist der Schöpfer und Vollender der Welt. Auch in der Zeit zwischen dem Anfang und Ende bleibt er der Welt zugetan. Für diese Zeit, unsere Geschichte, hat er dem Menschen besondere Verantwortung für die Welt gegeben. Der Mensch soll die Erde, die noch nicht fertig ist, bebauen und wohnlich machen, damit sich alle Menschen in der Schöpfung Gottes wohl fühlen und glücklich sein können. Durch die menschliche Arbeit soll die Welt so werden, wie Gott sie will.
Wer den gegenwärtigen Zustand unserer Welt betrachtet, muss feststellen, dass die Menschen diesem Auftrag Gottes nicht entsprechen. Sie sind mehr und mehr dabei, Gottes gute Schöpfung zu zerstören.

● Die auch heute noch vorhandenen Atomwaffen reichen aus, um die ganze Menschheit mehrfach auszulöschen. Täglich werden weitere Waffen hergestellt. Die Kosten dafür sind unvorstellbar hoch. Sie betragen z.Zt. jährlich etwa 1.300 Milliarden DM. Dieses Geld fehlt für andere lebenswichtige Aufgaben, z. B. für die Bekämpfung des Hungers und der Krankheiten, der Arbeitslosigkeit und der Naturkatastrophen. Für dieses Geld könnten alle notwendigen Häuser, Kliniken, Schulen und Forschungsstätten gebaut werden.
● Ein Drittel der Menschheit lebt unter menschenunwürdigen Bedingungen in Unterernährung, ohne Schulbildung, in katastrophalen hygienischen Verhältnissen, ohne ausreichende ärztliche Versorgung. Für über 400 Millionen Menschen besteht unmittelbare Lebensgefahr, täglich (!) verhungern etwa 80.000 Menschen.
● Schätzungen für die Zeit um das Jahr 2000 gehen von etwa 900 Millionen Menschen aus, die unter Arbeitslosigkeit leiden.
● Die Luftverschmutzung, die z. B. durch die Industrie oder den Verkehr verursacht wird, erreicht an manchen Orten ein gefährliches Ausmaß. Mehr als 200 Kilogramm Schadstoffe pro Einwohner werden bei uns jährlich in die Luft geblasen. Diese Schadstoffe tragen dazu bei, dass die Wälder sterben. Die Atmosphäre ist bedroht (Ozonloch). – Wenn man den Müll eines Jahres zusammentragen könnte, würde ein Berg von der Höhe der Zugspitze (ca. 3000 m) entstehen. Ein Drittel davon ist Verpackungsmaterial und Plastik, das ca. 12–15 Milliarden DM wert ist. – Bei der Bekämpfung von Schädlingen in der Landwirtschaft werden viele Giftstoffe benutzt, durch die in den letzten Jahren zahlreiche Vogelarten ausgerottet worden sind und jede vierte Tierart lebensgefährlich bedroht wird. – Zunehmend wird unser Wasser verunreinigt, die Erde verschmutzt, werden unsere Lebensmittel vergiftet. – Durch Industrieansiedlung und Straßenbau sind viele einstmals schöne Landschaften zerstört worden.

1. Fertigt eine Collage an mit dem Thema: „Die Welt ist nicht in Ordnung."
2. Welche Bedrohung unserer Welt erschreckt euch besonders? Was müssten Christen dagegen tun?
3. Die Welt wird nicht allein dadurch besser bewohnbar, dass wir für Natur und Landschaft sorgen. Wenn aus dieser Welt Gottes Welt werden soll, müssen wir auch für Gerechtigkeit, Gesundheit, Arbeit, Freude, Glück, Liebe sorgen.
Wo bieten sich dazu in unserem Umkreis Möglichkeiten?
Wo haben Christen vor dieser Aufgabe versagt, wo haben sie ihr entsprochen?
4. Die Psalmen loben oft die Schönheit der Welt. Lest als Beispiele Ps 104 und 148. Textet selbst ein Gebet an Gott, den Schöpfer und Vollender unserer Welt.
5. Schreibt einmal auf, wie junge Leute im Alltag ihre Verantwortung gegenüber der Welt zeigen können, etwa:
Keine Abfälle achtlos in Wald und Fluss, auf Straße und Schulhof werfen.
Beim Einkauf keine Plastiktüte nehmen, sondern Korb oder Tasche benutzen.
Das Radio zu Hause oder im Freien leise stellen oder öfter abschalten.
Kein Motoröl auf die Erde oder in Abwässer verschütten.
Auf schädliche Sprays verzichten. . . .
6. Überraschende Bibelworte: Dtn 20,19–20; 22, 6–7.

Gebet der Vereinten Nationen

GOTT,

unsere Erde ist nur ein kleines Gestirn im Weltall,
uns obliegt es, daraus einen Planeten zu machen,
dessen Geschöpfe nicht von Kriegen gepeinigt werden,
nicht von Hunger und Furcht gequält,
nicht zerrissen in sinnloser Trennung
nach Rasse, Hautfarbe oder Weltanschauung.
Gib uns den Mut und die Voraussicht,
schon heute mit diesem Werk zu beginnen,
auf dass unsere Kinder und Kindeskinder
einst mit Stolz den Namen Mensch tragen.

Stephen Vincent Benet

**Der Glaube entdeckt, dass er ebenso sehr
und noch mehr als der Ungläubige
sich für einen Fortschritt der Erde
begeistern kann und muss, der für die Vollendung
des Reiches Gottes erforderlich ist.**

Früher schien es für den Menschen nur zwei Haltungen zu geben:
den Himmel oder die Erde zu lieben.
Heute eröffnet sich uns ein neuer Raum:
Ein dritter Weg wird sichtbar,
die Erde durchquerend zum Himmel zu gehen.
Es gibt eine Gemeinschaft mit Gott durch die Welt.

Teilhard de Chardin (1881–1955),
bedeutender Naturwissenschaftler aus dem Jesuitenorden

GOTTES WELT. . .
. . . IN UNSERER VERANTWORTUNG

FUNDGRUBE

Diese beiden Seiten enthalten viel mehr, als ihr auf den ersten Blick ahnt. Anhand der Stichworte und Zahlen könnt ihr euch ein eigenes Programm zusammensuchen, zum Beispiel zu Themen wie Entwicklungshilfe, Freundschaft, Menschenrechte, Islam, Eucharistie. Ihr könnt auch Stichworte, die euch interessieren, einfach nachschlagen und werdet – wie in einer Fundgrube – manche Überraschungen erleben. Die **fett** gedruckten Zahlen zeigen euch, welche Kapitel ausführlich das ausgesuchte Thema behandeln; die normalen Zahlen verweisen auf einzelne Seiten, auf denen ihr Informationen zur Sache findet (auch wenn das Stichwort selbst manchmal nicht genannt wird; f bedeutet: folgende Seite, ff die folgenden Seiten). Ihr könnt auch anhand von Bildern Themen zusammenstellen, zum Beispiel „Jesus Christus". Die *kursiv* gesetzten Zahlen zeigen sie an. Wenn zu einem Stichwort ein ganzes Kapitel anzugeben ist, finden sich darin natürlich auch Bilder zu dem Thema. Mit welchem Stichwort wollt ihr anfangen?

1. Vielleicht habt ihr Lust, anhand dieser Stichworte ein kleines Glaubensheft zusammenzustellen. Ihr könntet es z. B. gliedern nach
a) den Sätzen des Glaubensbekenntnisses (→ Gotteslob S. 20);
b) den Zehn Geboten (→ Gotteslob S. 118 ff);
c) den sieben Sakramenten (→ Gotteslob S. 80).
(Wenn ihr zu einzelnen Punkten in diesem Buch nichts findet, müsstet ihr auch in dem Buch für die 5./6. Klasse „Zeit der Freude" oder in dem Band für die 7./8. Klasse „Wege des Glaubens" nachschlagen.)
2. Wenn ihr ein Kapitel dieses Buches durchgearbeitet habt, könnt ihr nachschlagen, an welchen weiteren Stellen interessante Informationen zu diesem Thema zu finden sind.
3. Stellt einmal alle Bilder zusammen, die ihr z. B. zu den Themen „Gott", „Armut", „Leid" oder „Liebe zum Nächsten" in diesem Buch findet, und überlegt, was sie euch sagen.

Quellennachweis

1 Aus: Luise Rinser, Mit wem reden, Thienemann-Verlag, Stuttgart 1980, S. 3 (i. A.).
2 Zitiert nach: I. Gobry, Franz von Assisi, rowohlts monographien 16, Rowohlt-Verlag, Reinbek bei Hamburg 1958, S. 22.
3 Zitiert nach: M. v. Galli, Gelebte Zukunft: Franz von Assisi, Bucher-Verlag, Luzern und Frankfurt 1970, S. 58 f.
4 Th. v. Celano, Das Leben des hl. Franz von Assisi, deutsch v. Ph. Schimd, 1919.
5 Legenda trium Sociorum, ed. Hamburger, 1923, S. 67.
6 Zweite Fassung der Regel aus dem Jahre 1223, zitiert nach I. Gobry, a. a. O. S. 118 und 121 (sprachlich überarbeitet).
7 Nach GOTTESLOB, Katholisches Gebet- und Gesangbuch, Stuttgart 1975, S. 71.
8 Walter Nigg, Gebete der Christenheit, Siebenstern TB, München/Hamburg 1971, S. 44 f.
9 Dokumente zur Geschichte der Kirche, hrsg. von M. Pfliegler, Tyrolia-Verlag, Innsbruck 1938, S. 225 (sprachlich vereinfacht).
10 Zitiert nach: W. Brüggeboes/R. Mensing, Kirchengeschichte, Patmos Verlag, Düsseldorf 1972, S. 120.
11 Zitiert nach: R. W. Chambers, Thomas More – Ein Staatsmann Heinrich's des Achten, Kösel-Verlag, München 1946, S. 404.
12 Ebd. S. 432.
13 Ebd. S. 435.
14 M. Muggeridge, Mutter Teresa – Missionarin der Nächstenliebe, Herder-Verlag, Freiburg 1972, S. 73 f (sprachlich überarbeitet).
15 D. Doig, Mutter Teresa – Ihr Leben in Bildern, Herder-Verlag, Freiburg 1976, S. 176 f (sprachlich überarbeitet).
16 Das ganze Kapitel verdankt den beiden folgenden Arbeiten wesentliche Anregungen: Adolf Exeler, Exodus. Ein Leitmotiv für Pastoral und Religionspädagogik, als Manuskript gedruckt im Deutschen Katecheten-Verein, München 1974; Peter Weimar/Erich Zenger, Exodus. Geschichten und Geschichte der Befreiung Israels, Stuttgarter Bibelstudien 75, KBW Verlag, Stuttgart 1975.
17 Ch. Dixon, Wesen und Wandel geistlicher Volkslieder, Negrospirituals (Diss.). Wuppertal 1967, S. 146–148.
18 Zitiert nach: A. Exeler, Exodus, a. a. O. S. 89.
19 Ohne Verfasserangabe in: E.O. Christ, Lebendiger Katechismus, Evangelischer Verlag, Gütersloh 1949, S. 48.
20 Aus: Rückkehr der Schiffe, S. Fischer-Verlag, Frankfurt/M. 1962.
21 W. Schirmacher in: Westdeutsche Rundschau vom 23. 2. 1966.
22 Vgl. G. Bohne, Grundlagen der Erziehung II, Hamburg 1960, S. 112.
23 Kabarettdirektor in Wolfgang Borchert, „Draußen vor der Tür", in: W. Borchert, Das Gesamtwerk, Rowohlt-Verlag, Hamburg 1959, S. 136.
24 Martin Luther, Kleiner Katechismus, Das Erste Hauptstück (sprachlich etwas vereinfacht).
25 Frei zusammengestellt und übersetzt nach: Rudolf Knopf (Hrsg.), Ausgewählte Märtyrerakten, 3., neubearb. Auflage von Gustav Krüger, Verlag Mohr, Tübingen 1929, S. 28 ff.
26 Zitiert nach: Christ in der Gegenwart vom 12.6.1977 (sprachlich vereinfacht).
27 I. Scholl, Die weiße Rose, Fischer TB 88, Taschenbuch-Verlag, Frankfurt ^{30}1979, S. 103–146 (Auszüge aus den Flugblättern).
28 Ebd. S. 31.
29 Ebd. S. 88.
30 Papst Johannes Paul II., Enzyklika Laborem Exercens, Präambel (Satz zusammengezogen).
31 Nach E. Noelle-Neumann, Das Nationale – ein verwahrloster Garten. Symptome einer verwandelten Gesellschaft, in: FAZ vom 16. 10. 1981; die Zahlen entstammen dem Archiv des Instituts für Demoskopie Allensbach.
32 Papst Johannes Paul II., Enzyklika Laborem Exercens, Nr. 6.
33 Zitiert nach: Schäfer, Adolph Kolping, Sein Leben und sein Werk, Köln ^{7}1952, S. 84.
34 Zitiert nach: Westfälischer Anzeiger und Kurier vom 9. 5. 1967.
35 Zusammengefasst nach: Die großen sozialen Fragen der Gegenwart, Mainz 1948, 1. Predigt.
36 Zitiert nach ^{2}LThK, Bd. 2, Sp. 1133.
37 Zitiert nach: Texte zur kath. Soziallehre II, hrsg. vom Bundesverband der KAB, Kevelaer 1976, S. 1152.
38 Die großen sozialen Fragen der Gegenwart, Mainz 1948, 1. Predigt.
39 Kirche und Arbeiterschaft, in: Gemeinsame Synode der Bistümer in der Bundesrepublik Deutschland, Offizielle Gesamtausgabe 1, Herder-Verlag, Freiburg 1976, S. 341 f.
40 Phil Bosmans, Blumen des Glücks musst du selbst pflanzen, Herder-Verlag, Freiburg ^{12}1980, S. 93.
41 Peter Kaufmann/Roman Mensing
42 Phil Bosmans, Vergiss die Freude nicht, Herder-Verlag, Freiburg ^{34}1980, S. 21.
43 Aus: Herausforderungen, Band I, W. Crüwell-Verlag, Dortmund 1970, S. 111.
44 Jürgen Eick, Nur Langeweile oder schöpferische Pause?, aus: FAZ vom 26. 4. 1975 (geringfügig überarbeitet).
45 Ebd.
46 Gottesdienst, in: Gemeinsame Synode der Bistümer in der Bundesrepublik Deutschland, a. a. O. S. 198 f.
47 Ernst Lange, Die Kerzen, aus: Ders., Wie ich die drei Weisen aus dem Abendland traf. Weihnachtswerkbogen, Burckhardthaus-Verlag, Gelnhausen 1955 (in Auszügen).
48 W. Schaube, Satirische Weihnacht, in: R. Hagedorn u. a. (Hrsg.), Kontakte, Bonifatius-Druckerei, Paderborn 1972, S. 59 f (gekürzt).
49 Max Bolliger, Freuen Sie sich auf Weihnachten?, in: Vorlesebuch Religion 3, Kaufmann/Vandenhoeck/Benziger/TVZ, 1977, S. 235 (gekürzt und leicht verändert).
50 GOTTESLOB, Lied Nr. 134.
51 Gekürzt nach: Gregor Heussen, 62 Leute von nebenan, Geschichten zum Philipperbrief, Topos-Taschenbuch Nr. 33, Matthias-Grünewald-Verlag Mainz 1974, S. 34 f.
52 Synode 6–71–19.
53 Aus: Gemeinden von heute – Gemeinden für morgen? Brief des Bischofs von Limburg an die Gemeinden des Bistums zur Fastenzeit 1974, Verlag des Bischöflichen Ordinariats, S. 18.
54 Aus: Texte der Zuversicht, Pfeiffer-Verlag, München ^{3}1976, S. 207.
55 Zweites Vatikanisches Konzil, Gaudium et Spes, Nr. 40.
56 J. Lortz/E.J. Iserloh, Kleine Reformationsgeschichte, Herder-Verlag, Freiburg 1969, S. 26.
57 Evangelisches Kirchenlexikon, Bd. III, Verlag Vandenhoeck & Ruprecht, Göttingen 1959, Sp. 1186.
58 Zitiert nach: F. Heer, Gottes erste Liebe, Bechtle-Verlag, München 1967, S. 7.
59 Kirche und Arbeiterschaft, in: Gemeinsame Synode der Bistümer in der Bundesrepublik Deutschland, a. a. O. S. 327 (Auszug).
60 Zitiert nach: R.J. Kleiner, Basisgemeinden in der Kirche, Styria-Verlag, Graz 1976, S. 137 f.
61 Publik-Forum Nr. 15/1976, S. 14 (Auszüge).
62 Kirche für morgen, KBW, Stuttgart 1972, S. 55 f.
63 Publik-Forum 1976, S. 74.
64 Nach: Christen unter dem Kreuz. Beiträge zur Information über die gegenwärtige Bedrohung der Kirche in zahlreichen Ländern der Welt, hrsg. von der Zentralstelle Weltkirche der Deutschen Bischofskonferenz, Bonn 1980, S. 97–99.
65 Zitiert nach: E. Kappeler, Es schreit in mir. Briefdokumente junger Menschen, Verlag Aare, Solothurn 1980, S. 49 (gekürzt und sprachlich überarbeitet).
66 Zitiert nach: Schön bist du, meine Freundin. Das Hohelied, Sprachliche Neufassung von Msgr. Josef Kunstmann, Walter Verlag, Olten und Freiburg, ohne Jahres- und Seitenangabe (sprachlich etwas vereinfacht).
67 In Anlehnung an: R. Affemann, Geschlechtlichkeit und Geschlechtserziehung in der modernen Welt, Gütersloher Verlagshaus G. Mohn, Gütersloh 1970, S. 143–147.
68 E. Ell, Dynamische Sexualmoral, Benziger Verlag, Zürich 1972, S. 115.
69 Zitiert nach: Kirchenbote für das Bistum Osnabrück, Nr. 27/28 (1981).
70 K. Breuning in Anlehnung an R. Bleistein, Sexualerziehung zwischen Tabu und Ideologie, Echter-Verlag, Würzburg 1971, S. 89.
71 Zitiert nach: Peter Neysters, heiraten . . .? Junge Leute und die Ehe, Echter-Verlag, Würzburg 1980, S. 33 (leicht verändert).
72 Auszug aus: Hirtenwort der deutschen Bischöfe zu Fragen der menschlichen Geschlechtlichkeit vom 15. 3. 1972.
73 Nach: Gemeinsame Synode der Bistümer in der Bundesrepublik Deutschland, a. a. O. S. 441 f (sprachlich vereinfacht).
74 Peter Paul Kaspar, Was uns leben lässt. Lebensfragen in Literatur, Chansons, Bibel und Reflexion, Lahn-Verlag, Limburg o. J., S. 44 (Auszug).

75 Zahlenangaben nach: Neue Osnabrücker Zeitung v. 3. 11. 1988; FAZ v. 5. 10. 1985; 17. 11. 1988; 2. 12. 1988; 8. 2. 1989; 13. 5. 1989; 4. 1. 1992; Jahrbuch Sucht '99; Frank Müller, Streitfall Todesstrafe, Düsseldorf 1998; SZ v. 17. 6. 1999.
76 FAZ vom 5. 7. und 30. 12. 1976.
77 Weltkirchenrat: Ökumenische Bestimmung grundlegender Menschenrechte, St. Pölten 1974.
78 Hirtenschreiben der deutschen Bischöfe vom 25. 4. 1973.
79 Aus: Der Spiegel, Nr. 12/1974.
80 Erklärung des „Bensberger Kreises", aus: Publik-Forum, 2. Jg. Nr. 24, Sonderdruck (sprachlich vereinfacht).
81 Zitiert nach: K. Panzer, Schwangerschaftsabbruch § 218 StGB, Köln 1972, S. 323; Arzt und Christ 21 (1975), S. 12 (sprachlich vereinfacht).
82 S. Anm. 75.
83 J. Améry, Hand an sich legen. Diskurs über den Freitod, E. Klett-Verlag, Stuttgart 1976, S. 33 und 43 (sprachlich vereinfacht).
84 Freie Wiedergabe nach: A. Holderegger, Der Suicid, in: Diakonia 8 (1977).
85 K. Breuning, Worte zum Alltag, Patmos Verlag, Düsseldorf 1973, S. 65.
86 D. Bonhoeffer, Ethik, hrsg. von E. Bethge, Kaiser Verlag, München ^{2}1953, S. 113.
87 R. Kautzky, in: Euthanasie oder soll man auf Verlangen töten, hrsg. v. V. Eid, Matthias-Grünewald-Verlag, Mainz 1975, S. 27 (Auszug).
88 Zitiert nach: Der Spiegel, Nr. 7/1975.
89 Deutsche Bischofskonferenz, Dokumentation 10/1981, Anlage 5, vom 24. 9. 1981.
90 Entscheidungssammlung des Bundesverwaltungsgerichts, Bd. 19, S. 5.
91 Herderkorrespondenz 8 (1974), S. 394.
92 In Anlehnung an: P. Sporken, Umgang mit Sterbenden, Patmos Verlag, Düsseldorf 1976, S. 34.
93 Zitiert nach: zdl-Informationen, 3/1988, S. 55.
94 Christ in der Gegenwart (1977), S. 71.
95 Zahlenangaben nach: Christ in der Gegenwart 28. 2. 1988, S. 71.
96 Carl Zuckmayer, Des Teufels General, Gesammelte Werke in 4 Bänden, Band 3: Dramen, S. Fischer-Verlag, Frankfurt/M. 1960, S. 605 f.
97 Jüdischer Witz aus Israel.
98 Luise Rinser, Mit wem reden? Thienemann-Verlag, Stuttgart 1980, S. 29.
99 Aurelius Augustinus, Confessiones I, 1.
100 Thomas von Aquin, Quaestio disputata de Veritate, Qu. II, Art. 1.
101 Blaise Pascal, Gedanken, Dietrich'sche Verlagsbuchhandlung, Wiesbaden o. J., S. 47 f.
102 Aus: Martin Buber, a. a. O. S. 695.
103 Zitiert nach: Gerhard Kiefel, Hoffnung für heute und morgen, G. Kiefel Verlag, Wuppertal 1969, S. 51.
104 L. Rinser, a. a. O. S. 17.
105 A. a. O. S. 20.
106 A. a. O. S. 24.
107 Hubertus Halbfas, Der Sprung in den Brunnen, Düsseldorf 1981, S. 70 f (m. Änderungen).
108 Paul Roth, Gott ist immer noch zu sprechen, Echter-Verlag, Würzburg 1975, S. 15.
109 Wolfgang Borchert, Das Gesamtwerk, Rowohlt-Verlag, Hamburg 1960, S. 148.
110 Die Namen und Umstände dieses authentischen Briefes wurden leicht verändert.
111 Aus: Marietta Peitz, Von der Freude, Ein Christ zu sein, Topos-Taschenbuch, Bd. 44, Patmos Verlag, Düsseldorf 1975, S. 68 f (gekürzt).
112 H. Halbfas, a. a. O. S. 12.
113 J. Nieuwenhuis, Gläubige Erziehung, Patmos Verlag, Düsseldorf 1974, S. 202–211 (Auszüge).
114 Martin Buber, Werke, Band 3, Kösel-Verlag, München 1963, S. 334 (mit kleinen Änderungen).
115 H. Halbfas, a. a. O. S. 135 ff.
116 Dom Helder Camara, Hoffen wider alle Hoffnung, Pendo-Verlag, Zürich 1981, S. 46 (mit kleinen Änderungen).
117 Martin Buber, a. a. O. S. 479 (mit Änderungen).
118 Quelle unbekannt.
119 Aus: Ignatius von Loyola, Die Exerzitien (freie Übersetzung).
120 Lothar Zenetti, Texte der Zuversicht, Pfeiffer Verlag, München 1972, S. 259.
121 Mitten unter uns, Wuppertal 1967.
122 Josef Dirnbek und Martin Gutl, Ich begann zu beten, Styria Verlag, Graz 1973.
123 Entnommen aus: Fritz Pawelzik, Ich werfe meine Freude an den Himmel. Gesammelte Gebete aus Afrika, Aussaat-Verlag, Wuppertal 1977.
124 GOTTESLOB, S. 35.
125 Verfasst von Schülerinnen einer Schule in Essen, zitiert von Peter Comehl, Analyse von Gebeten, in: Theologia Practica 4 (1969), S. 42–54.
126 Martin Luther King, Aufruf zum zivilen Ungehorsam, Econ Verlag, Düsseldorf 1969, S. 107.
127 Nach I. Scholl, Die weiße Rose, Fischer TB 88, Taschenbuch-Verlag, Frankfurt ^{30}1979, S. 88.
128 Zitiert nach A. Läpple, Kirchengeschichte in Dokumenten, Patmos Verlag, Düsseldorf 1958, S. 227 f.
129 Angaben nach Chr. Hampe, Die Autorität der Freiheit, Band III, Kösel-Verlag, München 1967, S. 421.
130 Stauffenberg zu Jakob Kaiser, zitiert nach: 20. Juli 1944, hrsg. v. d. Bundeszentrale für Heimatdienst, Berto-Verlag, Bonn 1961, S. 224.
131 Zitiert nach: Chr. Müller, Oberst i.G. Stauffenberg, Düsseldorf o.J., S. 459 f.
132 S. Th. I qu 79 a 13.
133 J. H. Newman, Ausgewählte Werke, Band IV, Matthias-Grünewald-Verlag, Mainz 1959, S. 160–171 (Auszüge).
134 I. Kant, Werke in sechs Bänden, Band IV, Wissenschaftliche Buchgesellschaft, Darmstadt 1956, S. 573.
135 Zweites Vatikanisches Konzil, Pastoralkonstitution über die Kirche in der Welt von heute, Nr. 16 (Auszüge).
136 Zweites Vatikanisches Konzil, Erklärung über die Religionsfreiheit. Nr. 3 (vereinfachter Auszug).
137 W. Ertl, F. Gaiser, Neue Methoden der Bibelarbeit, Katzmann-Verlag, Tübingen 1969, S. 88.
138 H. Zahrnt, Ich aber sage euch. Sechs Bibelarbeiten zur Bergpredigt, Kreuz-Verlag, Stuttgart 1969, S. 124.
139 Aus: R.O. Wiemer, Wortwechsel. Gedichte, Schritte 25, Wolfgang Fietkau Verlag, Berlin.
140 Zweites Vatikanisches Konzil, Erklärung über das Verhältnis der Kirche zu den nichtchristlichen Religionen, Nr. 1–2 (Auszüge).
141 Aus: Gustav Mensching, Toleranz und Wahrheit in der Religion, Siebenstern Taschenbuch Nr. 81.
142 Wie Anm. 140.
143 Klaus Klostermeier (Hrsg.), Freiheit ohne Gewalt, E. Bachem-Verlag, Köln 1968, S. 107 ff.
144 Wie Anm. 140 (sprachlich leicht vereinfacht).
145 S. Radhakrishnan, Weltanschauung der Hindu, Holle Verlag, Baden-Baden 1961, S. 29.
146 Herbert Kühn, Das Antlitz Indiens, Benno Schwabe & Co. Verlag, Basel/Stuttgart 1963, S. 34.
147 Wie Anm. 140.
148 Gustav Mensching, Leben und Legende der Religionsstifter, Holle Verlag, Baden-Baden o. J., S. 243.
149 I.L. Gunsser (Hrsg.), Reden des Buddha, Verlag Reclam, Stuttgart 1971, S. 80 f.
150 Gustav Mensching, Buddhistische Geisteswelt, Emil Vollmer-Verlag, Wiesbaden, S. 224.
151 Erich Kästner, Gesammelte Schriften für Erwachsene, Droemersche Verlagsanstalt, München.
152 Gerhard Lohfink, Der Tod ist nicht das letzte Wort, Herder-Verlag, Freiburg 1976, S. 30 ff (mit Kürzungen und kleinen Änderungen).

Verzeichnis der Abbildungen

Allgemeine jüdische Wochenzeitung, Düsseldorf: 22
Foto Alinari, Florenz: 13
Aurelio, B., Mönchengladbach: 27
Bavaria Verlag, Gauting: 32 (unten rechts), 36, 40, 59 (oben rechts), 61 (rechts), 81 (oben rechts), 87 (unten), 94 (rechts), 128/129, 129 (oben rechts), 132/133, 155 (oben links), 181 (links), 221 (oben links), 223, 234 (oben links).
Bayerische Staatsbibliothek, München: 186
Becker, Toni/Leica-Fotografie: 59 (Mitte rechts)
Blessing, Franz Josef, Mönchengladbach: 42
Breuning, Klaus, Osnabrück: 179 (unten Mitte)
Christophorus/Burckhardthaus-Verlag, Freiburg/Gelnhausen: 72 (unten rechts), 73 (oben links)
dpa, Düsseldorf: 19, 37, 41 (unten links, unten rechts), 49 (unten links, unten rechts), 55, 56 (unten rechts), 66/67, 86/87, 89, 113, 118, 165 (unten), 169, 173 (oben links), 190, 191 (oben links), 200, 221 (oben rechts)
Evangelische Zentralbildkammer, Bielefeld: 74, 152 (links)
Foto Marburg, Marburg: 14
foto-present, Essen: 32 (Mitte links), 47, 52 (rechts), 54 (unten rechts), 61 (links), 76, 86 (oben rechts), 94 (links), 95 (links), 96, 104, 107, 109 (oben links, Mitte rechts, unten links, unten rechts), 117, 133 (oben rechts), 152 (rechts), 159 (unten), 165 (oben links 2 x), 171 (unten links, 2 x, unten rechts), 173 (unten rechts)
Archiv Gerstenberg, Wietze: 51 (oben rechts)
La Goélette, Paris: 143
Harris, David, Jerusalem: 189 (oben)
Hoffmann, Ludwig, Paderborn: 173 (Mitte links)
Informationszentrum Berufe der Kirche, Freiburg: 155 (unten rechts)
Institut St. Bonifatius, Detmold (Heidenoldendorf): 148 (unten rechts)
IVB Report, Kappelrodeck: 26, 109 (oben rechts)
Josefs-Gesellschaft e.V., Köln: 58
Jünger Verlag, Offenbach/M.: 149 (unten), 202 (oben links, oben rechts), 203 (oben links, Mitte rechts, unten links), 204, 205 (unten links, unten Mitte, unten rechts), 207 (oben links, oben rechts, unten links, unten rechts), 209 (oben links, Mitte rechts), 210 (oben links, oben rechts, unten rechts), 211 (oben links, oben rechts, unten rechts), 215 (Mitte)
Keter Publishing House Ltd., Jerusalem: 135, 170
Klemm, Barbara, Frankfurt/M.: 140 (unten links)
KNA, Frankfurt: 20 (unten rechts), 45, 54 (unten links, unten Mitte), 56 (unten links, unten Mitte), 57 (unten links, unten rechts), 80 (oben rechts, oben links, unten links), 81 (oben links, unten), 86 (unten links, unten rechts), 87 (Mitte), 91, 120 (Mitte), 144, 145, 147, 154 (unten links), 167, 168 (links), 191 (rechts), 198, 233.
Kösel-Verlag, München: 39, 231
Kunitsch, Rolf, Münster-Altheim: 148 (oben rechts), 165 (Mitte rechts)
Kunstverlag Maria Laach (Kettenberger, Oswald), Maria Laach: 33, 120 (unten), 149 (Mitte), 217 (oben)
Lachmann, H., Düsseldorf: 32 (Mitte rechts, unten links), 67 (Mitte), 179 (unten links), 180 (Mitte), 181 (rechts), 199
laenderpress, Düsseldorf: 25, 50 (rechts), 53 (links, unten rechts), 59 (oben links), 97 (Mitte rechts), 132 (oben), 140 (oben links), 172, 214 (links, rechts), 235 (oben links, oben rechts)
Life, London: 234 (oben rechts, unten rechts)
T.H. Martens & Co., München: 191 (unten)
Mensing, R., Attendorn: 30, 60, 73 (unten links), 82 (unten), 129 (oben links), 212, 215 (oben links, oben rechts)
Menzel-Severing, Hans, Bonn (Zeichnungen): 4, 6, 7, 8, 35, 67 (oben), 68, 69, 71, 82 (oben), 83 (oben), 159 (oben), 162, 178
[Metropolitan] Copyright © 1981 By The Metropolitan Museum of Art, New York, USA, Rogers Fund, 1919. Photograph by Eric Pollitzer: 50 (links)
Misereor-Aktionsplakat 69 „Jedem Menschen eine Chance“, © MISEREOR-Medienproduktion, Aachen 1969: 80 (unten rechts)
Missio, Aachen: 72 (oben links), 73 (unten rechts), 80 (Mitte links), 86 (Mitte), 148 (oben links)
Nilsson, L., Stockholm: 112
© Nolde-Stiftung, Seebüll: Umschlag, 43, 72 (oben rechts)
Tierbilder OKAPIA, Frankfurt/M.: Foto: KRATZ/OKAPIA 97 (Mitte links), 173 (unten links)
Patmos Archiv: 24, 29 (oben, Mitte rechts), 168 (rechts), 226 (links, rechts)
Popp Verlag Heidelberg: 140 (rechts)
© Präsenz-Verlag der Jesus Bruderschaft, Gnadenthal, 65597 Hünfelden. Aus: „Das Hohelied“ – Seite 55 – Holzschnitt von Andreas Felger: 98
Pelizaeus-Museum Hildesheim, Foto: J. Weber: 51 (oben links)
Schneiders, Toni, Lindau: 11
Seitz, R. (Südwest Verlag), München: 20 (Mitte rechts)
Städtisches Museum Simeonstift, Stadtbibliothek, Trier: 187 (Foto: D. Thomassin, Trier)
Steiger, Ivan, München: 27 (unten), 64, 87 (oben), 97 (unten), 121 (oben), 174, 216
steyl-medien, München; Fotograf: Hilmar Pabel, Umratshausen, aus dem TB Nr. 240 Mutter Teresa: 16, 18
Süddeutscher Verlag, München: 41 (Mitte rechts), 220 (unten)
© Südverlag GmbH Konstanz 1962 (ren.). Mit Genehmigung der Ges. f. Verlagswerte GmbH, Kreuzlingen/Schweiz, aus: „e.o. plauen, Vater und Sohn“: 136/137
Thelen, Thomas, Bonn-Bad Godesberg: 32 (oben rechts), 67 (unten), 95 (rechts)
Trutwin, Werner, Bonn: 23 (unten links, unten rechts), 28/29, 133 (oben links), 149 (oben), 150, 202 (unten rechts), 217 (unten)
USIS, Bonn: 221 (unten)
Vatikanische Museen, Vatikanstadt, Rom, Italien: 185
© VG Bild-Kunst, Bonn 1999: 100, 137, 151, 156, 161, 176, 224
© Succession Picasso/VG Bild-Kunst, Bonn 1999: 56 (Mitte rechts)
Wohlrab, Paul A., Bonn: 4, 5, 154 (unten rechts), 155 (oben rechts, unten links), 175 (Mitte links, Mitte rechts), 180 (oben rechts, unten rechts), 234 (Mitte links), 235 (unten links, unten rechts)
Wolfenbüttel, Herzog August Bibliothek, Cod. Guelf. 84.5 Aug. 2°: 75
Württembergische Landesbibliothek Stuttgart: 139
ZEFA, Düsseldorf: 52 (links), 180 (oben links, unten links)
Zink, J., Stuttgart: 188/189, 189 (Mitte rechts, unten)
Zwicker, Dorothea, Würzburg, Copyright by Fotograf DOROTHEA ZWICKER, Spiegelstraße 10, 97070 Würzburg: 227 (links, rechts)

Zugelassen durch die Lehrbuchkommission der Deutschen Bischofskonferenz

Inhaltlich unveränderte Ausgabe 1999
unter Berücksichtigung der Neuregelung
der Rechtschreibung
im Rahmen des Urheberrechts
5 4 3 2 / 07 06 05 04

Bild auf dem Umschlag:
Emil Nolde, Heilige Nacht, 1912

Umschlaggestaltung: Ursula M. Kahrl
Typographie: Paul A. Wohlrab
Gesamtherstellung: Parzeller, Fulda
ISBN 3-491-74403-2